한국의 이중적 지방 민주주의

아이디어와 제도, 그리고 다양한 지방분권

배유일

South Korea's Dual Local Democracy

Ideas, Institutions, and Varieties of Decentralization

문우사 MoonWoo

머리말

상대적으로 짧은 한국의 현대정치사에서 민주주의를 공부하거나 주장한 학자 또는 정치인이라면 누구나 한 번쯤은 지방자치나 지방 민주주의에 관해 생각한 바 있을 것이다. 대표적인 민주화 운동가이자 정치인이었던 '미스터 지방자치' 故 김대중 대통령도 정치입문 시절부터 지방자치를 부르짖었고, 故 노무현 대통령 자신도 지방자치실무연구소라는 것을 설립하고 실무자들에게 지방자치 교육을 시행할 정도로 관심이 많았으며, 스스로 '지방분권형' 대통령이 되기를 자처하였다. 심지어 보수정치권에서도 지방자치에 찬성하지 않더라도 소극적으로 저항할 뿐, 공개적으로 반대 의사를 쉽게 표명하지 못하였다. 지방자치에 반대한다는 것은 그야말로 '반민주적' 인사로 낙인찍힐 위험이 있었기 때문이다. 이토록 정파를 떠나 눈치를 볼 만큼 '지방자치는 좋은 것'이라는 아이디어가 우리의 인식 가운데 깊숙이 들어와 있었다.

정치적 고려와 정략적 계산으로 우여곡절 끝에 1991년 지방의회선거를 시작으로 시행되어 온 지방자치제는 이제 어언 30돌을 바라보고 있다. 그동안 지방자치제는 주민의 참여를 높이고 눈높이 행정을 표방하며 많은 긍정적인 변화를 이끌어 온 것도 사실이다. 일부 지방자치단체장들은 예산을 절감하고 주민들의 복지혜택을 늘리는 등 기업가적 경영을 추구하면서 중앙정부와 대립각을 세우기도 하고, 대규모 개발사업을 시행하며 지역 경제개발을 추진하기도 하였다. 그러나, 다른 한편, 재정이 어려운 지방자치단체 대부분은 여전히 중앙정치권의 눈치를 보며 자기만의 목소리를 내기에는 어려운 상황에 직면해 있다. 점차 심각해져 가는 재정위기와 저출산 및 고령화 사회라는 지방 공동화空洞化 현상은 오히려 더욱 어두운 그림자를 지방자치단체에 드리우고 있는 실정이다. 이런 배경 속에서 많은 학자와 매스미디어는 지금도 '2할 지방자치'의 위기, '더 과감한 지방분권'을 주장하며, 지방분권형 헌법제정 등 20여 년 전과 다름없이 완전한 지방분권과 자치를 요구하고 있다.

필자의 퍼즐은 여기서 시작된다. 이론異論의 여지는 있지만 대체로 우리나라는 역사상 지방 수준에서 불연속적, 단절적인 자치경험을 제외하고는 정부간관계에서 중앙정부가 지배적인 구조였다. 즉, 서구 민주주의 국가의 예처럼 하나의 '생활양식'으로서의 지방 민주주의가 아닌, '빌려온' 개념에 근거하여 지방자치를 추구해 온 것이다. 이러한 관점에서 필자는 우리나라에서 왜 지방분권을 계속 주장하는가에 의문이 들기 시작했다. 어떤 근거에서 우리는 지방분권이 국가의 효과적인 통치를 가능하게 하고, 경제적으로 효율성을 높이고 성장을 가져오며, 궁극적으로 주민들을 행복하게 할 것으로 믿고 있는가? 중앙이 독점해온 권한과 재원을 지방으로 이전하는 것 자체가 목적인가, 아니면 궁극적으로 효과적인 통치와 국민의 행복이 목표인가? 우리나라의 학술적 연구와 토론, 혹은 매스미디어 보도를 보고 있자면 가끔 이런 의문이 들고는 했다. 특히, 최근의 연구 가운데는 우리가 지방자치와 분권에 기대해온 효과들이 단지 이론적 가정에 불과할 수 있다는 주장들이 나오고 있는 가운데, 오히려 최근 많은 관심을 끌고 있는 덴마크나 스웨덴, 핀란드처럼 국민 행복도가 세계 최상위권이면서도 지속적으로 높은 정부 만족도와 신뢰, 질 좋은 민주주의, 그리고 높은 복지 수준과 경제적 성과를 보여주는 노르딕 국가들은 중앙의 지방에 대한 개입과 통제가 오히려 매우 강한 편에 속하면서도 중앙 – 지방과 국가 – 시민 관계가 매우 밀접하게 통합된integrated 구조를 보인다. 그렇다면 전통적으로 중앙집권적이었던 우리나라는 '왜', '어떤' 지방분권과 자치를 추구해오고 있는 것인가?

오랫동안 지방자치와 분권이라는 주제에 대하여 연구해온 필자는 기존의 행정학이나 도시학, 정치학에서 해오던 학문 분과 지향적 연구로는 한국의 지방분권개혁과 지방 민주주의라는 현상을 온전히 이해하기에는 한계가 있으며, 오히려 헌법학, 정치학, 행정학, 도시계획학, 사회학, 심리학 등 여러 사회과학 분야를 아우르는 접근이 필요하다고 생각해왔다. 또한, '풀뿌리 지방자치'로 흔히 이해되어 온 미국식 혹은 스위스식 지방자치가 일부에서 주장하는 것처럼 우리에게 꼭 맞는 모형일까 하는 의심도 가져왔다. 이러한 인식 속에서 필자는 삼국 및 고려시대 호족세력의 지방지배, 조선시대 유향소와 향약, 동학의 집강소 등 불연속적이면서도 단절적인 경험들을 제외하고는 전 역사를 통틀어 강력한 중앙집권적 국가였던 우리나라에서 수입된 정책 혹은 제도적 아이디어인 지방자치와 분권은 정말 우리에게 맞는 것인가라는 질문에까지 이르게 되었다.

이러한 배경 속에서 이 책은 몇 가지 재미있는 질문을 던지며 시작한다. 과연 지방자치는 우리나라 현실에 좋은 것인가? 거버넌스governance 시대에 '정부' 수준에서의 분권과 자치를 이야기하는 것은 옳은 것인가? 그리고 중앙과 지방은 거리가 멀수록 지방자치가 꽃피우고 시민이 원하는 정책들을 생산해 내는가? 고전적 의미의 지방자치와 민주주의가 고유의 가치를 점차 잃어가고 있는 전 세계적 현실에서, 지방에 더 많은 권한과 재원을 이양하고 주민참여의 확대를 도모하는 천편일률적 지방분권 전략은 목표와 수단이 전도된 집착에 가까운 것일지도 모른다. 오히려 가장 잘 작동하면서도 질 높은 지방 민주주의를 시행하고 있는 노르딕 국가들은 지방에 자율성뿐만 아니라 책임성도 함께 부여하며, 국가 – 사회, 중앙 – 지방 관계에서 좀 더 확장된 수준의 협력체제를 구축해왔다. 지방분권 자체가 목표가 아닌 국민을 행복하게 하는, 잘 작동하는 '생활양식으로서의 지방 민주주의'는 이분법적인 중앙 – 지방 나누기가 아니라, 국가 계층적 조직에서 지방 수준의 시민사회에 이르기까지 수직적·수평적으로 통합되고 확장된 기반적 권력이 필요하다는 것이 이 책의 주장이다. 삶의 터전에서 가까운 정부가 문제해결에 더 좋다는 아이디어가 체감적으로, 또 우리의 삶의 양식으로 사회화되지 않는다면 온전한 지방자치는 요원하기 때문이다.

이 책에서는 비교정치적·역사적 분석을 통해, 지방 민주주의와 개혁을 최근의 이론적 발전을 반영하여 이해하며, 세계 속의 한국 지방 민주주의 현실을 이해하고 그 함의를 찾고자 하였다. 또한, 서구 선진국들이 대부분 중세와 근세적 경험을 기반으로 근대국가 형성에 있어서 왜 다양한 지방 민주주의 형태를 띠게 되었으며, 어떻게 근대국가 초기의 제도적 선택이 오늘날의 선택에 영향을 미치는지 이해하고자 하였다. 그 결과 필자는 한국의 정부간관계는 '제도적'인 측면에서 꽤 발전을 해왔지만, 동시에 실질적인 일반 시민의 지방 거버넌스와 정부경

영에의 참여는 매우 부족한 엘리트 중심의 '이중적 지방 민주주의'dual local democracy라는 결론에 다다르게 되었다.

정권마다 지방자치와 분권에 대한 개혁조치가 나오는 바람에 확실한 결론을 가진 책으로 나오기까지 참으로 오랜 시간이 걸렸다. 다른 한편, 2000년대 이후 해외 학계에서는 또 한 번 이론적 발전이 있었기에, 오랜 시간이 걸린 만큼 기존에 나와 있는 많은 지방자치와 민주주의 관련 서적들이 주로 행정학적 시각에서 제도에 초점을 맞춘 것과는 달리 비교정치학적·비교역사적 관점을 반영하고자 노력하였다. 이 책의 여러 내용은 *Asian Journal of Political Science*와 *Democratization*, 그리고 〈국정관리연구〉 등에 실린 필자의 연구논문을 확대 재생산한 것이다. 본래 영문서적 발간을 염두에 두고 작업을 진행해왔지만, 이미 해외 학술지에 여러 차례 한국의 지방분권과 정치에 대해서 발표하였고, 연구성과를 우리나라에 역으로 소개하는 것도 의미 있겠다는 생각이 들었다. 무엇보다도 어려운 학술서적 출판시장 속에서도 본 연구서의 출판에 흔쾌히 동의해 주신 문우사 김영훈 대표님의 지지와 편집을 헌신적으로 도와주신 전영완, 김병성 과장님께 많은 감사를 드린다.

학문적으로는 Cambridge University Press에서 간행될 *Topographies of Multilevel Democracy: How Local Institutions and Civil Society Shape the Modern State*(출간예정)를 같이 집필하며 21개 선진국의 지방 민주주의와 정부간관계의 형성을 비교정치적 관점에서 생각할 수 있도록 기회를 주신 University of Southern California의 Jefferey M. Sellers 교수님과 스웨덴 Umeå 대학의 Anders Lidström 교수님께 학문적으로 많은 빚을 졌다. 또한, 바쁘신 와중에도 인터뷰를 통해 많은 경험

과 지혜를 나누어주신 고려대 명예교수이자 前 정부혁신지방분권위원회 위원장 윤성식 교수님과 前 청와대 정책실장 김병준 교수님, 前 행정안전부 장관 이달곤 교수님, 한반도선진화재단 박수영 대표님 등 많은 분이 큰 도움이 되었다. 항상 조언을 아끼지 않는 학문적 동지이자 선후배 교수인 고려대 이용욱 교수님, 싱가포르국립대 주유민 교수님, 학생시절부터 늘 이 주제에 관심을 갖도록 지도해주신 고려대 박종민, 김선혁, 최흥석 교수님, 한양대 유재원 교수님, 인하대 김천권 교수님께도 감사를 드린다. 각기 다른 시기에 연구를 도와준 싱가포르경영대 조교 윤지민, 이현아, 고은별, Nathan Peng Li, Derrick Cham, Subir Roy 학생에게도 고마움을 전한다. 재정적으로는 USC의 East Asian Studies 일본 연구기금과 하버드대 Yenching Korean Studies 기금, 싱가포르 교육부 연구기금(Tier–1 Grant), 그리고 한국학중앙연구원의 연구기금에 많은 의존을 하였다. 감사하게 생각한다. 늘 부족한 연구자를 믿고 기도해주신 부모님 배정영, 김옥채 님과 장모 김석영 님, 배홍일 전도사 가족, 미국 코너스톤교회 이종용 목사님, 싱가포르 나눔과 섬김의교회 박충기 목사님과 참드림 찬양팀, 호치민 온누리교회 순모임, SMU 양화진 교수님 등 많은 분께 감사의 마음을 전한다. 마지막으로 퇴근 후에도 집필하느라 많은 시간을 보내지 못한 사랑하는 아내 김희선과 자녀 주은, 주현에게 고마움을 전하며, 집필 중 소천하신 장인 故 김대익 권사님께도 깊은 감사와 존경을 보낸다.

2018년 Crescent 연구실에서

배유일

차 례

제 1 장

지방 민주주의 아이디어와 이론, 그리고 분권개혁

"중앙집권과 수도권 집중은 국가의 미래를 위해 더 이상 방치할 수 없습니다. 지방분권과 국가균형발전은 미룰 수 없는 과제가 되었습니다. 중앙과 지방은 조화와 균형을 이루며 발전해야 합니다. 지방은 자신의 미래를 자율적으로 설계하고 중앙은 이를 도와야 합니다."

– 故 노무현 전 대통령 취임사, 2003

한국의 사회과학 연구에서 지방 민주주의, 지방자치와 분권만큼 많은 학자의 연구과제가 된 주제도 드물다. 이는 행정학, 정치학, 지리학, 도시계획학 등 많은 학문 분야에서 연구해 온 만큼, 접근 방법이나 이론도 매우 다양하지만, 다른 한편으로는 각기 분야에 맞는 학문적 관심사에 따라 연구가 이루어져 왔기 때문에 정확하게 지방 민주주의와 분권 개혁을 이론적으로 정치精緻하게 한 연구는 상대적으로 많지 않다는 것이다. 이를테면 행정학에서는 주로 권한의 분산과 이양을 위한 서구국가의 경험과 모형 연구, 분권 과제 발굴조사, 중앙-지방 간의 재정적 관계 등에 집중된 연구가 주류를 이루었다면, 정치학에서는 민주주의적 참여 혹은 선거라는 측면에서 주로 접근해왔다. 또한, 지방자치와 분권에 관해서도 '해야만 하는' 규범적·당위적 과제로 주로 연구해왔을 뿐, '왜', '어떤' 지방 민주주의를 해야 하는지에 대한 관심은 상대적으로 매우 부족하였다. 그러나, 역사적으로 중앙집권적, 하향식top-down 정치를 경험해 온 우리에게 스위스나 미국식 '풀뿌리 민주주의'grass root democracy라는 매력적인 '이념'idea이 준 영향은 거부할 수 없을 만큼 컸다.

자본주의와 민주주의가 다양하듯, 지방 민주주의도 다양하다. 국가 수준의 민주주의 연구와 비교하면 변방으로 여겨질 정도로 지방 수준에서의 민주주의에 대한 체계적 연구가 부족했던 정치학 분야에서도 통합된 유럽연합과 라틴아메리카, 동유럽 등에서 1970년대 이후 유행하기 시작한 지방 민주주의와 분권 개혁을 재평가하고 이론화하려는 연구들이 활발하다. 이 책은 계속해서 발전하고 있는 이론적 근거를 토대로 한국의 지방분권화와 지방 민주주의의 위치를 학제적 및 비교정치적 시각에서 확인하고, 그 기원과 결과에 근거하여 앞으로 나아가야 할 방향을 연구하고자 하는 노력의 일환이다. 이미 성공적으로 지방 민주주의를 시행하고 있는 서구 민주주의 국가에서는 지방자치가 '주어진' 개념이 아니라 많은 정치과정을 거쳐 시민들이 생활양식으로 직접 '체득한' 개념이다. 굳이 정치학자 라쓰웰Lasswell의 "정치란 누가, 무엇을, 언제, 어떻게 얻는 것"이라는 기초적 정의를 되새겨보지 않더라도, 지방 중심의 민주정치를 한다는 것은 그만큼 그 과정과 결과에 대하여 많은 기대가 존재할 뿐만 아니라 충돌하는 이해관계도 있으므로 그에 대한 이해 없이 한국의 지방분권과 자치를 연구한다는 것은 맞지 않는 옷을 입는 것과 마찬가지다.

I. 전 세계적 지방분권과 지방 민주주의의 물결

오늘날 지방정부의 권위subnational authority의 성장은 지배적 경향으로 나타나고 있다고 해도 과언이 아니다.[1] 흔히 지방분권으로 번역되는 'decentralization'은 이미 많은 나라에서 중앙집권적 국가체계와 정권을 완전히 탈바꿈하는 수준에 이르렀고, 1970년대 이후 프랑스, 이탈리아, 스페인, 영국 등 주요 서구 국가들의 정부간관계intergovernmen-

1 'Subnational'이라는 단어는 우리말로 번역하기 어려운 측면이 있으나 본 저서에서는 하위정부보다는 중앙정부 아래 계층에 있는 지방정부를 포함하는 개념으로 이해하려고 한다. 이는 중간단계(intermediate)인 광역 (도) 정부와 하위 지방정부(local)를 포함하는 개념으로 사용한다(Falleti, 2010: 1).

tal relationships 변화에 이바지해왔으며, 이러한 개혁의 물결은 지방정부의 관할지역 재조정과 같은 비교적 단순한 수준에서부터, 기능과 책임의 재분배, 정부 간 재정적 조정에 이르기까지 다양하게 진행되어왔다(Gourevitch, 1980; Loughlin, 2001; Page and Goldsmith, 1987; Picavance and Preteceille, 1991; Sellers, 2002; Sharpe, 1988).[2] 지방분권화는 중앙집권적 명령과 계획체제의 붕괴를 경험한 후 각국에서 시도한 큰 정치·경제적 변화의 물결이었으며, 심지어 이미 상당 수준의 지방 자율성을 누리고 있던 미국과 같은 국가들까지도 지방정부의 권한 강화를 위해 정부간관계에 변화를 주어왔다(Rodriguez-Pose and Ezcurra, 2010).[3] 이처럼 지방분권화와 지방 민주주의는 서구사회 정치적 변혁의 거부할 수 없는 필수적인 요소로 자리 잡아 오게 되었다(Faguet, 2014; Marks et al., 2008).[4]

지방분권화가 하나의 세계적 트렌드trend라는 주장의 증거는 저개발국 혹은 중도국에서 등장하고 있는 지방 수준의 민주화 물결에서 증거를 찾을 수 있다. 1970년대부터 동유럽과 중남미, 아시아, 그리고 아프리카의 많은 신생 국가들이 지난 30여 년 동안 '어떤 형태로든' 지방분권개혁을 경험하였다는 것이다(Selee and Tulchin, 2004). 〈표 1-1〉에서

2 세계은행(World Bank)이나 경제협력개발기구(OECD) 같은 국제기구들도 지방분권에 관한 보고서를 지속해서 출판해왔으며, Putnam(1993), Tarrow(1977), Jun and Wright(1996), Sellers(2002), Treisman(2007) 등의 학자들도 서구의 중요 정치적 변혁의 하나로 지방분권을 꼽고 있다.

3 여기에는 프랑스 정치철학자 토크빌(Tocqueville)이 찬양한 미국을 비롯하여 캐나다, 호주 등이 포함된다. 미국의 경우 경제공황이나 위대한 사회(Great Society) 프로그램 시기 이후에는 주로 주 정부의 권한이 강화되는 방향으로 변화되어왔다(Donahue, 1997).

4 세계은행이나 경제협력개발기구 출판물들을 굳이 살펴보지 않더라도 많은 연구에서 지방분권이 서구 민주주의의 중대전환에 중요한 요소였음을 알 수 있다.

〈표 1-1〉 지방분권개혁의 전 세계적 트렌드[5]

지역	주요 국가	주요 지방분권 개혁
유럽, 중앙 및 북아메리카	프랑스	1982: 미테랑 정부의 헌법개정, 제도개혁을 통해 코뮌, 데파르트망, 레지옹에 독립적 지방자치단체 보장. 지방에 대한 지휘권 축소. 1992: 지방분권 헌법 명문화. 2003: 지방분권 헌법적 구체화.
	핀란드	1994: 지역계획, 개발, 환경정책과 같은 권한을 중앙정부에서 시(市, municipalities) 정부가 통제하는 지역정부(regional authorities)로 이전하는 개혁.
	이탈리아	1970: 중앙정부에서 지방정부로 인사훈련, 보건, 농업, 교통정책 등을 이전하는 개혁실시. 1990: 주(provinces) 정부와 시 정부를 개편.
	그리스	1994: 중앙정부에서 새로운 지역 행정부로 토지이용계획, 공공용지 불하, 신산업개발 면허권 등의 권한을 지방정부로 이전.
	캐나다	연방정부가 주 정부로 형법행정, 주 정부 간 규제행정 등의 권한을 이전. 또한 시 정부로 보건, 사회보장, 교육 등 서비스에 관한 책임을 이전.
	멕시코	1983: 헌법이 부동산세에 관한 규제권을 시 정부로 이양. 1989~1994: 시 정부의 도시계획과 에너지관리에 관한 기능 확대.
라틴 아메리카	볼리비아	1994: [국민참여법](Popular Participation Law)은 지방정부에의 권한이양과 지방정부 대표의 직선 규정. [행정분권법](Administrative Decentralization Law)은 더 많은 권한을 지방정부에 이양.
	콜롬비아	1983: 14개의 새로운 지방재정 자원을 지방에 이전하고 1986년에는 시장 직선제 도입. 1991: 지방 위주의 헌법개정을 단행.
	페루	1980: 시장 직선제 헌법개정. 1989: 주지사의 직접선거 허용. 1993: 지방재정 이양을 확정(Decree Law 776).
아시아 태평양	중국	1994: 지방재정 개혁과 공동과세제 개혁. 1995: 예산법은 각 지방정부의 재정적 책임을 명확화. 1999 이후: 중앙－지방정부 기구개혁 실시.
	인도네시아	1999: 상위 정부와 하위 지방정부 간의 계층적 관계 폐지(Law 22) 및 재정적 이양과 지방수입구조 개편(Law 25).
	베트남	1995: 지방분권이 행정개혁 프로그램의 주요 이슈. 1996, 1998: 예산법은 각 지방정부의 재정적 책임성을 공식화하고 재정적 책임을 지방정부에 이양.
	태국	1997: 헌법개정을 통해 지방정부 직선제를 포함한 지방자치 원칙 확립. [지방재정마스터플랜]을 통해 1999년 지방분권법 토대 확립.
	필리핀	1987: 헌법개정을 통해 지방정부에 자율성 부여하고 1991년 [지방정부법]을 통해 지방정부에 서비스 및 행정권 이양.

출처: OECD(1997); Levy(1999); O'Neill(2003); World Bank(2005); Falleti(2010); Smoke(2007); 정원칠·김선혁(2007).

5 표에 제시된 국가 이외에도 덴마크, 아일랜드, 포르투갈, 스페인 등 많은 국가들이 지방분권을 통한 정부간관계 개혁을 시도하고 있다. 특히 라틴아메리카와 동유럽 구(舊) 공산권 국가들의 지방분권화 개혁은 두드러지게 나타나고 있다.

볼 수 있듯이 거의 모든 대륙에서 다양한 규모, 경제 수준, 그리고 정치체제를 가진 국가들이 권위를 좀 더 아래 방향으로 부여하는 방향으로 움직여왔다. 아시아도 1990년대 이전에는 대부분의 국가가 개발전략의 하나로 강한 국가적 유대형성과 빠른 경제성장을 위해 권한과 자원을 중앙에 집중시키는 전략을 취해왔기 때문에 일견 중앙집권적으로 볼 수 있으나 오늘날에는 지방정부가 지역 및 국가발전에 있어 중요한 역할을 차지하고 있다(World Bank, 2005). 딜린저(Dillinger, 1994)는 인구가 5백만 명 이상인 국가의 85%가 어떤 형태로든 분권 개혁을 시도해왔다고 주장하였으며, 세계은행(World Bank, 2000: 107)에 따르면 인구나 경제규모에 관계없이 95%에 달하는 민주주의 국가들이 정치, 행정, 재정적 분권을 추구해왔다고 보고되었다.

전 세계적 분권화의 물결이 가능했던 이유는 결국 중앙에서 지방으로의 '기능과 권위의 이전'으로 흔히 정의되는 지방분권이 효율적인 지방정부 만들기와 국민에 대한 대응성responsiveness 향상, 그리고 민주정치 활성화에 이바지하는 '좋은 것'good thing이라는 믿음이 있었기 때문에 가능했다고 볼 수 있다(Diamond and Tsalik, 1999). 세계은행을 비롯하여 국제기구들도 이러한 점을 들어 개발도상국에서 사회경제적 개발과 효율성, 그리고 투명성 증진을 위해 지방분권화를 적극적으로 홍보해왔다는 것이다.

굳이 로마 시대나 고대 중국의 중앙-지방 관계를 살펴보지 않더라도, 정치, 경제 및 사회적 변환을 경험하며 개혁을 추구하는 현대 국민국가 대부분에서 분권화는 가장 자주 사용된 단어 중의 하나라고 볼 수 있으며(Tresiman, 2007), 분권개혁이라는 같은 명분으로서도 하나로 수렴하기보다는 매우 다양한 형태의 중앙–지방 관계를 비교적 시각에서 관찰할 수 있다(강명구, 2005). 특히 철저한 중앙집권, 계획경제 체제를 추구하여 온 공산권의 붕괴 이후 새로운 국가형태를 추구하는 국가들 가운데 지방분권을 추구하지 않는 나라가 없을 정도로 유행하고 있으나, 정작 각국의 현실과 민주주의는 다양하다(Falleti, 2010).

이러한 배경 속에서 볼 때, 한국의 지방분권 과정과 지방 민주화는 매우 흥미로운 사건이라고 볼 수 있다. 한국의 발전과정을 지켜봐 온 학자들은 한국이 지난 60여 년간 매우 중앙집권적이었으며, 특히 지방정부와 사회는 강준만(2008)이 '지방은 식민지다.'라고 묘사한 것처럼, 중앙정부의 권위적 통치에 복종하는 듯한 양상을 보여왔다. 한국의 산업화와 경제발전, 그리고 지역개발은 강한 국가 주도로 이루어졌음을 부인할 수 없으며, 이러한 개발패턴은 성장거점에 초점을 맞춘 불균형적 지역성장, 수도권의 집중과 지방의 침체, 그리고 불균등한 삶의 격차를 가져오게 되었다. 비교정치와 정치발전론 문헌에서 흔히 거론되듯이 지방 수준의 민주화 및 정치제도 도입은 시기상으로도 국가 수준 민주화보다도 늦게 진행됐으며, 오랫동안 우리의 생활양식과 인식을 지배해 온 중앙집권의 영향으로 인해 지방의 발전과 자치, 그리고 시민사회의 성장은 철저하게 무시 내지는 억압되어 왔다는 것이다(Kim, 2006). 이러한 배경 아래에서 헌법적으로 규정된 지방자치제도는 유명무실화되었고, 지방 민주주의 체제의 도입도 지방정부의 행정적 역량 부족과 국가 경제개발, 그리고 국가안보 우선이라는 명분으로 계속 미루어져 왔다. 심지어 민주화 이후 1991년 지방의회 의원선거와 1995년 지방자치선거 과정에서도 지방자치제의 온전한 재도입은 중앙정치권의 정치적 목적 달성을 위한 하나의 협상 도구로 전락하고 말았다(유재원, 1994: 501). 지방분권 추진과정에서조차도 중앙정부는 적절한 재정분권 없는 권한이양과 지방이양의 지연 등 다양한 수단을 통해 지방분권과 자치를 요구하는 목소리들을 분산시켜왔다.

그럼에도 불구하고, '문민정부'civilian — 이 책에서는 주로 김대중 정부와 노무현 정부를 의미하는 — 에서는 여전히 중앙주도적이기는 하지만 이전 정부에서의 지방 민주주의 추진과는 다른 모습들을 보여주었다. 특히 1997년 외환위기 이후 중앙정부의 권력은 서서히 그 권위를 잃기 시작하였고, 시민사회 권력은 점차 증대되어 왔다. 1990년대 중반 이후 지방선거의 재도입 등을 통해 지방 수준의 민주적 제도의 점진적 확립과 정치적인 소통채널의 구축을 의미하는 '베버리안'Weberian 지방 민주주의가 진행되어 왔다면, 김대중 정부 이후의 시민들은 규칙적인 지방선거 등 제도적 기반에 더하여 실질적인 시민참여와 정부기구의 책임성을 요구하는 '토크빌리안'Tocquevillian 지방 민주주의를 더욱 강하게 요구해왔다.[6] 외환위기와 같은 구조적 위기와 첫 야당출신 대통령의 등장이라는 기회의 창window of opportunity에서 비록 최종성과에 대한 논란의 여지는 있지만 김대중, 노무현 행정부는 처음으로 지방분권을 국정목표의 최우선 순위에 올려놓으며 지난 정부와는 다른 수준의 지방분권개혁을 추구해왔고, 중앙행정권한의지방이양에관한법률(지방이양촉진법, 1999년)과 지방분권특별법(2004년)을 통과시키게 되었다. 지방이양촉진법의 기대보다 부진한 추진실적과 선언적 성격이 강

6 제도적인 발전을 중시하는 베버리안 민주주의와 참여를 중시하는 토크빌리안 민주주의 개념은 Baiocchi et al.(2008: 913-4)에서 응용하였다.

한 지방분권특별법으로 인해 폄훼하는 의견도 적지 않으나, 제정 당시 정권 차원의 지방분권 의지를 보여주었으며, 분권에 회의적인 중앙부처와 정치인들에 일정 수준 위협을 줄 수 있는 성과였다는 점에서 의미가 크다고 할 것이다(김순은, 2003; 김병준, 2003; 안성호, 2012). 지방분권의 촉진은 중앙부처의 권한 이전 및 축소를 의미하였고, 1990년대 말 김대중 정부의 정부 개혁으로 인해 부처의 축소 및 통폐합이 이루어짐으로써 실제로 중앙부처 공무원의 신분에 영향을 줄 수 있다는 인식을 하게 되었으며, 지방분권에 협조적이지 않은 태도를 보인 중앙부처 관료들에게는 하나의 위협으로 작용하였다(김렬 외, 2004).[7] 또한 지방분권 추진의 일환으로 주민발의(2000), 참여예산제도(2004), 주민소환(2006), 교육자치제(2009) 등과 더불어 제주특별자치도(2006), 혁신도시 등의 여러 제도가 도입되었다. 노무현 정부에서는 정부혁신지방분권위원회(2003)를 설치하고 분권개혁을 위한 로드맵을 만들어 추진하였으며, 지방분권 개혁을 지지하는 실세 정치인들을 정치적 요직에 등용하였다. 의심할 바 없이 이 과정에서도 중앙 정치행위자들은 지속해서 개혁내용을 협상하고 지연시키려는 전략을 사용하였으나, 정권 차원의 의지, 그리고 주민의식의 향상과 시민사회의 성장은 지방 민주화와 지방정치 무대 확대·강화의 물결을 거스를 수는 없었다.

지방 민주주의의 실질적 향상을 단순히 제도 도입이나 권한이양 실적 등 산술적인 설명을 한다는 것은 무리가 있고, 이러한 분권개혁 노

7 Kim(2000)에 따르면 실제로 115개에 달하는 정부부처 조직들이 폐지되거나 통폐합되었다. 물론 그 이면에는 공무원노동조합 등에서 개혁 주체를 상대로 많은 협상을 하고 정치적 반발이 있었다. 이에 대하여는 제5장에서 후술한다.

력의 한계가 뚜렷했던 것도 사실이다. 그럼에도 불구하고, 1990년대 말과 2000년대 초를 거치며 진행되어 온 지방분권개혁은 과거 권위주의 정권 시절과 같이 중앙-지방 관계의 미미한 수정에 그치지 않은 것 또한 사실이었다. 요동치는 중앙-지방 관계와 지방정치는 한국 정치체제와 전통적인 중앙 위주의 강한 국가론의 변화를 의미하였다. 김대중, 노무현 두 문민정부 하의 행정부에서 일어난 중요 정치변동은 지방정치와 지방의 이익에 대한 관념을 성장시켰다는 것이다. 이는 우리나라 역사를 통틀어 불연속적 지방자치 경험을 제외하고는 한 번도 지방 수준의 정치와 참여가 중요하게 여겨지지 않았다는 점을 고려하면 상당히 의미가 있는 진전이었다고 볼 수 있다는 것이다.

이러한 맥락에서 이 책은 지난 20여 년의 한국의 지방 민주화와 정치적 변천에 대한 역사적으로 세심하면서도 총체적인 설명을 제공하고자 한다. 우리나라에서 기존의 지방분권과 자치에 관한 연구는 주로 근대화 이론적인 관점에서 국가 민주화 노력의 결실로 평가하고 지방 제도의 발전에 초점을 맞추거나, 중앙과 지방의 정치세력 간 이해관계의 결과로 치부하거나, 혹은 중앙-지방이라는 서로 다른 규모 간 긴장관계interscalar tension의 산물로 규정하기도 한다. 제2장에서 자세히 다루는 바와 같이 기존의 접근방법은 제도적 변화의 산물로서 지방분권과 자치를 설명할 수 있을 뿐, 그 동기와 원인, 독특한 국가-시민관계, 문화, 그리고 특정한 역사성 등 현대 국가의 정부간관계 형성에 경로의존적 영향을 줄 수 있는 주요 부분은 매우 제한적으로 설명하고 있다. 이러한 접근들을 완전히 무시할 수 없으나, 필자는 한국의 지방분권과 자치개혁은 그 담론과 아이디어와 같은 '이념적 요소'ideational factors와 '실천적 권위'practical authority 행사의 결과라는 다소 도발적인 주장을 하고자 한다.

첫째, 지방분권과 자치개혁의 원인과 시기에 관하여, 이 책에서 주장하는 핵심은 1990년대 말의 격변하는 정치경제적 기회구조 속에서 — 특히 정치적 민주주의 공고화와 외환위기로 인한 구조조정 — 지방분권이라는 정책 아이디어가 중앙의 의사결정권자에게 국가의 정치 및 경제적 불확실성을 극복할 수 있는 하나의 가시적 방향을 제시해왔다는 것이다. 또한, 과거의 개혁노력이 번번이 중앙세력의 반대에 부딪혀 실패해왔다는 점을 고려할 때 새로운 아이디어로 무장한 지방 민주화의 개혁주체 내지는 추진세력이 얼마나 실질적으로 권력 power-in-house을 가지고 개혁을 실행할 수 있는가를 의미하는 '실천적 권위'가 새로운 개혁 아젠다에 반발하는 세력을 잠재우고 의사결정자로 하여금 실질적 지방분권과 자치개혁을 끌어낼 수 있는 동력을 제공함을 주장한다.

둘째, 필자는 구조적 기회구조 속에서 등장한 새로운 아이디어가 지방분권 개혁을 가능하게 하는 이념적 수단으로서 역할을 하지만, 이와 동시에 아이디어는 기존 제도 및 정치행위자와 밀접하게 협상하고 조정하는 '관계적'relational 특징이 있으므로, 개혁이 촉진되기도, 혹은 제한되기도 한다고 주장한다. 지방분권이 민주주의 공고화를 촉진하고 균형적 국가발전에 공헌한다는 주장이 지방 수준에서의 민주적 '제도발전'에 공헌을 한 것은 사실이지만, 우리나라에서 역사적으로 형성되어온 중앙-지방 간 수직적 관계와 엘리트 중심적 정치의 유산으로 인해 지방 정치참여가 지역 엘리트에 의해 지배되고 있으며 일반 시민의 참여는 활성화되었다고 보기 어렵다는 것이다. 이러한 현상을 필자는 제도는 갖추어졌지만, 실질적 참여는 부족한 '이중적 지방 민주주의'dual local democracy라고 정의한다. 즉, 분권에 대한 담론과 아이디어는 1990년대 이후 지방에서의 민주적 제도를 구축하는 데 큰 영향을 주었지만, 지방의 정치무대는 여전히 지역 엘리트가 주도하고 있으며, 실질적으로 광범위한 시민참여와 영향력 향상은 사실상 제한되어왔다는 것이다.

이처럼 이 책에서는 제도변화의 기원과 결과에 대한 이해를 목표로 한다. 기존의 규범적 성향의 지방분권과 참여에 관한 연구는 동기 혹은 기원origin에 대한 설명을 거의 제공하지 않는다. 즉, '왜' 지방분권이라는 제도변화가 일어나는가에 대한 설명과 '어떤' 지방 민주주의인가에 대한 논의는 매우 부족했다는 것이다.[8] 기원에 대한 이해가 부족하므로 왜 같은 지방분권을 실행했는데 서로 다른 모양의 지방 민주주의 형태를 띠는지에 대한 비교론적인 이해도 부족하다.[9] 이러한 문제의식 하에서 한국의 이중적 지방 민주주의에 대한 이해를 위하여 본 연구에서는 그 기원과 결과에 대한 이해를 추구한다. 이 장에서는 한국의 이

8 정치학 분야의 예를 들면, 미국이나 유럽연합의 연방주의와 제도에 관한 관심을 제외하고는 지방에 관한 연구는 — 정재호(1999: 15)의 표현에 의하면 '권력의 공간적 연구' — 상대적으로 적은 관심을 받아왔다. 반면, 지방 및 도시정치에 관한 연구들은 온전히 지방 및 도시만을 연구분석 단위(unit)으로 중심을 두어왔다는 문제점이 존재한다. 셀러스(Sellers, 2005)는 이러한 양극단의 연구경향을 비판하면서 비교도시/지방연구가 지방의 독자적인 제도 및 조직의 역할을 국가 수준에서 분리해야 하는 동시에 국가의 지방에서의 역할 또한 심각하게 고려되어야 한다고 주장한다.

9 최근의 비교정치 연구경향은 하위 지방정부 행위자(subnational actors)를 중요한 분석대상으로 보고 있으나, 기존의 지방분권에 관한 이론들은 지방분권을 둘러싼 정치가 어떻게 지방정부의 권위향상과 시민참여 증진에 공헌하는지, 그리고 왜 실패한 국가도 존재하는지 체계적 설명을 제공하지 못한다(Falleti, 2010: 3).

중적 지방 민주주의를 설명하기 위하여 지방분권에 대해 다양한 정의를 하는 데서 시작한다.

Ⅱ. 진화적 개념으로써의 지방분권과 기대효과

현재의 전 세계적 지방분권의 물결은 역사상 처음은 아니다. 그리고 지방분권개혁을 추구해온 여러 국가에서 권한을 지방으로 이양하는 정부 구조 개편에 대한 반발로 개혁이 중단된 경우도 많다. 그런데도 현재 지방분권개혁의 흐름은 정부 효율성과 효과성, 민주적 대응성을 향상할 것이라는 굳건한 믿음과 지지를 광범위하게 받고 있다는 것이 특징이다. 트레즈먼(Treisman, 2007: 1)이 “민주주의, 경쟁적 시장경제, 법의 지배 등과 더불어 분권화된 정부는 매우 광범위한 정치적 혹은 사회적 문제를 치유하는 데 효과적인 해결책으로 여겨지고 있다.”라고 주장할 정도로 친숙한 개념으로 알려졌지만, 지방분권의 의미는 종종 협의의 정의로 인한 추상성 내지는 막연함 때문에 정확하게 전달되지 않는 경향이 있다. 다만 여러 정의 가운데 지방분권에 대한 공통적인 분모를 찾으라면, 중앙정부에 의해 수행되던 특정 권한이나 사무가 지방정부에 이양되어 좀 더 시민 요구에 맞는 정책을 결정, 집행하고, 행정서비스를 제공하도록 하는 것이라고 할 수 있다(Dillinger, 1994; Manor, 1999; Oates, 1972; Turner, 1999).

그러나 이런 기본적인 수준의 정의보다 더 사회과학적으로 다면적

multifaceted이면서도 다차원적인 지방분권의 의미가 역사적으로 진화되어왔다. 가장 기본적인 정의란 행정적으로 보건이나 교육과 같은 행정서비스에 관한 권한을 지방정부에 이양하는 것이며, 재정적으로는 지방정부가 예산을 관리하고, 지방수입을 창출하며, 그에 대한 책임성을 부여받는 것이고, 정치적으로는 시민의 참여에 의한 직접선거와 투표를 의미한다(Cheema and Rondinelli, 2007; Grindle, 2007; June and Wright, 1996; Rodden, 2004). 첫째, 행정적 분권은 일반적 행정서비스와 사무를 중앙정부로부터 지방정부로 이전하는 것을 의미한다. 행정적 분권은 또한 예외적인 경우를 제외하고 일반적으로 이전된 사무에 대한 결정권까지지도 포함하는 것으로 이해한다. 이 때문에 로든(Rodden, 2004: 486)은 행정적 분권이라는 용어보다는 정책적 분권policy decentralization이라는 용어를 사용한다. 둘째, 정치적 분권은 지방의 정치행위자, 즉 직접 선출된 시장, 지사, 지방의회 의원들을 위한 새로운 헌법적, 법적, 제도적 기반을 제공하는 것을 의미한다(Jun and Wright, 1996).[10] 셋째, 재정적 분권은 과세권과 재정지출에 관한 결정 권한을 이양함으로써 지방정부의 재정적 자율성을 높이는 것으로 이해할 수 있다. 분권형 국가에서는 일반적으로 지방정부가 총 세수와 지출에서 차지하는 비율이 높은 편이다(Schneider, 2003: 36-7).

이러한 전통적 행정, 재정, 정치적 분권 이외에 관할지역 혹은 기능을 중심으로 분권을 이해하려는 시도도 있다. 예를 들면 터너(Turner, 1999: 4-5)는 기본적인 지방분권의 정의에 더하여 사무와 권한의 지방정

10 정치적 분권을 의사결정권의 이전으로 이해하며 행정적 분권에서 인사권의 분권을 따로 개념화하는 견해도 있다(Treisman, 2007: 23).

부로의 다층적 재배분을 '영토적territorial 분권'으로 정의하고, 중앙정부 권한이 이익집단, 준정부조직quasi-non governmental agencies 등 특화된 집단에 이전되는 것을 '기능적functional 분권'으로 구분하며 변화하는 정부 - 시장 관계를 지방분권 정의에 반영하고자 하였다.

[그림 1 - 1]에 나타난 것처럼 서로 다르면서도 공통분모를 가지고 있는 지방분권에 대한 이해는 지방분권이라는 것이 고정된 의미가 아니라 시대와 공간을 초월하여 진화하고 있음을 보여준다. 지방분권은 단지 중앙 - 지방 간의 문제일 뿐 아니라 현대 국가체제 속에서 다양한 이해관계와 갈등을 관리하는 측면을 내포하고 있기 때문이다. 요약하자면, 세계대전 후 현대 국가들은 가장 보편화하였으면서도 기본적인 형태로부터 가장 복잡한 형태에 이르기까지 지방분권개혁을 다양하게 이해하고 수행해 오고 있다는 것이다(Cheema and Rondinelli, 2007: 2-4). 초기에는 선진국, 개발도상국 할 것 없이 시민들에게 효율적이면서도 다양한 공공서비스를 제공하기 위해 계층적인 정부조직을 개편하는 방향으로 분권을 해왔다면(1960 ~ 1970년대), 전 세계적 세계화와 민주화의 물결은 경제발전과 시민사회 성장과 같은 사회경제적 변화에 발맞추지 못하는 중앙집권 시스템의 문제점을 더욱 명확하게 드러내었다(1970 ~ 1980년대). 예를 들면 퍼트남(Putnam, 1993: 19-20)은 이탈리아의 남·북부지방 비교연구를 통해 중앙집권적 체제하의 거버넌스와 정치가 1970년대의 국가 경제발전과 시민사회 성장과 같은 급변하는 사회경제적 환경에 제대로 발맞추어 따라가지 못했음을 지적하였다. 1980년대 냉전 이후 여러 구 공산권 국가들이 붕괴하고 라틴아메리카와 동아시아, 그리고 중부 유럽의 중앙집권적 국가들이 국제무역과 투자를

[그림 1-1] 지방분권 개념의 진화

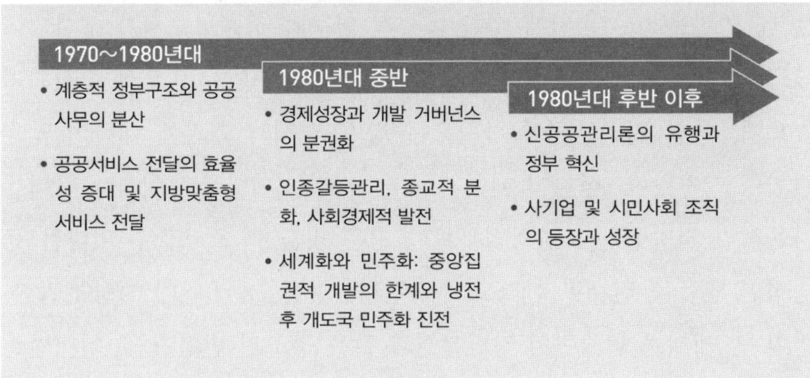

출처: Cheema and Rondinelli(2007); Turner(1999).

활발히 하면서 국가 수준의 조건과 환경뿐만 아니라 지방의 공공서비스, 공공기반, 삶의 질 등에 관한 관심이 커지고, 이러한 관심은 더욱 강한 지방정부의 행정력과 시민사회의 성장을 요구하게 되었다(Cheema and Rondinelli, 2007: 5). 이와 동시에, 미국, 영국, 뉴질랜드 등에서 시작되어 전 세계로 확산하여 성과향상과 결과중심적·고객지향적 행정을 강조한 신공공관리 운동New Public Management은 다른 정부 혁신과 개혁 프로그램과 함께 지방분권을 중요한 과제로 제시해왔다(Hood, 1991; Kamarck, 2000; Kettle, 2005).

그렇다면, 왜 지방이어야 하는가? 지방분권화가 주는 이득 혹은 수혜는 무엇이 있는가? 왜 국가규모 혹은 각 국가가 처한 상황과 관계없이 지방분권을 추진해 오고 있는가? 왜 세계 각국은 어떠한 형태로든 지방분권을 실현하고자 하는가? 이와 관련하여 로든(Rodden, 2004)이 적절하게 묘사하고 있듯, 지난 50년간 가장 중요한 세계적 추세 중의 하나인 지방분권화가 어떻게 좋은 거버넌스와 좋은 정책결과를 생산하는 데 영향을 미치는지에 대한 학술적 연구와 정책보고서가 생산되어 왔고, 연구자들 가운데 지방분권은 일반적으로 '좋은 것'으로 인식되어 왔으며, 특히 지방분권이 가져오는 정치·경제적 효과에 대하여 많은 관심을 가져왔다. 심지어 페이지(Page, 1982)는 '지방분권'이라는 단어는 자율적인 지방정부가 중앙정부보다 많은 것을 더 잘 할 수 있다는 규범적인 믿음을 전제로 한다고 주장한다. 첫째, 1980년대 지방분권 혁명이 전 세계를 휩쓸면서 지방분권과 같은 구조적 변화가 굿 거버넌스 good governance에 필수적이라 믿었던 공공선택론자들public choice theorists에 의하면 지방정부가 시민들의 실제적 필요와 요구에 더 가까운 서비스를 제공할 수 있으며, 시민들도 지방의 문제에 대한 오너십ownership을 가지고 좀 더 적극적으로 관심사와 이해를 표출하게 된다는 것이다(Coase, 1960; Oates, 1972; Tiebout, 1956; Weingast, 1995). 이들은 지방 납세자인 시민의 관점에서는 지방정부의 성과에 대한 정보에 좀 더 쉽게 접근할 수 있으므로 지방정부와 정치인을 선거를 통해 포상하거나 징벌하기 쉽고, 좀 더 나은 질의 공공서비스를 요구할 동기부여를 갖게 되며, 책임성 있는 지방 관료와 정치인들이 등장하게 만든다고 주장한다. 지방분권화는 지방정부 간 경쟁을 심화시켜 각 지방정부가 재정 관련 결정과 자원의 분배를 좀 더 효율적이고 지방 주민의 요구에 맞도록 향상하려 노력한다는 것이다.

둘째, 재정자원과 세금에 대한 좀 더 많은 결정권을 부여받은 지방정부는 좀 더 나은 서비스를 제공하기 위하여 노력하며, 이는 궁극적으로 지방과 국가 수준의 경제에 긍정적 효과를 가져온다는 것이다.

이러한 이유로 경제적 침체를 겪은 국가들 가운데 다수는 지방분권이라는 아이디어에 크게 관심을 가져온 것은 사실이다. 프랑스의 경우, 19세기까지만 해도 유럽 내에서 성공적으로 중앙집권형 경제 및 사회통치를 해 온 국가로서 다른 유럽국가들 사이에 본보기로 여겨졌으나, 1970년대의 경제적 위기는 정부로 하여금 문제해결과 위기극복을 위해 오히려 지방분권에 눈을 돌리도록 만들었다(Gourevitch, 1980). 동일한 맥락에서 특히 재정적 분권은 많은 정책결정자나 연구자들에 의하여 경제적 성과와 성장을 위한 전략적 선택으로 정당화되어왔으며, 많은 개발도상국도 선진국과 동일한 전략을 따르고 있는 실정이다(Rodriguez-Pose and Sandall, 2007).

셋째, 가장 지속적이면서도 반복적으로 지방분권의 필요성을 강조하는 논리는 역시 시민참여의 증진과 민주주의 공고화에의 영향이다. 이미 오래전부터 토크빌과 같은 정치사상가들은 정치적 분권화를 효과적인 민주 정치체제 구축을 위한 필수조건으로 제시해 왔으며(Tocqueville, 1969), 상대적으로 작은 규모의 지방정부와 면대면 관계를 강조하는 행정, 지방 리더십에 대한 직접선거 등은 시민참여를 높일 뿐만 아니라 피선거권자로 하여금 선거권자의 요구에 부응하고자 하는 노력을 촉진한다는 것이다. 기존 연구들에 따르면 정치적 분권화는 국가 내 권력의 분산과 시민단체의 정책과정에의 참여를 증대시킨다(Cheema and Rondinelli, 2007). 이에 더하여 정치적 분권은 지방에서의 공론의 장public sphere을 활성화해 민주적 숙의熟議 문화를 심화시키고 민주주의의 학교의 역할을 감당하게 된다는 것이다. 지방분권에 있어서 참여의 강조는 세계은행에서 강조하는 '굿 거버넌스' 프로젝트와도 밀접한 관련이 있다(Rodriguez-Pose and Sandall, 2007: 57).

그러나, 이와 같은 지방분권에 대한 기대와 효과에도 불구하고 이론과 실제에는 엄밀한 괴리가 존재하는 것도 사실이다. 위에 열거한 지방분권 논리를 뒷받침하는 주장과 담론들은 종종 중앙집권의 비효율성과 문제점들을 지적하기 위하여 제시되어왔고, 지방분권이 광범위한 정치, 경제, 사회적 문제들을 해결할 수 있는 마치 만병통치약과 같이 여겨져왔다. 그러나 실제 지방분권이 정부정책과 경제, 그리고 거버넌스에 미친 영향은 각 지역과 국가마다 많은 차이를 보여왔다(Grindle, 2007). 예를 들면, 재정분권의 경제성장과 지역 불균형에 대한 영향을 연구한 일군一群의 경험적 연구들은 기대와 달리 재정적 분권이 경제회복과 성장에 긍정적인 효과를 가져온다는 것은 경험적으로 필수조건이 아님을 밝혀내었으며(Rodriguez-Pose and Ezcurra, 2011), 오히려 공공선택론자들의 이론적인 모형과 달리 지방수입 강화보다는 중앙정부의 교부에 더 의존하는 경향을 보이거나, 재정적으로 완화된 제한조건 때문에 지방정부가 오히려 재원을 낭비하는 사례도 다수 발견된다는 것이다(Prud'homme, 1995). 또한, 이론상으로는 지방의 시민들이 자신들의 이해관계와 직결된 지방 수준의 정책과 사무에 대해 좀 더 많은 목소리를 내야 함에도, 이는 종종 지방 엘리트들이나 특별 이익단체들에 의해 왜곡되거나 특정 이익을 위해 동원되는 경우가 흔히 발생한다는 것이다(Grindle, 2007). 심지어 트레즈먼은 지방 민주주의가 가져다주는 것으로 알려진 여러 긍정적 기대효과들을 경험적으로 증명하면서 더욱 과격한 의문부호를 던지고 있다.

> "요약하면, 중앙정부가 각기 다른 지방정부 주민들의 희망과 선호에 맞추어 교육, 문화, 종교 등 개별적으로 맞춤형 정책을 제공하는 것은 지방정부가 동의만 한다면 단지 기술적인 문제에 불과할 뿐 완전하게 가능하다."
>
> – Treisman, 2007: 60

위에 열거된 문제점들에도 불구하고 정부의 질 향상과 민주주의 및 경제적 효율성에 대한 기대효과는 하나의 믿음belief으로 여전히 중요시되고 있다. 지방분권의 실제 효과와 영향은 각 사회가 처한 복잡한 정치, 경제 및 사회적 패턴과 구조적 조건에 의존적이지만, 지방분권을 통한 중앙 – 지방 간 구조변화는 2000년대에도 여전히 계속되고 있다.

위에 살펴본 대로 진화하는 지방분권에 대한 정의와 기대효과에 비추어볼 때, 한국의 정치경제적 또는 사회적 맥락에서도 지방분권이라는 단어가 가지는 의미는 정부수립 후 일관되게 유지되어 왔다고 보기 힘들다. 한국의 근대화과정과 경제개발이라는 상황을 생각할 때, 군사정권이라는 권위주의 정부 하에서 지방분권과 자치에 대한 요구는 의심할 바 없이 야당의 '반대당 정치'opposition politics를 포함한 권위주의에 대한 견제세력의 부활과 민주화 운동의 일환으로 지방 수준에서의 민주주의 및 참여에 집중해왔다고 볼 수 있다. 그러나 민주주의 이후의 지방분권 담론을 살펴보면 민주주의 공고화뿐만 아니라 중앙집중의 폐혜, 인구와 자원의 분산, 전 국토와 지방의 균형적 발전, 지역격차 해소 등 경제적 이슈로 중심이 이동하고 있음을 알 수 있다. 이에 관하여 전영평(2008)은 우리나라 학계와 지방정부가 지방자치의 양대 축, 즉 지방분권과 민주적 주민참여라는 두 가지 요소를 엄연히 분리시켜 이해함에도 불구하고, 중앙과의 대립 극대화를 통해 분권 개혁을 촉진하기 위해 의도적으로 권한이양 중심의 지방분권을 우선적으로 강조하며 주민참여와 혼용해왔다고 비판한다.[11] 그뿐만 아니라 성년이 된 지방자치의 경험에 대해서도, 지방자치제 시행이 지역의 발전, 지역적 특색과 다양성의 향상, 주민들의 삶의 질 향상에 이바지했다는 평가도 많은 반면, 여전히 많은 시민들은 지방이 서울 및 수도권에 비해 소외되거나 차별받고 있다고 생각한다. 국민 대다수는 또 한편 지방자치가 필요하다고 응답한 반면, 개선이 필요하다고 느끼고 있다.[12] 이렇듯 우리나라의 맥락에서 지방분권에 대한 변화하는 인식을 이해하는 것은 1990～2000년대 지방분권개혁의 기원 내지는 원인과 결과를 이해하는 데 중요한 사전작업이라고 볼 수 있다.

Ⅲ. 지방분권화와 한국의 이중적 민주주의: 연구문제와 질문

1990년대와 2000년대를 거치며 한국과 일본을 비롯한 동아시아 국가들은 발전국가의 쇠퇴, 민주주의의 심화 및 글로벌 경제권으로의 편입과 함께 '어떠한 행태'로든 중앙의 권한을 축소하고 지방분권을 통한

11 필자도 사실 우리나라 지방분권의 담론에서 '참여'에 대한 강조는 권한의 지방으로의 이양보다 상대적으로 약했다는 데에 동의한다. 그러나 본 연구에서는 이를 비판하기보다는 시대적으로 강조되었던 이념적 요소(ideational element)가 변해왔다고 이해한다. 이에 관해서는 제2장을 참조.

12 세계일보, '성년' 된 지방자치…여전히 '반쪽자치', 2015년 6월 21일자. 실제로 김순은(2014)은 지역유지 카르텔, 이기주의 창궐, 부패, 주민참여 저조 등의 이유로 지방자치 무용론이 증가 추세에 있다고 지적한다. 동시에, 그럼에도 불구하고 지난 20여 년의 지방자치 성과는 무시할 수 없다고 주장한다.

구조개혁을 하려는 노력을 기울여왔다. 앞서 언급했듯이, 동아시아 발전국가와 관련된 비교정치 문헌에서 이들 국가는 중앙정부가 시장을 통제하고 지방과 사회에 대한 강력한 감시 감독권을 행사하는 강한 국가strong state의 원형으로 여겨져 왔으며, 효율적이고 유능한 중앙관료들의 개입주의와 산업정책은 매우 짧은 기간에 불평등을 최소화하면서도 눈부신 경제성장과 삶의 질 향상을 가져온 성공적 모형으로 평가되어왔다. 일본도 우리나라와 마찬가지로 국가 주도의 산업화 과정에서 희소자원의 동원을 위해 권력이 위에서 아래로 배분되었으며, 중앙성청省庁은 국가의 사무를 위임하는 기관위임사무나 지방에 국가의 행정기관, 시설 및 인력을 구성하도록 요구하는 필치규제必置規制 등 다양한 수단을 통해 효과적으로 지방정부 수준의 자율적 의사결정과 지방의 선호를 통제하였다(Hill and Fujita, 2000; Muramatsu, 1997).[13] 한국도 일본과 크게 다르지 않다. 건국헌법(1948)에서 지방자치를 법률에 위임하였지만, 권위주의 정부 하에서 정치적 목적으로 폐지되었으며, 대부분의 기간 동안 중앙-지방 간의 관계는 하향식 '명령과 통제' 시스템하에 있었다고 볼 수 있다. 내무부행정안전부, 특별행정기관, 시도지사 임명권 등 다양한 수단을 통해 중앙정부는 국가안보, 경제성장과 개발이라

13 경제개발과 성장기 일본의 지방정부는 제한적인 자율권을 가졌으며, 중앙성청 관료들과 자민당 정권의 통제하에 있었다. 지방자치 사무를 수행하기보다는 성청에서 위임된 기관위임사무나 단체위임사무에 더 자원과 에너지를 써야 했고, 심지어 지방공무원 임면과 지방재정에서도 매우 제한된 수준의 재량권만 가지고 있었다. 그러나, 동시에 일본 지방자치단체들은 1970년대 이후 느리지만 지속적인 지방역량과 자율권의 성장을 경험하였다(Akizuki, 2001). 이러한 제도적인 측면의 제약과 실제 '생활대국'으로 불리는 일본 지방의 삶의 질이나 정부의 역량은 분리되어 고려되어야 한다.

는 이름으로 지방의 자원을 동원하였으며, 지방에서의 민주주의 운동을 원천적으로 통제하였다. 이에 따라 지방의 행정적, 재정적 기능은 중앙부처의 감독하에 놓일 수밖에 없었고, 지방사회의 성장도 엄격한 통제하에 있었다. 격동기 한국에서 미국 외교관으로 근무했던 헨더슨(Henderson, 1968: 199)은 서울이 한국 그 자체라고 묘사하면서 '우리가 상상할 수 있는 국가 중 가장 고도로 중앙집권화된' 국가라고 회고할 정도였다. 프랑스와 프로이센까지 그 기원을 찾아볼 수 있는 우리나라의 국가주의는 여전히 지방의 일상생활에서 쉽게 발견될 수 있었다는 것이다. 심지어는 1987년 민주화의 물결 속에서도 계층화된 중앙 – 지방 관계는 한동안 계속되었고, 여전히 많은 시민은 사실상 중앙권력의 지배를 인정하는 실정이었다.

그러나, 1990년대 이후 — 특히 외환위기 이후 — 중앙정부 주도의 통제모형은 정통성의 위기를 맞이하게 되었고, 지방분권을 본격적으로 추진하는 방향으로 개혁이 진행되기 시작하였다. 물론 여전히 강한 국가 혹은 발전국가 이념이 존재하지만, 중앙정부가 서서히 사회와 지방에 대한 통제권을 잃기 시작했다는 것은 부인할 수 없는 사실이다. 특히 이 시기의 동아시아의 주요 국가들은 국내 민주화와 같은 정치적 변화와 경제적 세계화라는 이중적인 불확실성 속에서 국내외적 도전과 정치, 경제 및 사회적 문제들에 대응하기 위한 수단으로 지방분권 정책을 적극적으로 추진하였다(Rozman, 2002). 일본의 경우, 1993년 중의원 선거에서 단독 과반수 획득을 실패한 자민당의 38년간의 일당 지배가 막을 내리고 지방분권에 호의적이면서도 도지사 경험이 있었던 호소카와 모리히로細川護熙 정권과 일본사회당의 무라야마 도미이치村山富

市 정권이 등장한 이후 중앙-지방 간의 계층적 관계를 개혁하기 위한 노력이 진행되었으며, 1995년과 1999년 지방분권 관련 법령 통과와 함께 구조개혁의 일환으로 국고보조 삭감과 세원 이양을 골자로 한 삼위일체개혁(2003)까지 단행하였다(Furukawa, 2002).

한국의 경우, 앞서 간략히 살펴보았듯이 박정희, 전두환 정권과 같은 권위주의 정부 하에서 지방자치제 시행과 지방분권개혁이 폐지 혹은 다양한 이유로 연기되어 왔고, 노태우 정권에서는 여소야대라는 정치적 기회구조 속에서 야권이 연합하여 지방자치제의 조기 실시를 합의했음에도 불구, 노태우의 거부권 행사 및 유례없는 3당 합당을 통해 거대 여당을 형성한 중앙정치권의 기피로 무산되다가 야당 대표인 김대중의 단식투쟁 등을 통해 겨우 지방의회의원선거(1991) 실시라는 반쪽짜리 지방자치제가 도입되었다(유재원, 1994). 심지어 문민정부가 출범한 이후에도 김영삼 정부에서 세계화 추진과 신한국 건설을 국정과제로 삼고 신자유주의 개혁과 지방분권을 통해 비효율-고비용의 중앙집권적 체제 개선을 시도하였으나 적절한 권한과 재원이양 없는 지방분권은 성공적인 지방 민주주의 정착을 오히려 저해하였고, 권위주의의 잔재와 중앙정치권의 저항으로 인해 전국민적 공감대와 지지를 받는 개혁으로 발전되지 못하였다. 이처럼 정부수립 후 우리나라에서의 지방분권은 지방선거 도입을 제외하고는 기껏해야 최소한의 진전을 이루었다고 해도 과언이 아니다(Lee, 1996). 그러나, 1997년 외환위기를 기점으로 중앙정부의 시장과 지방사회에 대한 과도한 간섭이 국가 경제의 비효율성의 주요 원인으로 꼽히며 비판의 대상이 되기 시작하였고, 우리나라의 맥락에서 탈중앙화de-concentration와 권한분산devolution의 의

한국 지방자치 시대의 개막 2014년 6월 4일 실시된 전국동시지방선거. 1995년부터 4년마다 기초부터 광역까지 자치단체장과 지방의회의원 선거를 동시 시행한 이래 2018년 기준 7회를 맞이하였다.

미도 포함하는 지방분권이 주요 개혁 의제로 등장하기 시작하였다(Lee, 2007).

김대중 행정부는 해방 후 왜곡된 중앙–지방 관계를 민주주의 시대에 걸맞게 개편하고 지방 민주주의를 꽃피우고자 지방이양촉진법을 1999년 1월 시행하고, 중앙권한의 지방이양을 촉진하기 위한 개혁을 집행하기 위해 대통령 자문기구까지 설치하였다. 노무현 행정부에서는 우리나라 역사상 처음으로 '지방의 시대'를 선포하며 지방분권과 국가균형발전을 국정과제의 최우선과제로 지정하였으며, 대통령의 여러 연설에서 경제를 회복하고 동북아 시대의 건설 및 세계화에 대응하기 위하여 지방이 주역이 되어야 하며, 이를 위해 지방분권이 필요함을 역설하였다(국가균형발전위원회, 2004: 20-1). 노무현 정부에서는 정부혁신지방분권위원회를 대통령 직속기구이자 분권과 개혁을 추진하기 위한 콘트

롤타워의 역할을 맡도록 규정하고(2003년 4월), 행정자치부와의 협력을 통해 종합적인 지방분권계획과 로드맵을 작성하도록 하였다(2003년 7월). 같은 해 12월에는 21개 조항으로 이루어진 지방분권특별법을 통과시키고 2004년부터 시행토록 하였다. 주목할만한 사실은, 이러한 지방분권 개혁법안들이 모두 김대중, 노무현이라는 '소수정권' 상황에서 통과되었다는 것이다(〈표 1-2〉).

〈표 1-2〉 문민정부 이후 주요 지방분권개혁(1993~2013년)

행정부/기간	주요 개혁 입법	지방분권 프로그램	분권개혁 주안점
김영삼 정부 (1993~1998)	지방자치법 개정(1994)	• 시도지사 및 지방의회의원 직접선거	정치적 분권화 (민주화)
김대중 정부 (1998~2003)	지방이양촉진법 (1999)	• 중앙 권한의 지방 이양을 촉진하기 위한 대통령 위원회 신설(1999) • 권한의 지방 이양 촉진 • 이양 가능한 사무 발굴조사 • 지방 이양 과정 모니터링	행정 및 재정적 분권화 (권한분산)
노무현 정부 (2003~2008)	지방분권특별법 (2004)	• 정부혁신지방분권위원회를 대통령 직속으로 설치(2003) • 지방분권 로드맵 작성과 집행 • 중앙 권한의 지방 이양 지속 / 교육자치와 자치경찰제 논의 / 국세 및 지방세 합리화 추진 / 지방의회 강화 추진	지방분권개혁과 지방자치 공고화 (지방 민주주의 및 국가균형발전)
	제주특별자치도 지정(2006)	• 전통적 명령-통제방식이 아니라 제주도에 국제화와 경제개발을 위한 자율권 부여 / 지역 현안과 개발에 관한 권한 대폭 이양	지역경제 활성화
	기타 개혁 입법	• 주민발의제도(2004) • 집단소송제도(2006) • 주민소환제도(2007) • 행정수도 이전 추진(2006)	지방분권개혁 지속적 추진
이명박 정부 (2008~2013)	지방분권촉진법 (2008)	• 지방분권촉진위원회 설치(2008) • 정부 100대 과제에 선정(2008) • 부분적 교육자치 실시(2009) • 특별행정기관 정비 • 지방소비세 도입(2010)	중앙 권한의 이양과 배분

출처: Bae and Kim(2013); 행정자치부(2005); 지방분권촉진위원회(2009)

그렇다면 이러한 극적인 지방분권개혁의 진전은 어떻게 가능했는가? 김대중-노무현 행정부로 이어지는 지방분권개혁이 궁극적으로 성공적인지, 실패인지를 평가하기 전에, 당시의 정치적 상황을 고려하면 이러한 연구 질문을 하지 않을 수 없다는 것이다. 근대화 이전부터 우리나라는 철저하게 중앙집권적인 체제였으며, 토크빌이나 퍼트남이 강조한 '시민전통'civic tradition도 송호근(2013)이 주장하듯 19세기에 와서야 겨우 태동하기 시작했을 뿐이었다. 해방 이후 지방자치제도는 본격적으로 실시되기도 전에 폐지되고 말았다. 민주화 이후에도 여전히 중앙정치권 및 관료집단은 지방의 행위자들과 비교하여 특권적 지위를 지속해서 누려왔으며, 노태우 정부에서의 지방자치제 연기를 위한 대통령 거부권 행사 등 각종 정치적 행위에서 볼 수 있듯이, 지방과 권력 기반을 분점하는 것에 대한 큰 거부감을 드러내 왔다(김렬 외, 2004: 27-53). 심지어 김대중-노무현 행정부 하에서도 전통적으로 지방자치제에 반대해 온 보수 정치세력이 다수당의 위치를 점하고 있었고,[14] 민선체제 발족 초창기에는 중앙당 위주의 왜곡된 정당정치와 선거문화로 인한 지방의회의 편향적 구성과 선출직 단체장들의 부정부패 사례로 인해 지방자치 무용론도 고개를 드는 등 부정적 견해도 상존하던 시기였다. 이에 더하여 김병준(2002)이 '지방자치로 배 아픈 사람들'로 비유한 것처럼 중앙언론, 중앙정부와 깊은 커넥션을 구축한 기업들, 거대 건설회사 등 지방분권과 자치개혁에 걸림돌이 될 반대세력은 여전히 많았다. 로즈먼(Rozman, 2002)이 지적한 대로 이 시기의 분권개혁

14 예를 들면, 노무현 정부하에 지방분권특별법을 통과시킬 당시 야당인 한나라당이 총 272석의 의석 중 149석을 차지, 다수당의 위치를 차지하고 있었다.

을 위한 입법과 정책들이 여전히 한계가 있었던 것은 사실이지만, 〈표 1-2〉에 계획된 대로 분권이 추진되었더라면 중앙정치권과 관료사회의 기득권에는 큰 위협이 될 수가 있었던 개혁안이었다. 행정 및 재정 권한의 이전은 궁극적으로 중앙부처의 축소를 의미하는 것이었기 때문이다(Kim, 2000). 제5장에서 기술하겠지만, 개혁 입법의 과정에서 많은 내부저항이 있었던 것은 사실이었고, 그 추진이 지연되거나 내용도 원래 의도보다 축소되는 예도 있었다. 그럼에도 불구하고, 이 시기의 지방분권 노력은 이전 권위주의 정부의 개혁과 비교할 수 없는 진전이었고, 분권화의 물결은 돌이킬 수 없는 것이 되었다.

이러한 배경을 고려할 때, 왜 한국이 — 동아시아 국가들을 포함하여 — 1990년 말 이후 지방분권개혁을 적극적으로 추진하게 되었는가? 김대중 행정부 이후의 지방분권 과정을 이해하기 위해서는 세 가지의 연구 질문이 필요하다. 첫째, 왜 우리나라 정부는 — 특히 김대중 정부 이후 — 성공적인 근대화와 산업화의 요인이었던 중앙집권적 체제에서 역사적으로 경험해보지 못한 지방분권을 시행하기 위해 개혁을 추진해왔는가? 둘째, 최고 정책결정자들은 어떤 맥락과 조건에서 지방분권을 '시대적 과제'로 규정하고 추진해왔는가? 셋째, 새로운 지방 민주주의는 왜 초창기 입법 이후 때로는 후퇴하거나 — 예컨대 이명박, 박근혜 정부 하에서 — 한계를 보여왔는가? 왜 지방자치제 시행 이후 20여 년이 지난 지금도 지방분권화를 주장해야만 하는가? 첫 번째 질문은 한국적 맥락에서 지방분권을 위한 개혁 입법의 통과를 둘러싼 구조적 조건들을 연구하기 위한 것이고 두 번째와 세 번째 질문은 왜 우리나라 정부는 '빅뱅'big bang과 같은 빠르면서도 광범위한 지방분권을 추진하기보다 점진적인 방식으로 해왔고, 어떻게 행정부마다 불연속적 지방분권개혁이 이루어져 왔으며, 궁극적으로는 시민참여 없이 제도만 있는 '이중적 민주주의' 형태로 남게 되었는가라는 것이다.

요약하자면, 오늘날 세계 각국의 지방분권을 통해 형성된 지방 민주주의의 형태는 매우 다양하며, 비교론적인 관점에서 볼 때 성공적으로 수행한 국가가 있는 반면, 분권 개혁이 부진하거나, 성공과 실패가 혼재되어 있거나, 다양한 이유로 오히려 후퇴한 국가들도 존재한다. 이러한 기준으로 볼 때, 정부수립 이후 한국의 정부간관계는 경제 수준이나 국가 수준의 민주화 정도를 고려하면 큰 진전을 이루어 왔다고 보기 어렵다. 한국경제가 세계 경제권으로 편입되었고, 해외 투자자들이 이제는 단순히 중앙 수준의 거버넌스만 보는 것이 아니라 지방의 조건들도 심각하게 고려한다는 점을 생각하면, 오늘날에도 지방정부의 자율성과 자치가 다른 국가들과 비교하여 큰 성장을 가져왔다고 보기 힘들다는 것이다.[15] 다른 한편으로는, 1990년대 중후반부터 새로운 정치 및 사회경제적 환경 변화와 함께 무시할 수 없는 수준의 지방분권 개혁이 진행되어 왔다.

이 책의 주요 목적은 어떻게 하여 우리나라의 지방분권이 추진됐는

15 예를 들면 해외자본가 혹은 공공사업 투자기관이 국내 투자기회를 모색할 때 중앙정부와의 민관협력사업(Public-Private Partnerships: PPP)의 경우 위험인지가 낮은 편이지만, 지방 수준의 사업에는 지방정부의 역량이나 지원조건 및 수익실현 가능성에 대한 확신이 충분하지 못하기 때문에 지방사업에 있어서는 좀 더 많은 정부의 보증을—예를 들면 건설보조금, 최소수익보장(minimum revenue guarantee) 등—지방정부로부터 요구한다는 것이다(Bel et al., 2013). 우리나라 지방 수준에서의 민관협력사업에서 재정손실 사례가 많은 이유 중 하나가 지나치게 많은 최소수익보장 때문이다(Bae and Joo, 2016).

지, 또한 촉진·제한 요인과 궁극적 지향은 무엇인지 비교론적, 역사적, 이론적 관점에서 살펴보는 것이다. 특히 지방 민주주의 체제를 구축하고 실현하는 것은 단순히 새로운 제도의 도입과 시민참여 증진과 같은 수단들에 주객이 전도되어 그 자체가 목적이 되어서는 곤란하다. "잘 작동하는", "효과적인", 그리고 "국민을 행복하게 하는" 지방 민주주의를 목표로 해야 한다는 것이다. 이를 위해 본 연구에서는 지방분권과 자치개혁을 둘러싼 동기와 정치행위자 및 과정을 비교적 시각에서 면밀히 조사하고, 좀 더 깊은 역사적, 제도적 맥락도 함께 분석함을 목적으로 한다.

IV. 이 책의 구성

이 책에서는 특히 과정추적process tracing을 통하여 지방분권과 자치개혁이라는 제도적 변화과정에 존재하는 숨겨진 인과관계를 밝히려고 한다. 과정추적법은 연구자가 특정한 정책이나 결정이 만들어지게 된 이유와 과정을 인식할 기회를 제공한다(George and McKeown, 1985; Brady and Collier, 2004). 또한, 지방 민주화와 분권 요인의 비교정치적, 제도적 이해를 위해 미국, 유럽, 일본 등의 경우와 직·간접적 비교방법을 사용한다. 특히 일본의 경우, 지방분권개혁의 시기와 동기 및 정치행위자들이 유사하므로 이론화에 유리한 측면이 있다. 마지막으로, 과거의 선택과 그 유산이 어떻게 현재의 지방 민주주의에 영향을 미치고 있는

지 역사적인 접근법도 동시에 병행한다.

제2장에서는 지방자치와 분권에 관한 다양한 접근방법을 탐색함으로써, 본 연구의 목적, 즉 한국의 지방 민주화와 분권 개혁을 이해하기 위한 연구 분석틀 개발을 시도한다. 왜 각 국가는 지방분권을 추구하는가? 전 세계적 지방 민주화와 분권개혁의 물결은 정치체제regime type, 경제발달 수준, 시민사회의 성숙도 등과 관계없이 곳곳에서 일어나고 있다. 본 장에서는 이러한 지방분권화의 트렌드를 설명하기 위한 이론들을 소개하고, 특히 세계 각국의 지방분권과 자치개혁의 원인에 대한 이론적 분석을 통해 세계적 흐름과 같이하면서도 독특한 한국의 사례를 가장 잘 설명할 수 있는 틀framework 개발에 초점을 맞춘다. 최근 비교정치학에서 지방에 대한 관심도가 증가하면서, 서구국가 및 개발도상국에 대한 근대화론적 설명으로부터 협상, 이익interests, 인센티브 구조 등 다양한 이론들이 개발됐으나, 본 연구에서는 지방분권을 역사적 제도주의와 사회적 구성주의social constructivism에서 강조하는 하나의 인과적causal 요소로서 '아이디어'idea 혹은 이념의 제도변화에서 역할을 강조하며, 한국의 1990~2000년대 지방분권개혁은 어떠한 구조적 조건에서 시도되었는지 이론적으로 분석한다.

제3장에서는 현대 지방 민주주의 형성에 대하여 국가중심적 통치권 행사를 위해 지방을 동원하는 사고에 종언終言을 고하고, 지방을 중심으로 한 비교분석을 통해 중앙-지방 간 관계의 다양성을 이해하는 한편, 세계 지방 민주주의 흐름 속에서 한국의 객관적 위치를 확인하는 작업을 진행한다. 유럽과 북아메리카 등 서구 선진국에서는 지방 민주주의가 어떻게 발달해 왔는가? 먼저 역사적인 국가형성state-building과

정과 막스 베버Max Weber와 마이클 만Michael Mann의 국가권력에 대한 논의로 시작한다. 중세 봉건제와 절대왕정 시기를 거쳐 형성되기 시작한 근대국가는 주어진 영토에 효과적인 침투 및 통치를 위해 지방의 기반적 권력infrastructural power, 즉 지방정부와 시민사회에 의존하는 형태로 발전되어 왔다. 첫째, 이 장에서는 지방이 국가형성과정에서 어떤 역할을 수행해왔으며, 각 국가는 전 세계적 지방분권과 지방 민주주의의 물결에도 불구하고 왜 다양한 형태를 띠게 되는지 '지방 민주주의 다양성'Varieties of Local Democracy을 논의한다. 둘째, 현대 국가는 '정책국가'policy state로써 각종 공공서비스와 정책을 통해 공공복리 증진을 그 목표로 한다. 이 장 후반부에서는 정부간관계와 지방 민주주의 모형의 다양성을 기반으로 하여 왜 각국의 지방정부는 각기 다른 역량capacity과 정책국가의 임무를 수행해 오게 되었는지 경로의존적 내러티브narrative를 비교정치적 관점에서 제공한다. 예컨대 네덜란드와 북유럽국가는 우리의 상식과 달리 매우 중앙집권적이지만 동시에 매우 분권적이다. 중앙에 권한이 집중되어 있으나 지방정부에 대한 신뢰도 또한 높아 집행에 있어서 높은 자율성을 누리며, 정책역량 또한 매우 크기 때문이다. 이에 따라, 흔히 북유럽식 복지 민주주의로 정의되는 이들 국가에서는 정책집행에 있어 중앙-지방이 유기적으로 '통합'되어 있고, 지방정부의 효율성과 생산성이 가장 높아 시민들의 편의와 복지 증진에 실패하지 않아 왔다는 것이다. 이처럼 다양한 지방 민주주의 모형에 대한 탐색을 통해 우리는 단지 어떤 제도를 도입하고, 얼마나 많은 권한과 재원을 지방에 이양해야 하는가에 대한 '집착'을 넘어, 현재의 한국 정부간관계와 지방 민주주의 수준을 이해하며, '어떤' 지방 민주주의를 추구해야 하는가를 논의한다.

제4장에서는 앞선 장의 논의를 바탕으로 한국이 처한 현실을 이해하고, 우리나라의 중앙–지방 관계의 역사적 형성과정에 초점을 맞추어 현대 우리나라의 중앙–지방 관계에 많은 경로의존적 요소 혹은 유산legacy이 남아있다면, 어떻게 경로의존을 탈피하여 제도변화를 이루어낼 수 있는지를 탐색한다. 우리나라 연구자 중에서는 고려시대 사심관제도, 조선시대 재지사족在地士族의 존재나 향청鄕廳과 같은 사례를 들어 우리에게 자치적 전통이 부분적으로 존재해왔음을 주장하지만, 본 연구에서는 우리의 자치경험은 매우 단절적이었으며, 특히 조선시대의 경우, 매우 중앙집권적인 전통을 유지해왔고, 그 가운데 현대 한국의 정부간관계에 영향을 미치는 경로의존적 요소가 있음을 주장한다. 현대의 불연속적이면서도 매우 짧았던 지방자치의 경험은 지방분권과 자치를 추구하면서도 중앙에 대한 의존도가 높은 오늘날의 현실을 경로의존적으로 설명한다고 주장한다.

제5장은 민주화 전후의 지방자치와 정치과정을 역사적, 이론적으로 분석하면서, 조선·한말을 거치며 이어져온 경로의존성의 탈피가능성을 모색하였다. 특히 아이디어 분석틀을 기본으로 세밀히 분석한 참여정부의 지방분권의 정치과정에서는 일반적으로 묘사된 관료 혹은 중앙정치권의 저항으로 인한 분권개혁의 지연 내지는 실패라는 평가와 달리 아이디어가 초창기 분권의 정치에서 큰 역할을 해왔음을 보여준다. 아이디어–정치권력–제도의 관계와 반분권적 정치동력의 극복에 대한 이해와 분석을 통해 경로의존 탈피의 가능성과 한계를 논의하였다.

제6장은 지방 수준의 정치무대와 시민사회, 그리고 '공론의 장'에 대

한 분석으로, 우리나라의 지극히 엘리트 중심적인 지방정치는 서구적 시민사회의 참여적 전통의 부족에서 기인하며, 지방분권 및 자치운동 또한 시민이 아닌 지역 엘리트 중심으로 이루어져 왔음을 주장한다. 그럼에도 불구하고, 지방의 시민행위자들은 지방분권의 정치에서 어떤 역할을 해왔는지 살펴본다. 한국의 지방분권과 자치 담론에서도 경로 의존성에 의하여 자치적 요소(참여, 민주주의)보다는 분권적 요소(제도, 효율성)가 더 강조되어 왔지만 그러한 환경 속에서도 변화를 모색하는 시민사회의 담론과 '지방 시민사회'의 등장에 대한 분석한다.

제7장에서는 민주화 이후의 지방분권 담론과 정치과정을 복기하고, 역사적 및 정치적 요소들로 인해 '이중적 지방 민주주의'가 될 수밖에 없었던 우리나라의 현실을 분석하며, 빌려온 아이디어에 영향을 받은 한국식 지방자치가 어떠한 방향으로 가야 하는지를 논의한다. 중앙정치에 예속되어온 지방자치단체를 경험하고 있는 우리로서는 결국 중앙의 정치가 지방과 협력하여 법과 제도를 계속해서 개선해야 한다는 한계를 가지고 있기 때문에 우리가 동경해 온 '미국식 지방자치' 혹은 '스위스식 지방자치'는 요원한 이상일 수 있으며, 현실을 직시할 필요가 있다는 것이다. 결론적으로 우리나라의 지방 민주주의는 기본적으로 역사적 경험이 부족한 상태에서 해외 선진국의 제도에 대한 동경과 관심으로 인해 '어떤 지방 민주주의를' 할 것인가에 대한 고민과 및 정확한 현실진단과 그리고 그 실천을 위한 아래로부터의 동원mobilization이 없다면, 앞으로도 계속 알맹이 없는 분권 논의가 반복되리라는 것을 주장한다.

이와 관련, 김대중 전 대통령의 1969년 사상계 글은 우리에게 깊은 함의를 준다. 그는, "지방자치가 의회정치와 더불어 민주주의의 양대 골격은 물론 오늘날 명색이 민주주의 하는 나라에서 지방자치를 않는 나라는 우리나라뿐인 것이다. 전쟁 중의 월남조차도 이를 실시하고 있다"라고 설파하였다.[16] 우리는 이제 지방분권과 자치가 필요하다는 점은 대부분 인정하고 있는 사실이다. 전영평(2008: 249)의 지적대로 왜 지방자치를 해야 하는가보다는 어떤 지방 민주주의를 해야 하는가에 관심을 기울여야 하는 시점이다. 지금까지의 우리의 지방분권과 지방정치의 민주화에 대한 담론은 마치 다양한 자본주의론Varieties of Capitalism, 다양한 복지 자본주의론Varieties of Welfare Capitalism이 존재하는 것처럼, 지방분권, 민주적 자치, 정부간관계에도 다양성이 있다는 것을 인정하지 않거나, 인지하지 못하여 왔다. 다양한 지방 민주주의의 형태 가운데, 우리에게 맞는 정부간관계와 지방 민주주의 형태를 심각하게 고민해보아야 할 시기라고 보인다.

16 이상환, "13일간의 단식, 지방자치 시대를 열다", 프레시안 2011년 3월 23일자. http://www.pressian.com/news/article.html?no=3797.

제2장

지방자치와 분권은 왜 일어나는가?

"지방분권에 대한 가장 기본적인 질문부터 해보자. 어떤 국가의 리더가 하겠는가? 지방분권이 이루어지기 위해서는 권력과 자원을 가진 중앙정부의 리더가 통제하기 힘든 독립적 권한을 가진 지방 정치세력에게 결코 하찮지 않은 것들을 내려보내는 결정을 해야만 한다. 권력의 정점에 있는 어떤 대통령이 무슨 이유로 그런 결정을 내리겠는가? 이 부분이 바로 지방분권 논쟁의 블랙홀이다."

– Faguet, 〈Decentralization and Popular Democracy〉, 2012

최근 정부간관계와 각 계층의 지방정부들, 그리고 그들의 지역적 이해관계를 조정하는 지역 연합체associations 등, 지역의 정치적 대표성과 집합적 지역 이익에 대한 연구들이 증가하고 있다. 지방분권의 연구는 더 이상 중앙정부 내부의 관료정치 수준에 머무르지 않으며, 국가형성의 과정, 민족 간 갈등조정 및 협상, 정부안정성과 지속성, 거시경제개혁의 도입 등 광범위한 거버넌스 문제의 해결과 이해에 중요한 전제조건 내지는 대안이 되는 것을 보여주고 있다(Falleti, 2010). 그러나 이와 같은 학문적 관심의 증가에도 불구하고, 지방분권의 다양한 양태樣態와 결과들을 가져오는 요인에 대한 체계적인 연구는 부족한 편이다. 정치학적 연구만 해도 지방분권을 가져오는 요인으로 대부분 사회경제적 변화와 같은 근대화modernization 요인이나 민주정치의 발달 등을 지방분권 촉진의 주요 요인으로 지적하고 있다. 도시계획학이나 지리학도 지방분권을 중요한 제도적 변화로 인식하고 있으며, 특히 세계화의 물결 속에서 국민국가(중앙)의 영토에 대한 배타적 지배권이 약화되는 것으로 파악하면서도, 동시에 국내적으로는 다양한 형태의 분권화가 진행되고 있음을 지적한다. 예를 들면, 중앙정부가 토지를 보호하기 위한 입법을 하더라도 정작 어떤 토지가 보호될 것인가를 결정하는 것은 결국에는 지방정부이며, 새로운 공공주택 보급을 위해 재정을 동원하는 것은 중앙정부지만 그것이 부실한 관리로 인하여 게토(*ghetto*: 도시 빈민가)가 될 것인지 아닌지는 결국 지방정부가 하기 나름이라는 것이다. 이러한 현상을 자본가들의 이익에 의하여 혹은 생산양식의 변화로 형성된다고 보는 대표적인 관점이 조절이론regulation theory이다(강명구, 2005). 그러나 생산양식 변화에 따른 자본가의 이해관계를 중심으로 한 설명은 분권화가 일정한 형태로 수렴하는 것이 아닌 다양한 형태로 각국에 어떻게 나타나게 되는지 설명하는 데는 한계가 있다. 다양한 지방분권 현상을 구축하는 것은 생산양식 변화 이외에도 정치적 이해관계, 각 지역에 대한 이해와 이익, 제도적인 논리 등 여러가지 가능성을 상정할 수 있기 때문이다(Sellers, 2002: 90).

그렇다면 왜 정치체제와 경제적 수준, 시민사회 발달과 관계없이 지방분권과 자치개혁은 일어나는 것인가? 왜 각 국가는 분권과 자치를 하려고 하는가? 사실 상식적으로 생각한다면 최고의 권한과 권력, 그리고 재원을 가진 존재들에게 그것을 나누라는 것은 받아들이기 매우 어려운 제안이라고 할 수 있다. 대통령이나 최고지도자들은 지방분권화의 기대효과에 대하여 학술적 이론으로 발달하여온 국가 효율성 증진이나 주민 참여기회 확대와 같은 지방 민주화라는 규범적 명제 혹은 논리에 동기부여가 되어 자발적으로 지방분권을 추진하게 되는 존재들인가? 분권화를 추진하는 과정은 정치적으로 쉬운 것인가? 혹은 정치인들은 이타적인 존재로써 지방과 권력을 분점하기 위해 분권을 하려고 하는 것인가? 트레즈먼(Treisman, 2007: 283-289)은 이러한 현상에 대해 토크빌Tocqueville 혹은 밀J. S. Mill과 같은 위대한 고전 사상가들의 영향, 타운홀 미팅Town Hall Meeting 같은 소규모 공동체에 대한 향수, 그리고 분권화 – 시장화marketization를 동일시하는 경향 등을 자치분권을 선호하는 이유로 직관적으로 제시하고 있지만, 더욱 면밀한 동기와 기원을 살펴볼 필요가 있다. 이러한 질문들이 단지 지적 호기심을 충족시키기 위한 것들이기도 하지만, 정치권이 전 국가적 다수의 지지를 받는 지방분권개혁을 추진하기 위해서는 이러한 질문들에 대한 해답을 제공하는 것이 매우 중요하다는 것이다(Faguet and Pöschl, 2015).

기존의 연구들은 지방분권의 전 세계적 경향과 다양한 형태의 지방분권이 주로 근대화, 민주화, 세계화라는 거시적 구조의 영향 혹은 정당정치 및 선거전략의 산물, 또는 중앙부처 관료들의 정치적 저항과 타협의 결과로 이해해 왔다. 그러나 최근 비교정치 분야를 중심으로 지방분권의 정치를 하나의 게임으로 보고 정치행위자 간 협상을 주요 요인으로 주장하거나 지역적 이해관계를 지닌 정치인이나 정당을 둘러싼 인센티브 구조와의 상호작용의 결과로 이해하는 연구가 증가하였다. 이 장은 기존의 연구성과를 비판적으로 분석하고 우리나라에서의 지방분권정치를 설명하기 위한 대안적 이론을 제시하는 데 목적이 있다.

I. 왜 지방분권개혁은 일어나는가? 이론적 접근

1. 기능주의적 시각: 사회경제적 변화, 민주화, 세계화와 지방분권

기존의 문헌들은 거시 수준의 경제성장이나 도시화, 민주화, 세계화적 경향을 지방분권 트렌드의 주요 원인으로 지적하는 경향이 있다. 그 중 기능주의적 시각functionalist에서는 지방분권개혁의 열풍을 근대화 요인, 즉 예를 들면 거시 경제적 성장과 발전에 따른 지방정부의 외형적 성장, 규모의 경제scale of economy, 인구의 증가 및 지방에서의 지출규모 증가 등이 궁극적으로 지방정부의 지위를 향상시켜 왔으며, 결국 지방분권을 촉진하는 방향으로 진행되어 왔다고 주장한다. 이러한 연구들은 전반적으로 중앙정부(혹은 국민국가)의 영향력이 감소하고 있는 것으로 이해한다. 예를 들어 프랑스의 경우 제2차 세계대전 이후 농촌 지역에서 19세기적 정치행정체제를 유지하고 있던 도시와 타운 지역으로의 대규모 인구이동이 일어나며 급속히 인구가 증가하는 상황에서, 도시화와 인구증가로 야기되는 새로운 사회경제적 변화를 수용할 옛 체제를 합리적으로 재편해야 할 필요성이 대두되었다. 실제로 프랑스의 경우 몇 차례의 시도와 실패를 거쳐 1980년대 초반부터 현재에 이르기까지 지속해서 지방분권개혁을 시행해왔다(Loughlin and Seiler, 2001).

일군의 학자들은 산업혁명을 통해 경제적 근대화를 이룩한 선진국들의 경우, 지방정부를 통한 국가 공공서비스 공급이 증가하며 중앙정부와 비교하여 상대적으로 지출규모가 커지게 되면서 자연적으로 국가뿐만 아니라 지방정부도 급속한 성장을 해왔다고 지적한다(Gould and Zarkish, 1986; Bahl and Nath, 1986). 이 주장에 따르면 평균적으로 볼 때, 지방정부에 의한 공공서비스 규모가 작은 개발도상국들은 서구사회와 비교하면 더욱 중앙집권적인 경향을 보인다는 것이다. 스타인(Stein, 1999: 117)은 선진국에서의 총 공공지출에서 지방정부의 지출이 차지하는 규모가 라틴아메리카의 평균 두 배에 달한다고 보고하고 있다. 또한, 높은 도시화율은 도시지역에서의 인구밀도를 높이며 정부가 늘어나는 수요에 맞추어 더 많은 공공서비스를 제공하도록 견인하기 때문에 지방분권의 트렌드를 설명하는 중요 요인으로 꼽힌다. 도시지역에서의 저항과 불만족으로 촉발되는 사회적 동원도 지방정부가 더 나은 서비스를 제공하고 분배정책을 집행하도록 만드는 압력 요인이다. 도시지역의 성장으로 인해 중앙정부가 제공해야 할 공공서비스 비용이 대폭 증가함에 따라 부담을 경감하려는 일환으로 시 정부municipalities를 강화하려는 노력이 흔하게 관찰되는 것은 사실이다(최장집, 2001: 5; Sharpe, 1988: 378-9; Diamond, 1999: 12). 요약건대, 이러한 기능주의적 설명들의 핵심 주장은 지방분권의 정도와 다양성이 기본적으로 사회경제적 요인과 구조 변화에 달려있다는 것이다.

이 가운데 가장 지지를 받는 주장 중의 하나는 민주화 혹은 민주주의 공고화 과정이 하위정부로의 권한과 재원의 분배를 좀 더 유도하며, 지방 수준의 정치의 장場의 창조를 통한 아래로부터의 압력에 의해 촉발된다고 하는 것이다(Diamond, 1999; Turner, 1999). 중앙정부에 의하여 결정된 정책들은 지방의 시장이나, 기업, 도시의 정치경제적 구조 등과 같은 지역주민의 선호와 기대수준을 충족할 가능성이 작기 때문에 지방 시민들의 삶에 직접 영향을 미치는 결정들은 지역주민 스스로가 결정해야 한다는 것이 민주주의 이론의 핵심 중 하나라는 것이다. 즉, 민주화가 진행됨에 따라 점차 권력을 분점하게 되면서 지방에 관한 정치적, 정책적 책임을 갖게 된 지방의 정치행위자들이 정책 주도권을 쥐고 오히려 상위 중앙정부에서 만들어진 정책을 더욱 지방의 필요에 맞게 조정하도록 한다는 것이다(Sellers, 2002: 94-5).

세계화의 경향과 더불어 많은 학자가 세방화glocalization라는 신조어까지 창조하면서 지방분권과 세계화를 연계시키려는 노력을 해왔다. 한편으로는 세계화 효과가 지방 수준의 정부와 행정의 발전에 긍정적인 영향을 미친다고 주장하면서 그 효과에 주목한다. 곧 국제무역의 증대, 정보통신 혁명, 상품과 기술의 이동성 증가 등으로 특징지어지는 세계화 효과는 각 국가에 지방 수준의 정부 재정, 행정적 역량을 증대시켜 비즈니스 활동을 지원할 수 있도록 체계적 압력을 가한다는 것이다(Rondinelli, Johnson, and Kasarda, 1998). 프랑스 비교정치학자인 르 갈레(Le Galès, 1999)는 세계화가 지역 및 지방 수준에서 새로운 패턴의 정치경제적 발전을 촉발했다고 평가한다. 다시 말해서 세계화 경제 속에서 글로벌 – 로컬 수준의 연계는 과학기술과 산업진보의 거점이 되는 핵심 지역의 발전을 촉진하는 역할을 해왔다는 것이다.[1] 다른 한편으로는 경제협력개발기구OECD나 세계은행World Bank 같은 국제기구에 의하여 출간된 보고서들이 지방분권의 효과에 대한 지식을 보급·확산시킴으로써 전 세계적 개혁을 촉진했다는 사실도 세계화 효과로 볼 수 있다(OECD, 2001; World Bank, 1999; 2005). 지방분권을 옹호하는 학술적 흐름도 전 세계적 공공부문 개혁 프로그램의 보편적인 수렴을 가져오기도 하였다. 신자유주의나 신공공관리론에 영향을 받은 이들 보고서는 각 국가로 하여금 효율적 의사결정과 더 많은 참여를 가져온다는 명목하에 하위정부에 더 많은 책임과 권한을 부여하는 것을 권면해왔다(World Bank, 1997). 이러한 관점에서 볼 때, 대부분의 선진국뿐 아니라 개발도상국들이 외부의 영향으로 인하여 공공부문 개혁방안의 핵심적 전략으로 제시되어온 지방분권을 추구하고 있다는 것이다(Turner, 1999).

이러한 가정과 이론에 따르면 결국 북아메리카나 서유럽에 있는 국가들이 중앙 – 지방 간의 관계에 있어서 좀 더 분권화를 이룬 것으로

1 참고로 런던정치경제대의 러플린(Loughlin, 2001: 23-4)은 이 견해에 대하여 반대하면서, 세계화는 중앙정부가 지방으로 하여금 글로벌 경제체제에서 정치·경제적 전환에 대응할 수 있도록 하는 지원을 오히려 축소하게 했다고 주장한다. 또한, 사회·경제적 분화를 촉진하고 지방정부에 추가적 부담을 전가하였다고 비판한다.

평가되어야 한다. 근대화, 민주화, 세계화라는 삼중의 구조적 요인들이 분권화에 긍정적인 효과를 준다는 가정이 맞다면, 지방분권의 촉진은 경제적·사회적 번영과 높은 수준의 도시화와 인구밀도, 공고화된 민주주의 체제, 그리고 세계화를 이룩한 민주국가에서 이루어져야 한다는 것이다.

그러나 지방분권개혁의 동기 요인 또는 기원에 대한 거시적 수준의 설명은, 그 유용성에도 불구하고 근대화 효과와 분권의 유행에 대한 인과관계를 시원하게 밝혀주는 데 충분하지 않다. 정치·경제적으로 선진국인 유럽국가들 가운데 실제로 지방 민주주의 형태는 매우 다양하며, 지방자치제의 효시로 불리는 영국은 오늘날 매우 중앙집권적인 국가로 변신하였다. 특히 급속한 경제적 성장과 민주화, 도시화를 달성한 일본이나 한국의 경우, 이들 설명에 따르면 이미 분권의 선진국이 돼야 했지만, 오히려 후발주자laggards에 가깝다. 우리나라의 경우, 급진적 경제사회 변혁을 경험하고 있으며, 30년의 민주주의 경험과 이미 1990년대에 도시화율이 80%를 웃돌기 시작하였다는 점을 고려하면, 서구 선진국들이 경험해 온 지방과 도시의 변화 및 자주적 통치는 차치하고서라도 왜 '실질적인' 지방분권 시행을 요구하는 목소리가 아직도 존재하고 있는지 의문이 들 수밖에 없다. 세계 10대 무역국가로 글로벌·지역 경제권에도 비교적 잘 통합되어 있고, 뜨거웠던 민주화 투쟁을 거쳐 공고화 시기에 접어든 지금도 지방에서의 자치와 분권은 여전히 만족스럽지 못한 수준이라는 것이다. 이처럼, 구조적이면서도 기능주의적인 시각으로 볼 때, 지방정부 성장의 전 세계적 경향을 보여줄 수는 있어도, 개별 국가에서, 특히 한국에서 왜 지방분권개혁이 더

일찍 일어나지 못했는지 설명하는 데는 한계가 있다.[2] 오히려 사회경제적 개발이나, 정치적 민주화, 세계화의 고리가 약한 개발도상국들이 왜 지방분권을 추구하는지도 설명하기 힘든 문제가 있다.

2. 게임 혹은 협상으로서의 지방분권의 정치: 인센티브와 순차(順次)이론

지방분권을 근대화 요인으로 설명하는 시각이 주로 거시적 구조변화에 초점을 맞추고 있다면, 일군의 비교정치학자들은 국가개혁 연합이나 지방 정치행위자들 간 미시적 수준의 정치적 인센티브 혹은 지역적 이익territorial interests에 관심을 가지고 지방분권을 이해해 왔다. 이들의 연구목표는 왜 중앙의 정치인들이나 정당이 정치적, 재정적, 혹은 행정적 권한을 지방에 이양하기로 하게 되었는가를 논리적으로 풀어내는 데 있다(Boone, 2003; Falleti, 2010; Garman et al., 2001; O'Neill, 2005; Riedl and Dickovick, 2013). 이 접근방법은 협상게임bargaining game의 논리를 적용하여, 서로 다른 지역적 이해관계를 가진 중앙과 지방의 정치행위자들 간의 협상과정을 게임이론적으로 풀어보는 것이다. 갈먼 등(Garman et al., 2001)과 분(Boone, 2003)은 지방분권개혁을 지역적 이해관계를 가진 중앙정치인들이 선거정치, 정당정치 혹은 이권유도형(구유통) 정치pork-barrel politics를 통해 지방을 동원하는 정치적 다이내믹스의 산물로 인식한다. 이를테면, 지방과 지역을 뒷받침하기 위한 실질적 자원과 책임을 지고 있지만, 집권화된 중앙정치에서 여당의 위치를 잃을 수

2 일본의 경우, 이미 1970년대에 거의 모든 영역에서 서구 선진국 수준을 달성하거나 초과했지만(Vogel, 1979), 유독 지방분권만큼은 다른 선진국에 비교하여 매우 늦은 시기에 추구하였다.

있는 위기에 있는 정당들의 경우에는 지방분권개혁의 협상에서 중앙권력을 좀 더 압박하는 경향이 있다고 주장한다. 구체적으로 예를 들면, 라틴아메리카(볼리비아, 콜롬비아, 에콰도르, 페루, 베네수엘라)의 분권화를 설명하는 데 있어서 오닐(O'Neill, 2003)은 민주적 경쟁체제에서 정치적 권력을 추구하는 정치인들의 '선거적 인센티브'에 초점을 맞추고 있으며, 대통령과 같은 최고 정치지도자가 자신의 소속정당이 중앙정치권에서 약세를 보이지만 지방에서는 안정적으로 강세일 경우 지방분권을 정권유지를 위한 하나의 옵션으로 정략화할 수 있다고 주장한다. 이러한 상황에서는 최고 권력자가 권한을 지방으로 이양하는 것이 비합리적으로 보이는 결정일지라도 결과적으로는 그와 그 정당의 권력을 유지하는 합리적인 전략이라는 것이다. 유사한 사례로, 리들과 딕코빅(Riedl and Dickovick, 2013)은 아프리카의 사하라 이남 국가들의 경우, 여당과 야당의 상대적인 정치적 영향력이 지방분권의 실제 내용을 결정하는 데 중요한 역할을 해왔다고 주장하였다.[3]

이러한 접근들과는 달리 펄레티(Falleti, 2005; 2010)는 인센티브 중심의 설명이 민주정치 체제에서 정치적으로 안정적인 국가의 경우 유용하지만, 불안정한 민주국가나 권위주의 국가 하에서 진행되고 있는 지방분권에 대해서는 설명력이 부족하며, 또한 어떤 형태의 지방분권(정치, 재정, 행정적 분권)이 어떤 타이밍에 어떤 정치적 과정을 거쳐 시행되는지

3 비교정치학자인 고러비치(Gourevitch, 1980)도 역시 프랑스의 지방분권 정치에 있어서 정당정치의 역할에 주목한다. 프랑스 분권정치에서 정당 간 양극화된 우파-좌파의 이념적 지향(ideological division)이 파리(중앙)-지방 관계의 진전 혹은 쇠퇴에 영향을 미쳤다고 주장한다. 실제로 1980년대 지방분권은 좌파인 미테랑 대통령 정권에 의해 추진되기 시작하였다.

전혀 이야기하지 않는다고 비판하면서 지방분권의 '순차이론'sequential theory을 주장한다. 지방분권개혁을 가져오는 원인에 대한 중범위이론 middle-range 구축을 목표로 하는 펄레티에 따르면 분권을 추진하는 개혁연합에서 누가 어떤 종류의 지역이익을 지배적으로 추구하는지에 따라 각기 다른 형태의 지방분권을 순차적sequential으로 가져오게 된다고 이야기한다(Falleti, 2010: 13). 특히 재정권 없는 행정기능과 사무의 이양은 지방정부의 권력을 약화한다고 주장하면서, 지방분권의 결과는 서로 다른 차원의 지방정부를 대표하는 정치인들 간의 파워방정식에 달려있다고 한다.[4] 예를 들면, 〈표 2－1〉에 나타난 것처럼 중앙의 정치·행정세력이 지방에 사무를 이양하는 행정적 분권(A)을 주도한 경우, 행정적 분권을 뒷받침할 수 있도록 사무의 집행에 필요한 재원배분에 관하여 지방정부와의 다음 단계의 분권개혁을 둘러싼 협상력에서 우위를 점하게 되고 지방정부는 재정적 필요 때문에 중앙정부가 내건 조건에 제약된 채 재정적 분권(F)을 받아들일 수밖에 없게 되며, 마지막 단계로 지방정부 리더십은 정치적 자율성에 대해 협상의 여지가 제한된 정치적 분권(P)을 맞게 된다는 것이다(중앙 주도적, I). 반면, 지방세력이 분권개혁연합을 이끌고 협상에 임하는 경우 정치적 분권을 먼저 끌어내고, 다음 단계의 개혁에서 협상력을 발휘, 지방정부에 유리한 재원을 이끌어내며, 마지막으로 행정적인 권한까지 부여받게 된다는 것이다(지방 주도적, III). 그러므로 정치적·재정적 분권에서 행정적 분

4 물론 행정적 분권이 지방정부에게 반드시 부정적 영향을 미치는 것만은 아니다. 예를 들면 행정적 분권은 지방정부 관료의 능력과 자질을 향상하고, 훈련의 기회를 제공하며, 새로운 기능과 책임의 전달을 반복함으로써 학습기회를 가질 수도 있다(cf. 일본). 물론 이 경우, 재정적인 지원이 뒷받침되어야 한다(Falleti, 2010: 36).

권으로 가는 순차가 중앙-지방 간 관계에서 큰 변화를 가져오는 주요 요인은 개혁 주도세력의 지역 이익이라는 것이다(Falleti, 2005: 330-4). 이 과정에서 만약 처음 실행된 지방분권개혁의 중간결과가 만족스러운 성과를 내고 시민의 지지를 받게 되는 경우 주도세력의 의도대로 지방분권이 진행되지만, 첫 개혁의 중간결과가 만족스럽지 못한 경우는, 상대세력에 주도권이 넘어가게 되어 원래 주도세력이 원하지 않았던 지방분권의 결과가 나타나게 된다(반응적 모형, II, IV). 예를 들면 지방세력이 주도한 정치적 분권이 만족스럽지 못한 경우 주도권은 다시 중앙세력으로 넘어가 지방정부가 원하지 않는 행정적 분권이 먼저 채택되고, 마지막으로 재정분권이 집행된다는 것이다(중앙정부 반응적, IV). 이러한 경우 지방의 입장에서 가장 바람직한 분권은 중앙정부의 간섭을 배제하고 자율성을 최대한 확보할 수 있는 지방주도적(III) 모형이다.

많은 측면에서 지방분권의 순차이론은 매우 중요한 의미를 지닌다고 볼 수 있다. 아르헨티나의 경우 분권적 정당체제 속에서 국회의원들이 대부분 지방정부에 일정 부분 책임성을 가진 국가였으나 중앙-지방 간 권력균형에서 가장 발전하지 못한 나라였다면, 중앙집권적 정당체

〈표 2-1〉 지방분권의 순차이론

		인과관계(Causal Mechanism)	
		자기강화적 (Self-Reinforcing)	대응적 (Reactive)
지역이익 주도세력	중앙	중앙 주도적 (I) (행정 → 재정 → 정치분권)	하위정부 반응적 (II) (행정 → 정치 → 재정분권)
	지방	지방 주도적 (III) (정치 → 재정 → 행정분권)	중앙정부 반응적 (IV) (정치 → 행정 → 재정분권)

출처: Falleti(2010: 19)

제를 지니고 있었으나, 매우 급진적이면서도 발전적인 지방분권을 수행한 멕시코의 경우는 우리가 일반적으로 이해하는 것과 달리 지방분권이 항상 지방정부의 권력과 지위를 향상하는 것은 아니며, 지방분권의 결과와 원인에 대한 정확한 이해가 필요하다는 것을 보여준다는 것이다(Falleti, 2010: 15). 지방분권의 범위와 정도는 결국 지방이 개혁을 시작할 때 목표로 한 것과 끝나고 나서의 결과를 비교했을 때 나오는 것이며, 이는 결국 어떤 형태의 지방분권이 — 행정적 분권이냐, 정치적 혹은 재정적 분권이냐 — 순차적으로 오느냐에 달려있다고 주장한다.

정치적 인센티브와 협상게임, 그리고 지역적 이해관계에 집중하며 지방분권을 설명하려는 이론들은 중남미 등 개발도상국에 있어서 서로 다른 수준의 지방분권개혁이 일어난 요인에 대해 꽤 재미있고 중요한 이론화를 이룩한 것은 사실이다. 특히 순차이론의 경우 지방분권을 시도하였어도 막상 결과는 다양하다는 것을 고려하면 지역적 이해관계에 따라 다른 형태의 분권이 순차적으로 나타난다는 것은 충분히 설득력이 있다고 볼 수 있다.

그럼에도 불구하고, 이 이론들은 대부분의 지방분권개혁이 동북아시아의 국가주의 중앙집권체제의 예에서 볼 수 있듯, 왜 정치적으로나 경제적인 위기 같은 특별한 구조적 상황에서 지방분권개혁을 추진하게 되었는지 제대로 설명해주지 못한다. 첫째, 정치행위자들 간의 '협상' 혹은 '게임'이라는 측면에서는 우리나라의 지방분권 과정에서도 여러 차례 협상과 갈등이 있었으며, 지역주의가 매우 중요한 역할을 했던 것도 사실이지만, 특히 1990년대 초중반, 순차이론에서 말하는 정치적 지방분권(선거)이 먼저 일어났음에도 불구하고 지방정부의 지위 향상이 왜 실질적으로 일어나지 않았는지 정확히 설명해주지 않는다. 또한, 한국의 맥락에서 지역주의가 실재實在 자체보다, 중앙을 겨냥한 정치적 투쟁의 일환으로 동원되어 온 "만들어진 현상"이라는 문제가 더 심각하다(박상훈, 2009).

둘째, 박배균(Park, 2008)과 손정원(Sonn, 2010) 등 지리학, 도시계획학자들은 근대사회의 지리적 '규모'scale로서의 배타적 영토에 기반하여 내부적 통합성과 외부적 배타성을 통해 성장해 온 국민국가는 세계화, 초국가적 기구의 등장, 신자유주의 배경 속에서 더 이상 고정된 영토에 기반을 두지 않으며, 끊임없는 갈등과 논쟁의 가운데 존재하게 된다고 주장한다. 이들은 브레너(Brenner, 2004) 등이 주장하듯, 개발시대에 전략적 공간선택으로 특정한 지역과 공간이 불균형적으로 성장하는 결과를 초래한 국가(중앙정부)의 하향식 규제가 중앙-광역-지방이라는 서로 다른 '규모 간 긴장 상태'inter-scalar tension를 조성하면서 결국에는 국가 재규모화rescaling가 되는 과정을 통해 지방분권화를 가져오게 되었다고 설명한다.

그러나 지역적 이익이나 이해관계는 중앙정치의 산물이자 도구였으며(박상훈, 2009; Kwon, 2004), 1987년 민주화 이후에야 정치과정에서 중앙의 정치행위자들에게 지역이익이 종속되어 있다는 것이 드러나기 시작하였을 뿐이다. 또한, 거시적·구조적으로는 일견 지리학자들의 견해가 타당한 측면이 없지 않으나 지방분권을 둘러싼 많은 정치를 놓치는 결과를 가져온다. 유재원(1994)은 지방자치법 개정을 둘러싼 중앙의 정치행위자들 간의 전략변화를 분석하면서 우리나라 지방자치개혁의 정치가 지방자치의 실질적 추구와는 상관없는 중앙의 권력 배분을 위한 싸

움으로 결론을 지은 바 있다. 다른 정치적 목적의 달성을 위해 지방분권의 정치를 이용하였다는 것이다. 이처럼 지방의 이익은 1990년대에서 시작된 지방분권 과정에서 동등한 협상 대상으로 인정받지 못하였다. 중앙정치권에 의해 동원된 지역의 이해관계는 지역주의 선거로 연결되었으며, 어느 지역에서 어떤 중앙정당이 승리할 것인지는 너무 뻔하였다. 또한 정파나 소속정당에 상관없이 중앙의 정치인들은 지방분권이 가져올 지방 정치세력과의 권력분할 때문에 대부분 소극적이었다(김익식, 2008: 20).[5] 심지어 야당 정치인들은 대체로 지방자치와 분권에 관심을 보였으나, 소수를 제외하고는 국가 민주화 과정에서 권위주의 정권에 대항하기 위한 수단적 차원 혹은 중앙정치에서 정권을 얻기 위하여 정략적으로 지방분권을 이용하였고, 그마저 민주화가 된 후 김대중 정권이 들어설 때까지 여당의 지위를 얻지 못하였다. 이처럼, 1990년대 초중반의 지방분권을 계기로 지방의 이익이 조금씩 주목을 받기 시작해왔다는 사실을 부인할 수는 없으나, 왜 중앙정치권의 행위자들이 '권력의 분점'이라는 위험을 감수하면서 지방이양추진법, 지방분권특별법 등을 비롯한 각종 개혁입법에 동의하고, 중앙정부의 권한과 자원을 지방에 이양하기로 했는지는 기존의 이론으로는 명확하게 이해하기 힘들다는 것이다.

5 유재원(1994)은 지방선거의 도입 이후 지방자치단체장이 지방정치의 주역으로 등장하여 중앙 정치세력(국회의원, 정당)과 지방자치세력 간 권력분점이 일어날 것을 우려, 여야를 떠나 중앙 정치권이 지방권력을 축소하는 데 의견이 모일 것으로 예견한 바 있다. 여전히 지방선거에서 중앙정치의 영향력, 정당의 공천문제는 논란거리로 남아있다. 다소의 과장이 있을 수는 있겠으나, 지방선거의 공천은 국회의원의 영향력이 지대하며, 시의회 의원 등은 국회의원을 보좌하는 역할 이상을 기대하기 힘들다는 푸념까지 나온다. 조선일보, '전직 도(道) 의원의 고백 "나는 국회의원 몸종이었다."' 2018년 5월 6일자.

II. '아이디어'로서의 지방 민주주의 정치

"경제학자나 정치철학자들의 아이디어는, 그것이 옳건 그르건, 우리가 일반적으로 생각하는 것보다 훨씬 파급력이 크다."

– John M. Keynes, 1936

1. 제도변화와 아이디어의 역할

위에 소개한 바와 같이 최근 지방분권을 가져오는 요인에 대한 많은 이론상 발전이 있었으나, 여전히 지방분권개혁이 시간적, 공간적 차원을 넘어 추진되어온 이유와 수렴현상이 아닌 각기 다른 형태의 분권과 자치를 가져온 것에 대해 여전히 만족스러운 대답을 주지는 못한다. 이 책에서는 어떻게 정치경제적 행위자들이 급속히 변화하는 환경하에서 중앙–지방정부 간 관계에 대해 협상을 하고 개혁을 추구하거나 반대해 왔는지에 대하여 하나의 아이디어idea로서의 지방분권과 자치에 초점을 맞추고 설명한다. 김대중, 노무현 행정부에서 추진된 지방분권개혁에 대하여 한 가지 흥미로운 사실은, 1987년 이후 대대적인 민주화의 물결 속에서, 주요 중앙정치인이건 지방분권론자이건 상관없이 지방분권에 대한 어떠한 반대 논리도 '반민주적'이라는 인식을 하게 하였다는 것이다. 유재원(2002: 87)은 다음과 같이 기술하고 있다.

"사회에서 광범위하게 수용되는 정치상징으로 정치활동이 포장될 경우 그러한 활동의 비판세력은 정교한 반대논리를 개발하기가 어려울뿐더러, 반대논리가 개발되었다 하더라도 사회의 동조세력을 얻기 힘들게 된다. 이는 1980년대 지방자치제도에 대한 부활이 논의될 때 우리가 경험한 것이다. 당시 중앙집권의 폐해에 대한 강한 반발에 힘입어 지방자치와 민주주의가 동일시되는 정치적 환경이 조성되었다. 지방자치 = 민주주의라는 등식이 너무 강하게 형성되었기 때문에 지방자치의 반대자는 민주주의의 걸림돌이고 지방자치의 지지자는 민주주의의 투사처럼 치부되었다(유재원, 1994). 그러한 정치환경 하에서 여당에 의해 개발된 지방자치 반대논리는 아무리 정교하더라도 대중들에게 수용되기가 힘든 것이었다."

위의 인용문이 기술하는 것처럼 지방자치와 분권은 민주주의를 완성해가는 데 있어 필수적인 요소라는 강력한 집단적 믿음이 당시에 존재하고 있었다. 이러한 믿음은 어디서 기원하였는가? 우리는 어떻게 1990년대 말과 2000년대 초의 우리나라 지방분권의 정치 및 그 이후의 진척을 이해할 수 있을 것인가? 중앙과 지방의 정치적 이해자 간 선호의 정치preferential politics 혹은 정당과 선거정치의 중요성을 감안하면서, 본 저서에서는 국내 정치경제적 상황과 글로벌 수준의 정치경제적 변화에 밀접하게 결부된 아이디어를 중심으로 설명하고자 한다. 정치 및 사회경제적 근대화 및 발전과정에 있어 '빌려온 지식'에 상당히 의존해 온 한국의 상황을 고려하면 지방분권개혁에 있어서 아이디어의 역할에 관심을 두는 것은 어찌 보면 꽤 자연스러운 일이라고 볼 수 있다.

제도 혹은 정책의 변화에 대하여 1980년대 후반부터 정치학이나 사회학에서는 역사적 제도주의와 구성주의를 중심으로 일반적으로 인과적 성격을 지닌 지배적 세계관world view, 신념belief, 패러다임paradigm, 문화culture, 혹은 보편적 규범 혹은 가치internationalized norms or shared value로 정의되는 아이디어에 의해 영향을 받는지에 관심을 가져왔다

(Berman, 2001; Campbell, 2004; DiMaagio and Powell, 1991; Schmidt, 2001; Sikkink, 1991; Wildavsky, 1987). 캠벨(Campbell, 2004)은 아이디어가 정치무대의 전면에서 세간의 이목을 끄는 프레임frame, 담론 혹은 이념의 형태를 취할 수도 있는 반면, 눈에 잘 띄지 않는 패러다임이나 가정의 형태로 존재하기도 한다고 주장한다.[6] 예를 들면, 피터 홀(Hall, 1989)은 케인스주의 같은 새로운 경제적 아이디어를 받아들임으로써 발생하는 다양한 결과들을 설명하는 데 있어서 제도적 변화 혹은 의사결정과정에서의 아이디어 역할을 강조한다. 경제적 아이디어의 역할에서 시작되었던 제도변화에 대한 이론은 외교정책, 무역, 복지정책, 보건정책 등 여러 분야로 확산되어왔다.[7] 이렇듯 기존의 정치학, 사회학, 정책학 등의 연구에 기반하여 많은 학자가 제도 및 정책변화에 있어 아이디어의 영향에 대해 추적해왔다. 특히 아이디어의 특성이 '관계적'relational이기 때문에(Carstensen, 2010; Béland, 2009), 아이디어가 다른 구조적 요인이나 환경, 정치조직, 혹은 권력자들과의 관계 속에서 어떻게 제도 및 정책변화에 영향을 미치는지 인과관계를 정확하게 파악할 필요가 있다(Campbell,

6 기존 사회과학 문헌에 나타나는 아이디어의 형태는 매우 구체적인 사실에 따른 프로그램적 아이디어(예컨대, 핵무기 폐기)로부터 공산주의나 자유주의 같은 매우 일반적인 형태까지 다양하다(Béland and Cox, 2011).

7 피터 홀(Peter Hall)의 케인스주의에 대한 고전적 이론 이후, 정책이나 제도변화를 설명하는 데 있어서 아이디어를 분석 틀로 사용한 연구들이 증가하고 있다. 몇 가지 예를 들면, 블리스(Blyth, 2002)는 스웨덴 정책결정자들이 자신의 이해관계에 반하는 결정을 자주 내리는 이유가 당시 지배적인 아이디어에 영향을 받았기 때문이라고 주장하였고, 조지프 웡(Wong, 2005: 25)은 소득분배구조나 기근 등의 영향에 대한 해석을 통하여 정치적 이해관계자들이 정책 문제점들을 파악하는 데 있어 특정 아이디어가 중요한 역할을 한다고 지적한다. 이외에도 카스텐센의 덴마크 직업센터 개혁 사례(Carstensen, 2010), 유럽 환경정책의 변화(Hajer, 2005), 일본의 탈규제화(Vogel, 1996), 유럽 통화통합(Walsh, 2001), 육아정책 발달(White, 20002) 등 범위와 분야가 다양하다.

2004; Yee, 1996). 아이디어에 의해 영향을 받은 제도 혹은 정책변화라 하더라도 각 국가 및 사회마다 다른 결과를 가져왔기 때문에 어떤 특정한 상황이나 환경에서 아이디어가 좀 더 효과적인지, 아니면 제한적인지 파악하기 위해 인과관계 연구가 필요하다는 것이다(Campbell, 2004: 114-9).[8]

무엇보다도 지방분권개혁을 제도 혹은 정책변화의 하나라고 생각한다면, 특정 아이디어의 채택 여부는 현재의 제도, 환경, 구조적 조건과 유기적 관계를 통해 결정되며(Florini, 1996; Kingdon and Thurber, 1984), 채택된 아이디어가 제도 및 정책변화의 내용, 전략, 우선순위 등을 정하는 데 있어 중요한 역할을 한다는 것이다(Béland, 2009). 좀 더 구체적으로 아이디어의 역할을 고려하면 세 가지로 나누어 생각해 볼 수 있다. 첫째, 외부의 충격인 재정적 위기, 정치적 변혁, 사회경제적 변화 등 공공영역, 사적 영역 모두로부터 적절한 정책적 대응을 요구하는 유리한 상황advantageous condition이 정책결정자로 하여금 특정 아이디어를 해결책으로 고려하고 받아들이도록 한다는 것이다(Checkel, 1997).[9] 위기나 변화

8 이 부분에서 아이디어의 역할에 대해 주의를 요한다. 합리적 선택 제도주의에서는 정치체제의 균형을 가능하게 한 제도적 안정성과 이해관계의 밸런스가 무너졌을 때 급격한 변화가 오는 것으로 이해한다. 반면, 아이디어 접근법은 새로운 인식(perception)이나 사고방식의 변화가 생겼을 때 급격한 변화가 오는 것으로 설명하며, 주관적 인식을 통해 기존 환경과 구조를 돌아보고 새로운 접근법을 개발하는 것으로 이해한다(Béland and Cox, 2011). 하연섭(2004: 67)은 제한된 구조적 제약 속에서 행위자가 선택의 기회를 가질 수 있도록 하는 것이 아이디어라고 설명한다. 즉, 새로운 아이디어에 접하게 된 행위자의 선호 확인 혹은 변화 유도 역할을 하는 것이 아이디어라는 것이다.

9 이런 측면에서 아이디어는 서로 무관하게 자신의 규칙에 따라 흐르고 있는 정책문제의 흐름, 정치의 흐름, 정책 대안의 흐름의 세 가지가 어떤 사회적 초점사건이나 정치적 변동과 같은 정책의 창(policy window)이 열릴 때 정책대안을 관철할 수 있

하는 구조적 환경은 현재 정부구조나 조직에 내재하는 문제점을 들추어내면서 개혁의 필요성을 강조하는 담론적 배경을 제공한다. 구조적 문제들에 대하여 특정 아이디어가 제공하는 준거기준에 의거, 정책결정자(혹은 정부관료)로 하여금 위기의 본질을 파악 및 이해하고 불확실성을 줄일 수 있도록 방향성을 제공한다는 것이다(Blyth, 2002: 11). 이런 맥락에서, 세계적 경제불황이나 재정위기 등이 한국에서 지속적으로 같은 수준의 위기요인이나 구조적 문제들을 드러낸 것은 아니지만, 예를 들어 1997년 외환위기는 중앙집권적 기반을 확실히 불완정하게 만들었다고 볼 수 있다. 당시 경제관료들의 증언은 외환위기가 단순히 유행병과 같은 단기적 위기가 아니라, 그동안 재정 및 금융시스템에서의 부패, 비효율, 정경유착 등 구조적 문제들과 중앙정부가 투명성을 유지, 감독할 수 있는 적절한 메커니즘이 없었다는 것을 드러내었다는 것이다(Kihl, 2005; Kang, 2002). 이에 따라, 과거 발전국가 시기와 달리 중앙정부의 압도적 우위 혹은 정당성은 경제 수준의 빠른 회복과 안정성을 바라는 시민들의 기대에 부응하기 힘들게 되었다(UCLG, 2008).

둘째, 아이디어는 정책결정자들에게 위기나 불황을 극복할 수 있는 비교적 명확한 길을 만들어주는 '설명서'instruction sheet 혹은 유력한 '이념적 무기'ideological weapon로서의 역할을 감당하게 된다는 것이다(Blyth,

---

다는 킹던과 써버(Kingdon and Thurber, 1995)나 정책이 안정된 상태에서 지속되다가 어떤 사건이나 계기에 의하여 기존의 제도와 정책이 단절되고 정책변화가 촉발된다는 단절적 균형이론(punctuated equilibrium)을 주장한 바움가트너와 존스(Baumgartner and Jones, 1993)의 논의와 연관이 있다. 물론, 거시적·구조적 상황만이 특정 아이디어의 채택에 절대적인 영향을 끼치는 것은 아니다. 오히려 최근의 연구들은 점진적이면서도(incremental), 변혁적인(transformative) 제도변화에 있어서 아이디어의 역할에 주목하고 있다(Carstensen, 2011).

2002; Goldstein, 1993; Schmdt, 2002). 다시 말하면, 아이디어는 불확실성 속에서 정책행위자가 현 상황(현 제도)을 위기로 진단하고, 아이디어를 통해 위기를 해결하기 위한 이념적 근거이자 로드맵을 만드는 역할을 한다는 것이다. 불확실성 상황에서 정책행위자는 새로운 아이디어를 찾기 위해 지속적인 인지 과정cognitive process을 겪게 된다. 불확실성 그 자체는 정책이나 제도상 문제를 '문제'로 정의하기에 명확한 신호를 주는 것이 아니기 때문이다(하연섭, 2006). 예를 들면 통화주의monetarism가 인플레이션으로 인한 경제적 문제를 둘러싼 불확실성을 해결하기 위한 처방전의 역할을 할 수 있었다(Campbell, 2004: 98; Walsh, 2000: 485). 홀(Hall, 1989)과 블리스(Blyth, 2002)는 아이디어가 종종 경제 또는 사회이론economic and social theory의 형태를 띠며, 신자유주의나 신공공관리, 정부혁신운동 등 기존의 체제와 제도에 도전할 수 있는 이념적 기반을 제공한다고 주장한다.

그 아이디어의 원천은 불확실성의 상황 하에서 정책결정자에게 방향성 혹은 전략적 안내를 할 수 있는 것으로, 주로 국가 간의 경쟁에서 기원하거나, 국제기구 같은 조직에서 강압적 방식으로 권면을 받거나, 이웃 혹은 선진국에서 이전되어 오는 것으로 볼 수 있다(Simmons et al., 2006).[10] 예를 들면, 한국적 맥락에서 지역 간 경제격차 심화와 경제적

10 자세한 것은 배유일(2010), '불확실성하의 정책의 이전과 확산, 그리고 제도변화' 참조. 물론, 경쟁과 정책이전 등을 통한 아이디어의 등장은 과정에 대한 설명일 뿐, 그 아이디어의 기원(origin)에 대하여 설명하지는 않는다. 최근 아이디어에 대한 담론은 방법론적 혁신을 거듭하고 있으며, 연구자들이 편의에 의하여 아이디어가 고정된 것으로 간주해왔을 뿐, 아이디어의 내용적 원천은 사실상 무한하며(ideational infinite regress), 관계에 의하여 그 의미가 특정 시기에 맞게 구성(constructed)되어 왔다는 것이다(Cartensen, 2013: 2).

버블, 그리고 IMF에 의한 구제금융과 개혁프로그램은 정부가 신자유주의 패러다임으로 방향을 전환하게 만드는 수단적 도구였다(Kihl, 2005). 실제로도 지방분권이라는 아이디어는 사무이양과 분산, 그리고 균형적 발전을 통해 중앙집권적 체제, 비효율적인 경제, 그리고 국가-사회의 불균형이라는 문제점들을 해결하기 위하여 자주 등장한 정책 아이디어이자 수단 중 하나였으며(Faguet, 2014; Rodden, 2004; Treisman, 2007), 많은 경우 경제개발전략의 자유화로 이해하기도 하였다(Eaton, 2000).

셋째, 〈표 2-2〉에서 볼 수 있듯, 아이디어의 채택을 촉진하는 요소와 제한하는 요소가 존재하기 때문에, 좋은 아이디어가 항상 받아들여지거나 정책형성에 긍정적인 영향을 끼치는 것은 아니다. 아이디어와 정책 사이에는 항상 이해관계에 기반을 둔 권력 관계가 존재하고 있기 때문이다(Weir, 1989: 84-5). 신자유주의 개혁이나 지방분권과 같은 새로운 아이디어나 프로그램의 성공적인 채택 여부는 고도의 불확실성 가운데 그 아이디어를 받아들이고 실행하는 정치행위자가 중요한 정치적 지위를 가지고 있거나 정부조직의 핵심적 일원으로 아이디어를 현실적으로 개혁의 과정을 실행하는 것이 가능한가에 어느 정도 달려있다고 볼 수 있다(Carstensen, 2010: 854; Hall, 1989: 184; Sikkink, 1991: 23-7; Weir,

〈표 2-2〉 아이디어의 촉진·제한 요소

촉진 요소 (Facilitating Factor)	제한 요소 (Constraining Factor)
정치권력자와의 교감 (최고지도자, 권력기관) 고도의 불확실성 공중의 지지 혹은 공감	강력한 정치적 반대세력(반대당) 주요 이해관계자의 동원 정치권력의 분산 (거부권 플레이어, Veto Player)

1989: 84).[11]

특히, 개혁가가 기득권을 가진 세력들의 강력한 반대를 극복하고 새로운 개혁 아이디어를 실행할 수 있는 정치적 공간을 만들어낼 수 있느냐의 여부는 매우 중요하다고 볼 수 있다. 이와 관련하여 아버스와 켁(Abers and Keck, 2013: 22-23)은 개혁파가 정치적 실행 가능성을 추구하는 데 권위와 실질적 권한을 가진 개혁기구로서의 명성과 인지도를 쌓아가는 것을 '실천적 권위'practical authority로 정의한다. 이 실천적 권위가 작동하기 위해서는 고위직에 있는 개혁가가 정치적 리더십과 밀접한 관계를 유지하면서도 목표한 변화를 끌어낼 수 있는 중개조직inter-mediary organization을 설치함으로써 '문제해결형' 조직 혹은 기관으로서의 명성을 축적해가는 것이 중요하다. 1990년대 말과 2000년대의 우리나라 지방분권을 고려한다면, 개혁적 마인드를 가진 정부 지도자가 — 예컨대 김대중, 노무현 전 대통령 — 지방분권에 호의적인 인사나 지지자들을 개혁위원회 위원장이나 핵심 중앙부처 장관 혹은 책임자로 임명하여 분권 아이디어의 실현을 추구한 예를 생각해 볼 수 있다. 이전에는 정부의 각종 위원회의 역할에 대해 단지 거수기 역할을 하거나

11 일본이 1980년대부터 계속되어온 버블경제와 환율가치 하락, 주식시장 붕괴, 그리고 자산가치 하락 등으로 경제적 침체를 겪고 있을 때, 일본 정부의 경제정책은 무능력에 빠진 상태였다. 이런 상황에서 일본의 정책결정자들은 미국식 탈규제 정책사례에서 얻은 아이디어를 바탕으로 현 시기를 위기로 규정하고 구조개혁을 단행하였고, 동시에 자신들의 기득권을 지키기 위해 오히려 미국식 규제 아이디어를 자신들의 이해관계를 방어하기 위한 경우로 유리하게 해석하였다(Vogel, 1996: 38). 이 예시로 알 수 있는 것은, 새로운 아이디어의 효과를 특수이익에 의한 국내 정치적 투쟁에서 간단하게 읽어낼 수 있는 것은 아니지만, 국내의 제도적 조건과 정치경제적 환경이 아이디어의 순수한 효과에 영향을 주기도 하고, 또는 아이디어가 제도변화를 위한 새로운 제도적 맥락을 창조하기도 한다는 것이다(Campbell, 2004).

상설기관이 아닌 필요할 때만 설치하는 비상설, 비상임 기구로써 명목적이고, 허수아비의 역할을 한다는 것이 통설이었으나,[12] 적어도 정부혁신지방분권위원회 초기의 경우 대통령의 신임과 지지로 점차 효과적이고도 실천적인 문제 해결형 개혁위원회로서의 외부평판을 쌓아갈 수 있었고, 실제로 — 장기적으로 결과가 성공적이었건 아니건 — 지방분권에 대한 로드맵roadmap을 디자인하고 즉각적인 중간intermediate 결과들을 생산, 공유하여 개혁을 독려하는 등, 실질적인 개혁위원회로서의 역할을 감당하였다.

마지막으로, 사회에서 공중the public의 정서가 선택된 아이디어와 정책과정에서의 개혁 아젠더에 대한 계속적 추진에 있어서 중요한 역할을 한다.[13] 심지어 개혁 아이디어가 효과적인 해결책으로 시민들 가운데 내면화socialized된 경우라 하더라도 정치적 정당성이 없다면 성공적으로 받아들여지고 실행되기 어렵다. 정책결정자는 여론조사나, 지지자들로부터의 피드백, 청문회나 정부 설명회, 정책제안 등 다양한 채널을 통해 지속해서 시민들의 의견을 듣고 개혁 프로그램의 정당성을 체크하려 한다. 지방분권개혁의 경우, 역사적으로 중앙과 지방의 이익

---

12 일본의 경우 이러한 종류의 정부위원회는 기껏해야 각종 위원회가 정책 결정 초기 단계에서 정책을 숙의하는 '실권 없는' 자문 혹은 협의기구가 대부분이다(Schwartz, 2003: 52-53). 우리나라의 경우도 정권의 바람막이 역할을 한다는 비판이 많았다. 새누리당 윤재옥 의원의 보고에 의하면 유명무실한 정부위원회 난립으로 예산이 낭비되고 있으며, 20% 정도는 연간회의 한번 열지 않은 것으로 나타났다. 연합뉴스, '윤재옥, "연간 2천억 쓰는 정부위원회, 20%는 연회의 제로,"' 2016년 9월 21일자.

13 캠벨(Campbell, 2004: 96)은 이와 관련하여, "공중의 정서(public sentiment)는 정책결정 엘리트가 유권자나 그들 자신에게 수용가능하고 정통성 있는 개혁 프로그램 범위의 한계를 설정함으로써 정책결정이나 제도변화가 어느 정도 제한되도록 하는 규범적 배경의 역할을 한다."라고 지적하고 있다. 즉, 정책결정자 입장에서 어느 정도의 개혁이 국민에게 수용 가능할 것인가에 대한 가이드라인 역할을 한다는 것이다.

의 이분법적 분화가 너무 확실하게 나타났고, 주로 중앙의 이익에 대한 고려가 우선순위에 있었으므로, 2000년대에는 지방정부의 연합체와 시민사회, 기업 등이 정부의 지방분권안이 좀 더 혁신적으로 되도록, 그리고 중앙이익이 개혁안을 왜곡하지 않게 하려고 큰 노력을 기울였다(Bae and Kim, 2013).

요약하면, 아이디어에 의한 제도 및 정책의 변화는, [그림 2-1]에 나타난 것처럼 4가지 구성요소의 순차적 과정이라고 볼 수 있다. 현재 지배적인 패러다임이나 특정 정책이 정책의 실패나 불확실성의 해소에 효과적으로 대응을 할 수 없을 때, 정책결정자는 정책문제들에 대하여 그동안 당연시 여겨져 왔던 정책이나 가정들을 재조사 혹은 재해석하게 된다. 그 과정 가운데, 문제로 인지된 것은 새로운 아이디어가 정책실패를 해결하고 바람직하지 않은 상황을 개선할 수 있다는 것을 확신

[그림 2-1] 아이디어의 채택과 제도/정책변화 과정

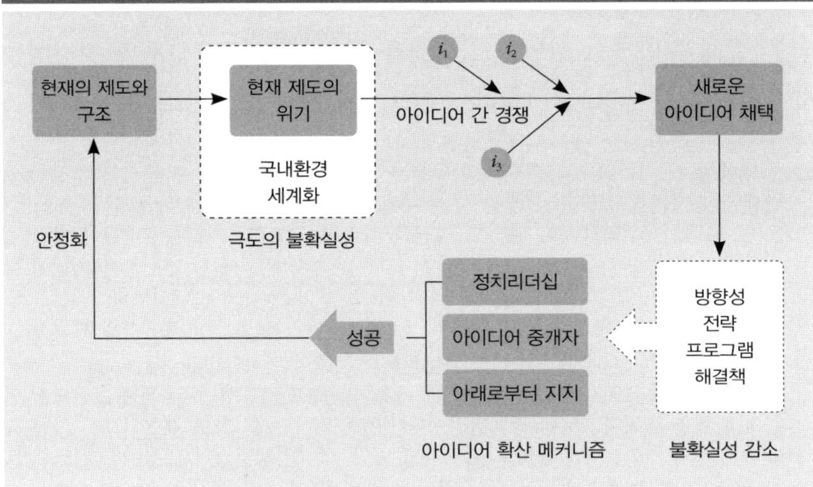

하게 될 때 여러 아이디어(i_i) 중 특정 아이디어를 받아들일 기회의 창窓이 열리게 된다는 것이다.

앞의 그림처럼 불확실성 하에서 정책실패나 경제위기와 같은 예상치 못한 구조적 상황, 재난 혹은 전례가 없는 정책환경 등 기존의 정책과 제도로는 해결될 수 없는 문제들은 그 정당성과 지지기반이 약화되고, 정책결정자로 하여금 새로운 해결책을 모색하게 하는데, 불확실성 하에서 정책문제를 해결하기 위한 해답도 존재하지 않을뿐더러 해결책을 집행한 후의 결과도 알지 못하는 상황이 발생하며, 정책결정자는 이 과정에서 외국사례나 잘 알려진 처방, 학술적 지식과 경제사회이론 등 특정 아이디어의 인도에 따라 정책과 제도를 수정하는 과정을 거치게 된다. 그 혜택이 이미 학술적으로나 실증적으로 잘 알려진 지방분권 아이디어가 중앙집권의 폐해로 생겨난 문제들을 해결할 수 있으리라는 믿음 속에 개혁가들에게 받아들여지리라는 것을 상상하는 것은 그리 어렵지 않다. 새로운 아이디어가 채택되면 관련 이해관계자들에게 실천적 권위를 행사할 수 있는 아이디어 확산 메커니즘idea diffusion mechanism을 — 정치리더십, 아이디어 중개자, 시민의 지지 — 통해 성공적으로 집행이 되며, 변화된 제도와 정책은 점차 안정화 과정을 거치게 된다(Yee, 1996).

2. 아이디어의 구성요소(elements)와 시간적 변화(temporal change)

변수 지향적variable-oriented 사회과학 연구와 달리, 역사적 제도주의나 합리적 선택 이론에서는 시간적 요인의 인과적 효과에 대하여 최근 많은 관심을 가져왔다. 피어슨(Pierson, 2004)과 마호니(Mahony, 2000)

등 여러 사회과학자가 '시간' 혹은 '역사적 전환'historical turn의 제도변화에서의 의미에 대해서 연구해왔고 공통적으로 '역사가 중요하다'history matters라고 선언해왔으나 구체적으로 '어떻게' 중요한 것인가를 증명해내기란 쉬운 작업이 아니었다. 피어슨(Pierson, 2004: 6) 등과 같은 학자에 따르면 경로의존path dependency, 순차sequence, 사건events 등 사회과학 연구에서 다양한 시간적 개념들이 제시되었으나 통합적으로 연구가 이루어지지 못하였다. 경로의존적 모형에 의한 시간설명은 외부적 충격 때문에 발생한 우연적 사건에 의해 특정 제도가 생산되고 제도가 자기 강화self-reinforcement 과정을 겪게 되면서 급격한 제도변화를 겪게 된다는 것이다(Pierson, 2004). 그러나 이 시각에 따르면 제도가 지속 혹은 변화되는 과정에서 행위자, 이해관계 등의 요인이 개입할 여지가 없다는 문제점이 발생한다(하연섭, 2003: 195).

기존의 아이디어와 제도변화에 대한 설명은 토마스 쿤Thomas Kuhn의 과학혁명의 구조에서의 '패러다임 전환'에서 영향을 받은 홀(Hall, 1993)의 정책 패러다임 전환이라는 이해에 기반을 두어왔다. 그러나 최근의 방법론적 발전은 패러다임 내의intra-paradigm 아이디어 변화 가능성을 주장하면서 과학적 패러다임과 달리 정책 패러다임은 구조와 행위자에 대한 아이디어의 관계적 성격을 고려할 때, 아이디어는 한 가지 의미로 고정되어 있지 않고 여러 가지 하위요소(element, E_i)로 구성되어 있으며, 아이디어의 구성요소가 각기 다른 시간적 차원(temporal dimension, T_i)에서 항상 동일한 위치(중요성)를 차지하고 있는 것은 아니라는 것이다(Cartensen, 2011; 2017). 예를 들면 신자유주의라는 아이디어는 그를 구성하고 있는 여러 하부요소로 즉, 자유방임적 시장질서(E_1), 감세(E_2), 자유무역(E_3), 정부의 개입과 규제축소(E_4) 등으로 구성되어 있다는 것이다. 카스텐센(Carstensen, 2011)은 아이디어를 대표적으로 의미하는 하위요소는 T_1에서 T_2로 시간이 흐름에 따라 특정 요소에서 다른 요소로 강조점이 옮겨갈 수 있으며, 이는 곧 아이디어가 제도 혹은 정책변화에 있어서 채택되는 의미와 효용이 바뀔 수 있다는 것을 뜻한다.

한국적 맥락에서 아이디어의 요소들에 대한 강조가 시간의 변화에 따라 이동할 수 있다는 것은 흥미로운 관찰대상을 제공해준다. 앞서 살펴본 대로 지방분권은 정치적, 행정적, 그리고 재정적 분권이라는 큰 정의로 나눌 수 있으나, 좀 더 세밀하게는 지방에서의 민주제도 정착, 참여의 확산, 지방역량 강화, 지역경제개발 등 여러 하위요소로 나누어 볼 수 있다. 현대 우리나라의 중앙-지방 관계에 있어서 지방분권의 강조점은 결코 시대별로 동일하지 않았으며, 시간이 지남에 따라 어떤 '핵심' 혹은 '비핵심' 요소들이 강조됐는지를 이해하는 것이 매우 중요하다. 예컨대 [그림 2-2]에 따르면 한국의 권위주의적 개발국가 시대를 고려할 때 초창기의 지방분권 아이디어의 주요 의미는 지방 수

[그림 2-2] 아이디어의 시간적 변화

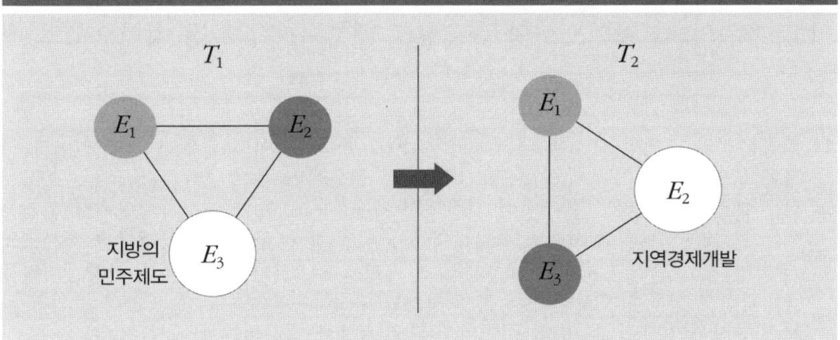

준에서의 민주화와 민주제도의 정착(E_3)으로써, 특히 야당에서 지지를 받아온 핵심 요소였다는 것을 짐작할 수 있지만, 외환위기와 세계화 이후 지방분권 지지자들이 좀 더 강조하기 시작한 요소는 효율성(중앙집권의 비효율성)과 지역적 평등(중앙집권의 불평등성)으로(E_2) 지방분권과 국가 균형발전이라는 이질적 과제를 동시에 추구하게 되었다는 것이다.[14]

III. 한국의 중앙집권체제의 위기와 아이디어로서의 지방분권 등장

발전국가론자들에게 일본, 싱가폴, 대만, 홍콩 등과 더불어 한국은 강력한 중앙집권적 권력과 국가의 시장에 대한 개입으로 유례없는 경제적 성공을 이루어낸 국가로 평판을 쌓아왔다. 특히 중앙집권적 체제가 국내시장 보호와 수출기업 육성을 위한 법적, 행·재정적, 그리고 정보제공이라는 차원의 개입을 통해 국가 경제를 부흥시킬 수 있었다는 것이 그들의 주장이었다(Amsden, 1989; Wade, 1990). 또한, 한국의 경제 성장은 국가의 공간정책spatial policy과 성장거점전략의 효과적 사용, 그리고 자원의 각 지역으로의 불균형적 배분—즉, 특정 지역으로의 배

14 지방분권의 경제적 요소에 대한 강조는 1997년 동아시아 외환위기 이후 적어도 일본을 포함한 아시아에서 공통으로 나타나는 현상이라 볼 수 있다(Rozman, 2002). 같은 맥락에서 2008년 민주당이 지방행정 체제를 60~70개 지방자치단체로 통폐합하는 안(案), 같은 해 허태열 한나라당 최고위원 등이 주도한 광역경제권 체제로의 개편 안(案), 그리고 이명박 정부에서 전 국토를 5+2권역으로 나누어 성장잠재력을 극대화하고 상생을 도모한다는 〈광역경제권 구상〉 등은 효율성을 강조한 경제적 시각의 연장이라고 볼 수 있다. 이명박 정부의 정책에 대하여는 안영진(2011) 참조.

분—을 통해 이루어낼 수 있었다고 주장하는 이들도 있다. 박배균은 한국이 자원 최빈국 중 하나였지만 1960년대 이후 엄청난 경제성장률과 수출주도형 개발을 이룰 수 있었던 것은 중앙집권화된 체제였기 때문이라고 주장한다(Park, 2008).

그러나, 이러한 경제성장에도 불구하고 중앙집권적 거버넌스 체제에 대한 호의적인 평가는 민주화가 진행되고 시간이 지남에 따라 점차 변화하게 되었다. 특히 1997년 외환위기 이후에는 중앙집권적 체제에 대한 인식이 더욱 부정적으로 변화하기 시작했다. 극적 전환점tipping point을 특정하기는 어렵지만, 외환위기라는 경제적 상황과 세계화의 물결 속에서 중앙집권적인 정책결정권력, 수도권에 집중된 인구와 국가기간시설 등은 더 이상 경쟁력을 창출해 낼 수 없는 구 체제로 비판의 표적이 되었다. 박정희 정권 하에서 정부는 전략적으로 수출주도형 경제를 위해 기업에 인센티브를 제공하고, 성장거점전략을 채택, 수도

[그림 2-3] 수도권 인구 국제비교와 한국의 연도별 수도권 인구

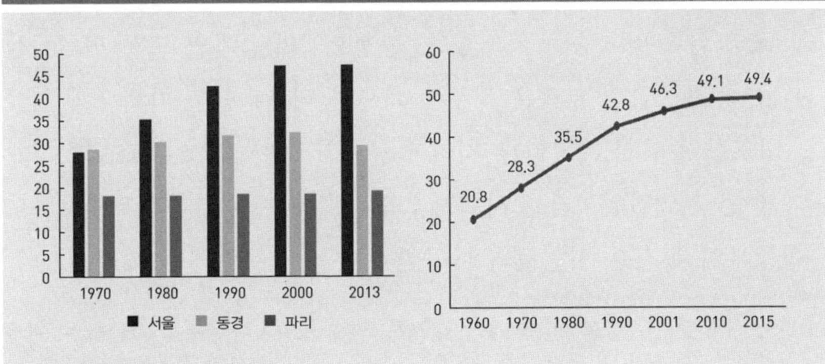

출처: 국가균형발전위원회(2004: 46); 통계청 자료
단위: 총인구 대비 수도권(metropolitan area) 인구비율(%)

권 및 동남권 임해지구 등 특정 지역과 도시를 공업화 지역으로 촉진하였다(Wade and Kim, 1978). 정치적 리더십의 의도와 상관없이 중앙부처의 관료에 의하여 통제되고 관리된 계획경제적 발전은 결국 과도하게 집중된 자원과 인구를 생산해내었으며, 총 국토면적의 11.8%를 차지하는 수도권 지역이 동경이나 파리처럼 집중·정체 상태가 아니라 지속적으로 성장하여 전체 인구의 절반가량이 거주하는 고도로 과밀화된 도시지역으로 변모하였다([그림 2-3]). 단지 인구뿐만이 아니라, 지역 총생산, 산업체 수, 민간 R&D, 100대 대기업 본사, 공공기관 수, 대학 등 상당 부분이 수도권 지역에 집중되었다([그림 2-4]). 심지어 김대중 정부 하에서 경제회복 프로그램이 집행될 때에도, 경제적 자원과 해외자금, 그리고 정치적 권력까지 오히려 중앙에 더 집중되었다. 경제 회생정책의 집행에는 오히려 빠르고 효과적인 위기해소를 위해 중앙정부의 주도적 역할이 요구되었기 때문이다(국가균형발전위원회, 2004 : 37).

중앙집권과 집중의 폐해는 매우 다양하다. 첫째, 수도권 지역에 기업과 경제력의 집중은 임대료의 상승과 함께 기업의 거래비용transaction cost의 급속한 상승을 가져왔고, 환경오염의 증가와 도시 편의시설amenity, 주택공급의 부족은 정부에 과도한 비용부담을 가져오게 되었다. 과도한 중앙집중에 따른 지역 불균형의 심화 또한 수도권과 저개발지역 간 지역갈등이라는 사회경제적 문제를 가져왔다.[15] 무엇보다도 중앙정부의 독점은 시민들의 다양한 요구를 충족시키기 어려웠으며,

15 전국 대비 수도 서울의 인구와 지역 총생산, 지역 소득의 점유율은 지난 30여 년간 지속해서 하락하고 있으나 수도권역의 경기도, 인천광역시의 점유율은 꾸준히 증가하여 지역 소득의 경우 수도권이 전체의 47%대를 꾸준히 유지하고 있다(양영철, 2015).

[그림 2-4] 수도권 집중과 지역 불균형 성장

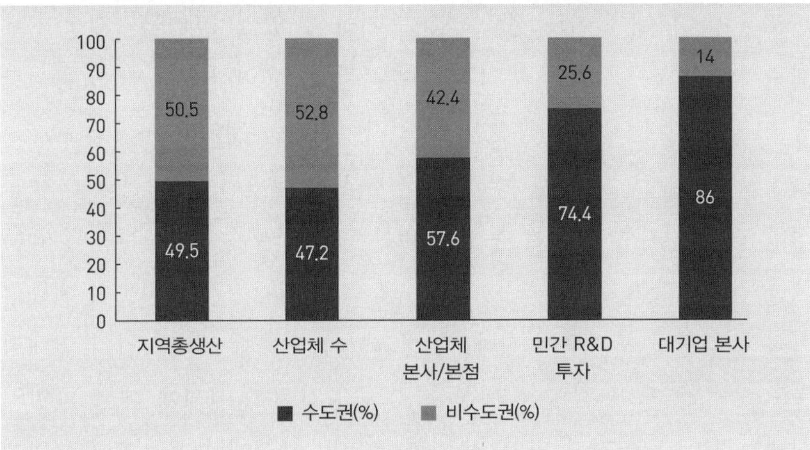

출처: e-나라지표; 산업연구원(2013); 금융감독원(2014) 전자공시
참고: 민간 R&D 투자는 2013년, 대기업(100대) 본사는 2014년 자료.

민주화를 공고화하는 데 장애 요인으로 작용하였다. 로즈먼(Rozman, 2002: 12)은 동아시아에서 중앙정부의 지방분권화 공약을 '립서비스'로 표현할 정도였다. 중앙집중으로 인한 문제 해결, 즉 수도권 과밀 해소를 위해 중앙부처의 지방분산, 대학과 공공기관의 지방이전, 그리고 개발제한 등 여러 정책을 써왔으나 효과적으로 문제를 해결했다고 보기 어렵다.[16]

중앙에의 집중과 수도권 과밀화 문제가 여전히 존재하는 가운데, 경제위기와 경제성장의 둔화는 중앙의 명령과 통제 위주의 방식과 부정부패, 불공정 문제를 부각하며 정부간관계의 개선을 도모할 수 있

16 이러한 수도권 과밀 해소 정책들은 1970년대부터 시작되었으나 효과는 미미하였다고 볼 수 있다(OECD, 2001: 96-7).

는 계기를 마련하였다. 국가 경제의 부흥을 위한 강력한 개입정책은 1970~1980년대에 어느 정도 성과를 거둘 수 있었지만, 국가재정의 부실관리와 정부-기업의 부적절한 유착관계, 유연하지 못한 노동시장 등 여러 가지 문제점을 양산한 것도 사실이라는 것이다(Haggard and Mo, 2000; Minns, 2001). 거시경제와 재정정책의 부실관리, 중앙은행을 통한 정부 친화적 기업에 대한 투명성 없는 재정지원 등은 도덕적 해이 문제를 가져왔다(Heo and Roehrig, 2010). 그 결과 외환위기를 비롯한 대통령 가족이 연루된 부정부패 사례, 한보그룹을 비롯한 재벌기업의 연쇄적 부도 등을 겪으며 김영삼 행정부 및 중앙집권적 체제에 대한 국민의 신뢰는 땅에 떨어지게 되었다. 이러한 위기 상황에서 지방 민주주의에 더욱 친화적인 김대중 대통령이 당선되었다는 것은 지방분권개혁에 좋은 기회라는 것을 의미하였다.

앞서 밝혔듯이 최근에 발전된 아이디어 이론에서는 점증적이거나 급진적이기보다는 변혁적인transformative 환경 하에서의 아이디어의 역할에 주목하고 있으나, 여전히 아이디어가 급진적인 위기로 인한 현 제도와 정책의 문제를 평가하고 비판하는 데 있어 준거기준으로 중요하다. 특히 경제위기로 인한 불확실성을 감소하기 위하여 다양한 종류의 아이디어가 경쟁하는 기회구조를 제공한다는 것을 앞서 논의하였다.

그렇다면 많은 아이디어 중에 왜 지방분권 아이디어인가? 우리나라 지방자치제 도입과 폐지, 연기, 그리고 재도입의 역사를 살펴보면, 지방분권과 자치라는 아이디어는 정치적으로나 학술적으로 항상 존재하고 있는 것이었다. 그러나, 세계화와 경제적 불확실성, 신자유주의 및 신공공관리적 정부 개혁의 시대에 '정치경제적' 의미를 강하게 내포하는 지방분권에 대한 재정의再定義, reconceptualization는 바로 이 위기의 시기에 등장하게 된 것이다. 이 시기에 지방분권 아이디어 재정의를 하는데 영향을 준 첫 번째 요소는 신자유주의에 기반을 둔 세계화 전략이라고 볼 수 있다. 소위 말해 '글로벌 스탠다드'라는 목표를 달성하기 위해, 김영삼 정부에서는 1994년 11월 APEC 정상회의 후 호주 시드니에서 세계화 추진을 통하여 권위주의 체제에서 기인한 비도덕성과 비효율성으로 대표되는 이른바 '한국병'을 치유하겠다는 발표를 전격적으로 하게 되었다. 비록 1997년 외환위기를 겪으며 김영삼 전 대통령의 세계화 전략과 금융실명제 등 개혁정책은 '공허한 미사여구'로 평가절하되기도 하였으나, 권위주의 정권 하에서 만연한 정경유착과 중앙집권의 비효율성과 재벌문제 등을 부각하고 그다음 정권에서 실행될 개혁의 기반을 마련하였다는 긍정적인 면도 존재한다(Lee, 2000: 104-12). 두 번째 요소는 세계화 정책이 정부와 기업으로 하여금 '글로벌 스탠더드'에 맞추도록 압력을 가함으로써 비효율적인 중앙부처를 재조정하고 관료들이 그들의 위치가 안전하지 않다는 인식을 하게 하였다는 점이다. 1994년 12월, 행정의 글로벌화와 세계화를 주장하며 김영삼 정부는 정부조직 개편을 단행하였고, 실제로 정부 부처가 통폐합되고 부처의 직위도 상당히 감축되었다(정용덕, 1995). 그러나, 김영삼 정부의 세계화와 정부 개혁 드라이브에도, 개혁은 큰 성과를 거두지 못하였으며, 오히려 관료들과 재벌들의 강력한 반발에 부딪히게 되었다(Kihl, 2005: 138-9).

그렇다면 왜 아이디어가 김영삼 행정부에서 큰 역할을 하지 못하였는가? 차이는 경제위기라는 맥락 요소contextual factor 혹은 촉발 기제에 큰 차이가 있었다고 볼 수 있다. 사상 유례없는 경제위기 앞에서, 국제기구나 서구의 평론가, 학자그룹을 포함한 여론 주도자들은 한국의 비효율적 중앙정부 기구와 계획시스템의 대대적인 개혁을 주문하였고, 수도권의 집중과 중앙정책 결정 시스템 문제를 해결하기 위해 정치경제적 의미의 지방분권을 주장하였다. 중앙관료의 권위를 약화시킴으로 수도권 적체 해소를 할 수 있다는 제안도 나오게 되었다. 이처럼 중앙집권적 체제의 권위의 정당성이 약화되는 과정에서delegitimizing, 규모의 경제를 강조한 강소연방제를 비롯, 소규모의 자치 민주주의를 강조하는 유럽형 마을자치에 이르기까지 지방분권에 대한 다양한 하부요소(E_i)들이 논의 및 제시되었으나 현재 우리나라가 가지고 있는 2층제를 유지하면서 권한과 재정의 지방이양과 국가균형발전을 추구하는 하부요소가 채택되었다.[17] 최장집(2009)에 따르면 민주화 이후 중앙 관료체제는 강하고 유능한 국가, 그리고 높은 정책수행 능력을 갖춘 국가에서 무책임하고 복지부동하며, 무능한 관료체제로의 변화가 이미 이루어지고 있었다.[18] 이처럼, 중앙정부의 권위는 이미 쇠퇴하기 시작하였고, 지방분권에 대한 다양한 아이디어가 존재하고 있었으나, 정작 이를 촉발할 기제가 없었다는 점이다.

결국, 구 체제를 개혁하고 외환위기에서 국가 경제를 재건하기 위하여 하나의 아이디어로서의 신자유주의적 정책을 강력하게 추진하게 된 것은 국민의 정부인 김대중 행정부 하에서라고 볼 수 있다. 김대중 대

17 전 정부혁신지방분권위원회 위원 인터뷰(2015년 2월 25일).

18 최장집(2009: 167-8)은 이처럼 민주화 이후 변화하게 된 요인으로 경제성장과 같은 하향식 국가목표가 부재하고, 관료조직의 강력한 집행권이 민주화 이후 사라졌으며, 단임 대통령제로 인한 관료 개개인의 자율성과 보편성 부재로 인해 관료조직의 위계구조가 흔들려왔기 때문이라고 주장한다.

통령은 외환위기라는 '외적 충격'을 효과적으로 사용하며 IMF 개혁 처방을 큰 도전 없이 실행할 수 있었고, 일반 시민들과 정책전문가 집단의 지지를 쉽게 받아낼 수 있었다(Diamond and Shin, 2000).[19] 이 중 지방분권개혁은 탈규제와 공기업 민영화 등과 함께 10대 국정과제로 선정되었다. 이와 관련하여 하연섭(2006: 14)은 다음과 같이 설명하고 있다.

> "특히 김대중 정부는 외환·금융위기와 IMF 압력을 사회집단의 저항 없이 신자유주의적 개혁을 강력하게 추진할 호기로 인식했다고 할 것이다."

노무현 행정부에서도 경제적 의미의 지방분권은 더욱 강하게 추진되었다. 취임사에서부터 지방분권을 강조하고, 국가균형발전을 위한 대구구상 등(2003년 6월) 등의 연설과 문건을 통해 지방분권과 국가균형발전을 통한 동북아 블록경제권 전략과 한국의 동아시아에서의 허브 역할을 달성하겠다는 일성을 시작으로 개혁을 추진하였다. 지방분권특별법과 정부혁신지방분권위원회의 설치(2004년), 국가균형발전계획 발표와 공주–연기군 지역으로의 행정수도 이전(2004년 8월) 발표 등의 개혁 정책을 적극적으로 추진하였다는 것이다. 이러한 모든 정책은 중앙집권적 행정과 경제체제가 불필요한 비효율성과 저성장 시대에 불평등을 심화시킨다는 믿음을 가진 대통령의 강력한 정치적 의지의 표현이었고, '지방의 시대', '효율적 정부와 민주주의 공고화' 등 정치적 수사에

---

19 이 부분은 일본의 1990년대 초반 상황과 비슷하다고 볼 수 있다. 호소카와 전 총리는 일본의 경제침체 상황 속에서 자민당의 38년 일당 통치를 종식하고 여덟 개 정당의 연합정권 수립의 주역으로써, 그의 구마모토 주지사로서의 경험을 살려 일본의 중앙집권적 체제에서 기인하는 문제들을 일본병으로 정의하고 규제개혁, 선거개혁, 지방분권개혁 등을 해결책으로 제시하였다(Curtis, 1999: 106-7, 123).

잘 드러났다. 이처럼 두 문민 대통령 행정부에서 중앙의 문제를 드러냄으로써 단순 토크빌리안식 참여적 분권과 자치를 넘어서 국가 경제를 재건, 강화하고자 지방분권 의제를 강력하게 추진하였다는 것이다.

Ⅳ. 결론

이 장에서는 지방분권과 자치개혁이 왜, 어떤 환경에서, 누구에 의하여 촉발되고 실행되는지 이론적인 접근을 살펴보았다. 우리나라 대부분의 연구에서는 지방분권을 해야 하는 것으로 가정하고, 주로 중앙 – 지방 관계의 분류, 유형, 사무배분, 그리고 제도에 많은 관심을 가져왔으나, 지방분권을 왜 해야 하는지, 어떤 유형을 따라가는지에 대한 만족할만한 대답은 제공해주지 못했다. 지방분권은 해야만 하는 것으로 이해되었기 때문이다. 본 연구에서는 이에 지방분권과 정부간관계에 대한 다양한 이론적 접근을 살펴봄으로써 우리나라의 지방분권 정치에 가장 적합한 설명이 무엇인지 찾고자 하였다. 특히, 지방분권과 자치의 역사를 거의 찾아볼 수 없고, 민주화 이후 거듭된 지방분권 개혁 시도에도 불구하고 만족할만한 수준의 제도변화를 달성하지 못해온 현실에서, 우리는 어떤 상황에서, 누구에 의하여, 어떠한 형태의 지방분권과 자치를 추구해왔는지 이해하는 것은 매우 중요하다. 이 장에서 살펴본 바와 같이, 구조적·기능적 차원에서의 접근과 게임·협상 중심의 접근은 모두 현재의 한국의 지방분권 및 자치 과정과 수준을 정확하게 설명하기에는 한계가 있다.

좀 더 종합적인 입장에서 분석할 때, 우리나라에서 지방분권은 — 이 책에서 '아이디어'로 명명된 — 경제위기로 인해 촉발된 경제적 어려움과 정치적 위기를 진단하고, 중앙수준에서의 지방분권에 대한 정치적 연대 및 반발을 약화하는 역할을 했다고 볼 수 있다. 앞의 [그림 2-1]에 나타난 것처럼, 김대중, 노무현 두 대통령은 보수적 권위주의 정권의 리더들과 비교할 때 이념적으로 지방분권을 믿고, 지지해온 분권론자였으나 다수당의 위치를 차지하지는 못하였다. 이러한 정치적 지형 아래에서 개혁 혹은 혁신적 정책과 제도변화를 꾀하는 최고 정치지도자들은 지방분권형 국가라는 정치적 수사修辭를 통해 개혁 프로그램을 정당화하고, 시민들에게 이해시키며, 보수적인 야당을 설득할 필요가 있었다.[20] 결과적으로 중앙집권적 체제의 문제와 쇠퇴에도 불구하고 왜 이전의 개혁노력이 성공적으로 이슈화되고 집행되지 못하였는가는 결국 기회구조 내지 정책의 창policy window과 같은 촉발기제의 유무가 중요한 역할을 하였고, 그 이후, 이해관계interest, 정치리더십, 제도적 요인, 그리고 행위자들의 정치행위를 이해하는 것이 중요하다는 것이다.

아이디어는 실제 정책과정에서 어떻게 작동하는가? 위에서 살펴본 바와 같이 현재의 제도나 패러다임, 혹은 특정 정책이 불확실성 속에서 효과적으로 문제를 해결하지 못하고 실패할 경우, 정치지도자나 일

20 블리치(Bleich, 2002)와 슈미트(Schmidt, 2001)도 이와 관련하여 유사한 주장을 하고 있다. 캠벨(Campbell, 2004: 99)은 특정 규범적 가치나 개념(예를 들면, 지방분권)이 현재 진행 중이거나 실행하려고 하는 개혁에 대한 담론적 배경을 제공하며, 개혁 프로그램을 프레이밍하여 정당화시키는 역할을 한다고 주장한다. 블리치(Bleich, 2002: 1063)도 프레이밍을 통해 문제점을 인식하고, 목표를 특정화하는 데 도움을 준다고 한다.

반 시민들은 이를 위기로 인식하게 되고, 이전에 당연하게 받아들여졌던 제도나 정책을 재조사 혹은 재해석하게 된다. 그 문제 인식 혹은 위기는 새로운 아이디어를 탐색할 기회를 열고, 정책결정자는 문제를 해결할 수 있다는 확신을 주는 아이디어를 채택하고 아이디어 확산 메커니즘을 거치게 된다. 예외적 상황을 제외하고는 1980~2000년대에 신자유주의 개혁정책이 정치, 경제적 지도자들 그리고 경제 전문가들 가운데 경제위기를 타개할 수 있는 해결책으로 인식되고 있었고, 실제로 미국과 영국 등에서 개혁모델로 받아들여졌다(Hall, 1986; Campbell, 1998). 이와 유사하게, 지방분권이라는 개혁 아이디어도 중앙집권적인 체제에서 기인하는 여러 문제를 해결할 것이라는 인식 내지는 강한 암묵적 합의가 정치인들과 학자들 사이에 존재하였다. 특히 지방자치제도 도입 초기 정치적 민주화를 통한 정권의 정당성 확보에 방점이 있었다면, 세계화 전략과 외환위기를 거치며 경제적 측면의 효율성과 능률을 강조하는 것으로 빠르게 대체되었다는 것이다(이종수, 2002: 118). 이렇듯, 아이디어는 시간에 따라 강조점이 전환되는 특성이 있다.

우리나라에서 기존의 지방분권에 관한 연구는 대부분 지방분권개혁의 동향이나, 미국, 영국, 일본 등의 제도적 특징을 소개하거나, 규범적인 측면에서 지방분권의 바람직한 개혁 방향을 제시하는 연구에 그치고 있다(윤성국, 2011). 그러나 예를 들면 지방분권이 경제적인 문제들을 실제로 해결하고 효율성을 높여주는가는 경험적 연구에 의한 증거가 수반되어야 하는 문제지만, 이를 지지하는 증거는 사실 충분치 않으며, 오히려 반대의 주장, 즉 중앙집권이 효율적 자원분배에 유리하다는 주장(전영평, 2008), 균형발전에 유리하다는 주장도 많다(이승종,

2005). 이러한 현실에도 불구하고 지방분권을 '좋은 것'으로 인식하고 추진한다는 것은, 지방분권이 아이디어의 형태로 존재한다는 의미로 볼 수 있다. 아이디어는 단순히 규범적으로, '분권을 해야 한다'라는 주장을 넘어 왜, 어떤 과정을 통해서, 현재 상황에 이르게 되었는가를 총체적으로 보여주는 역할을 한다.

아이디어의 원천은 꽤 다양하나, 학술 연구에서는 하스(Haas, 1992)가 주장하는 '지식공동체'epistemic community, 매스미디어, 학자그룹, 경영컨설턴트, 국제기구, 전문가 그룹 등으로 분류하고 있다. 바로 이들이 아이디어 중개자로 불리는 그룹이다. 이들은 정부 기관이나 관료집단, 정치인, 기업가 등 다양한 범주의 행위자들에 의해 받아들여진 아이디어를 확산시킴으로써 정책논쟁의 배경과 담론에 영향을 미친다(Haas, 1992). 이들은 또한 정부의 자문위원회나 주요 정부요직을 맡아 특정 아이디어에 대한 이론, 관점 등을 정책에 반영시키기 위해 노력한다. 하스(Haas, 1992)는 이를 아이디어의 제도화라고 정의한다.[21] 우리나라나 일본도 경제개혁이나 지방분권개혁에 있어서 아이디어 중개자들의 역할이 매우 컸다. 이렇듯, 선택된 아이디어가 어떻게 담론적 배경을 형성하고 지방분권개혁이 다양하면서도 분산된 아이디어 확산 메커니즘을 통해 시행되었는지 자세한 과정적 추적이 필요하다.

재미있는 사실은 전 세계적으로 '좋은 아이디어'가 확산의 과정을 통

21 와이어(Weir, 1989: 84)는 새로운 아이디어를 가진 인재(예컨대 케인스주의자)를 공개적으로 채용하는 것과 같은 행정적 배치(administrative arrangement) 과정이 미국과 영국의 경제정책 형성에 중요한 역할을 했다고 주장한다. 시킹크(Sikkink, 1991: 23-7)는 새로운 아이디어에 대한 책임 내지 의무를 진 정부기구는 조직적인 지원(organizational support)을 통해 아이디어를 실행할 수 있다고 주장한다.

해서 이전된다면 각국의 개혁 과정과 결과가 수렴convergence해야 논리적이다. 그러나 아이디어는 각국의 정치경제적 제도와 현실에 맞는 방법으로national specific ways 번역되고 받아들여지는 경향이 있다(Campbell and Pedersen, 2015: 9). 예컨대 미국의 정치경제적 이해에 따라 '워싱턴 컨센서스'라는 이름으로 무언의 압박처럼 장려된 신자유주의는 전 세계에 확산되었으나 그 결과는 각국에서 독특하게 나타났다. 학자들은 이런 아이디어의 국가적 기원을 이해하기 위해 정치지도자들, 중앙은행이나 재무부 같은 국가기관들, 전략적으로 임명된 정치인들, 기술관료들, 프로페셔널 경제학자들 등에 초점을 맞추는 경우가 많다. 캠벨과 페데르센(Campbell and Pedersen, 2015: 6)은 이들을 '지식레짐'knowledge regime으로 명명하며, 이들이 특정 아이디어를 각국의 현실에 맞게 형성하고 재정의하는 역할을 한다고 주장한다.

이어지는 장들은 앞서 [그림 2-1]에 소개된 아이디어 확산 메커니즘, 즉 정치적 리더십, 아이디어 중개자들, 그리고 시민의 지지가 어떻게 우리나라의 중앙-지방 관계의 정치, 즉 지방분권과 자치에 투영되어 있는지를 확인하는 작업이다. 특히 아이디어가 기존의 조직적인 배열organizational arrangement과 정치행위자들의 관계를 통해 우리나라의 정부간관계는 어떻게 형성되어 왔는지, 어떻게 변화되어가는지를 중점적으로 분석한다.

제3장

중앙-지방 관계와 현대적 정책국가의 탄생

"나는 해마다 한두 번 해외에 나가는데 뉴욕, 파리, 런던 등 그 어디에서든 '구마모토'를 이야기한다. 세계 어느 나라나 잘되고 있는 나라는 으레 지방이 활기에 넘치고 있다. 그 옛날 그리스만 해도 도시국가 폴리스가 군웅할거하여 활발하게 경쟁하는 가운데서 비로소 그리스 문명도 전체적으로 성숙해졌듯이 지방이 바로 국가인 것이다."

– 호소카와 모리히로, 〈지방의 논리〉, 1991

1971년, 1987년, 그리고 1992년 3번의 대통령선거에서 패배하고 대권의 꿈을 접어야 했던 김대중 전 대통령은 눈물겨운 정계은퇴 선언을 하고 1993년 영국 케임브리지대학 방문학자로 떠났다. 이미 60대 후반에 접어들어 70대가 될 다음 대통령선거에는 고령으로 출마할 수 없을 것으로 생각했기에, 많은 지지자와 시민들은 그의 정치적 역정이 마침내 끝났다고 생각하였다. 하지만 그는 1995년 6월, 민주화 이후 처음으로 치러진 지방선거(자치단체장 및 지방의회 의원선거)를 앞두고 '지역등권론'地域等權論이라는 신조어를 내세워 스포트라이트를 받으며 대한민국 정치전선에 복귀하였다. 지역등권론이란 결국 특정 지역이 집권하여 모든 것을 독차지하고 나머지 지역을 소외시키고 박해하는 지역 패권주의를 청산하고 4~5개로 나누어진 지역들이 공평하게 수평적으로 협력관계를 유지하자는 것이었다(강준만, 2006). 그의 지역등권론은 오히려 지역주의를 부추기고 조장한다는 여당과 민주당 내부의 비판까지 있었으나 유례없는 지방선거 승리를 거둔 것을 기반으로 새정치국민회의를 창당, 4번째 대통령에 도전할 발판을 마련하게 되었다(1995년 8월).

호남에서 강력한 지역적 지지기반을 가졌던 김대중이었기에 지역주의를 타파하고자 주장한 그의 지역등권론은 오히려 지역주의의 할거로 비추어져 비판을 받았고, 부산에서 출마한 노무현마저 지역등권론 열풍에 민주자유당 문정수에게 패배하기까지 했다. 재미있는 사실은 정치입문 초창기인 1960년대부터 김대중은 지방분권과 자치를 주장해왔으며, 야당 내에서도 드물게 지속해서 민주주의의 한 방편으로 지방분권을 주장해왔다는 것이다. 여소야대라는 유리한 상황에서 1989년 12

월 지방의회 및 단체장 선거법안을 통과시켰으나 1990년 1월 예상치 못한 3당 합당으로 노태우 정권이 지방자치제 연기카드를 만지작거리고 있을 때, 218석의 거대 여당에 맞서 고작 70석의 의석을 가진 평화민주당 수장이던 그는 결국 13일간의 단식을 하며 지방자치제의 전면 실시를 주장하였다. 평소 '미스터 지방자치'로 불리는 것을 선호했던 그는 병문안을 온 김영삼에게 "나와 김 대표가 민주화를 위해 싸웠는데 민주화라는 것이 무엇이오. 바로 의회정치와 지자제가 핵심 아닙니까. 여당으로 가서 다수 의석을 가지고 있다고 해서 어찌 이를 외면하려 하시오."라고 말할 정도로 지방자치제 입법화와 시행에 대한 애착이 컸다.[1] 이처럼 그의 지방주의와 분권의 핵심에 관한 입장은 확고했으나, 강조점은 시대에 따라 권위주의 정권에 대항하기 위한 토크빌리안식 지방 민주주의부터 IMF 위기 시대의 균등한 지역발전과 지방 권리보장에 이르기까지 다양하였다. 그가 상상한 지방분권과 자치는 어떤 것이었을까? 한국의 정치인들과 학자들이 이야기해온 지방분권과 자치는 어떠한 것이었을까?

우리나라의 근대화와 정치·경제적 발전의 궤도trajectory를 고려할 때, 광의廣義로 정의된 지방주의는 한국적 상황에서 몇 가지 의미를 지녀왔다. 첫째, 특정 지역과 정체regime에 연계된 개발독재(권위주의적 개발주의)로 인한 경제적 자원의 불균형적 분배를 의미한다(Kwon, 2004). 둘째, 중앙집권적 군사정부의 권력은 특정 지역과 연계되어 정치적으로 지역적 불평등을 가져왔고, 정치에서 반대당opposition party의 집권세

1 원희복, "꺼져가던 지방자치에 불 지핀 단식투쟁", 경향신문 2015년 8월 22일 자.

력에 대한 지속적인 '견제의 실패'를 경험케 하였다. 지역주의regionalism는 1970년대 이후 군사정권의 선거결과 예측에 있어 가장 쉽고 믿을만한 변수였다. 마지막으로 앞선 장에서 언급하였듯이, 수도 서울로의 지리적 집중은 중앙과 지방 간의 또 다른 형태의 불균형을 만들어 내었다. 이러한 독특한 상황에서 1990년대를 거쳐 2000년대 이후에 이르기까지 지속해서 지방분권과 자치개혁을 추구해온 우리나라가 궁극적으로 목표로 하는 모델은 무엇인지 궁금하지 않을 수 없다. 문재인 정부의 출범(2017)을 계기로 지방자치에 대하여 법률적 보장 수준의 지방분권과 자치가 아닌 지방분권형 헌법으로의 개헌을 추진하고 있는 가운데, 헌법적 보장을 받은 지방자치의 모습도 학문적, 실천적 궁금증을 불러일으키고 있다.

역사적으로, 그리고 제도적으로 어떤 중앙-지방 간 관계의 모습을 띠어 왔는가는 오늘날 지방 민주주의 개혁의 모습을 짐작해 볼 수 있는 가늠자라고 볼 수 있다. 훅, 막스, 샤켈(Hooghe, Marks, and Schakel, 2010)은 42개국의 지역권위지표Regional Authority Index: RAI 분석을 통해 세계의 지방화 흐름을 분석하고자 하였다.[2] 그들에 따르면 지역화의 물결 속에서도 특정 모형으로의 수렴하는 현상은 찾아보기 힘들었으며, 오히려 지속적으로 다양하게 분화되어왔다고 주장한다. 특히 지역화 현상에서 찾아볼 수 있었던 특징 중 하나는 지역 커뮤니티regional community가 강한 정체성을 가질수록 더 많은 권한이 지방으로 이전되

2 지역(region)이라는 용어는 중앙정부 이하의 하위정부를 지칭하는 개념이나, 주로 유럽연합이나 연방제 국가에서 생활자치의 단위로서 공동체보다는 높은 계층의 정부를 지칭하므로 '지방'보다는 '지역'을 이라는 용어를 썼다. 후술 참조.

었으며, 국가적 정체성이 강할수록 지방의 권한이 적은 특징을 가졌다는 것이다. 어찌 보면 당연한 주장이지만 중앙–지방의 상하관계가 민선 지방자치제 이후에도 지속되었고, 국가주의 문화가 여전히 지배적인 한국의 현실에서(임승빈, 2015) 앞으로의 지방분권개혁이 어떤 방향으로 흘러가게 되는지는 섣불리 짐작하기가 쉽지 않다는 것이다.

현대 국민국가화와 세계화라는 양대 추세에서 지방, 도시, 그리고 공동체에서의 지방정부와 통치구조가 민주주의로 명명되는 우리의 일상적 정치생활의 일부 내지는 핵심이 되어왔다는 것은 부인할 수 없는 사실이다. 심지어는 토크빌Tocqueville이 미국의 공동체 생활과 민주주의에 대한 글을 쓰기 훨씬 이전부터 공동체 및 도시의 규모는 국가와 사회를 연결해주는 핵심적인 공간으로 이해되었다. 미국 민주주의 다원론의 대부격인 로버트 달(Dahl, 1967)은 민주주의가 실천될 수 있는 적절한 규모의 정치 단위unit인 도시city가 미래 민주주의의 장으로 될 것으로 예측하였고, 실제로 한 영토를 기반으로 하는 현대국가는 그 국가적 목적과 정책의 구체적 실현을 위하여 체계적으로 지방의 정치 및 행정조직에 의지할 수밖에 없는 것이 현실이다. 또한, 여러 국가는 공통적으로 '정부' 역할의 축소를 경험하고 있으며, 사회 및 정책문제 해결 과정에서 지방에 뿌리를 둔 사회조직, 비영리단체의 역할(배유일, 2003; Peters and Pierre, 1999; Putnam, 1993), 지역 기업(Herrigel, 1996), 지역 공동체의 집단적 자원관리시스템(Ostrom, 1990)에 이르기까지 지방에서의 국가–사회 관계도 중요성이 커지고 있다.

이처럼 일정한 영토를 기반으로 하는 현대국가의 통치목표 달성을 위한 정부 정책집행과 거버넌스는 지방 수준에서의 역할을 상정하지 않고는 설명이 불가능하다. 중앙-지방 관계는 단순 제로섬zero-sum이 아니라 상대적이면서도 중첩적인 것이며, 긴 스펙트럼의 연장선이다. 지방분권개혁에 있어서 과거의 중앙 혹은 지방의 유산을 완전히 지울 수 있는 개혁이란 불가능에 가깝다. 오히려 경로의존적인 정부간관계를 생각했을 때, 중앙-지방 간 관계에 대한 공간적·시간적 지속성과 가변성에 대한 정확한 이해와 지식이 필요하다. 또한, 사회 부문social sector의 역할을 제외하고는 거버넌스의 온전한 이해가 불가능하다.

이 장에서는 단지 중앙-정부 간 다양한 관계를 규범적으로 규정하는 모형이나 이론의 탐색에 그치지 않고, 우리는 어떤 전통적·현대적인 요인과 환경 속에서 지방분권과 자치를 추구하는지에 대하여 비교정치적·제도적 관점에서 논의한다. 먼저 지방에 대한 관점과 현대적인 중앙-지방 관계의 형성을 국가권력, 즉 통치권의 행사라는 측면에서 첫째, 각국의 중앙-지방, 그리고 둘째, 국가-사회와의 관계 속에서 지방정부와 사회의 기원과 전통 그리고 유산에 대하여 살펴보고, 최근 활발하게 축적된 정부간관계에 대한 연구성과와 데이터를 활용한 국가간 비교연구에 기반하여 한국의 전 세계적 정부간관계의 변화 물결 속에서의 위치를 확인하며, 과거로부터 이어온 경로의존에서의 탈피 가능성을 탐색한다.

I. 현대적 중앙 – 지방 관계의 형성: 다양한 지방 민주주의

2017년 10월 문재인 대통령은 '지방자치의 날' 행사에 참가, 수도권과 지방이 함께 다 잘 사는 강력한 지방분권형 국가를 만들겠다고 공언하며, 지방자치를 헌법적 기본권의 하나로 보장하여 자치입법권·자치행정권·자치재정권·자치복지권 등 4대 지방자치권을 헌법화하고 실질적인 지방자치를 보장하겠다고 약속하였다.[3] 공약내용을 살펴보면, 법률에 위임된 현재의 지방자치와 달리 헌법적인 지위를 보장하는 데 더하여, 지방분권과 국가균형발전을 포기할 수 없는 국가의 최우선가치로 두고 추진하겠다는 것이다. 추후 논의하겠지만, 헌법적 보장 부분을 제외하고는 크게 새로운 내용으로 볼 수 없는 공약들이 대부분임에도 불구하고 왜 문재인 행정부에서는 이를 굳이 헌법적으로 명문화하겠다는 것일까? 이 질문에 대하여 많은 설명이 있을 수 있으나, 한 가지 공통적인 인식은 지난 정권들에서 추진되었던 개혁이 지극히 '중앙주도형' 지방분권개혁이었다는 것이다. 중앙부처가 중심이 되어 추진해온 중앙주도형 지방자치와 분권은 통제위주의 마인드를 가진 관료들에 의하여 제한적이고 분절分節적인 수준으로 추진되어왔기 때문에 만족할만한 성과를 거두지 못했다는 것이다.[4] 지방분권개혁은 결국은 중앙정치인들과 부처 관료들로서는 기득권을 잃게 되는 결과를 초래하

3 2017년 10월 26일 여수에서 열린 '지방자치의 날' 기념식 연설.

4 이 부분에 관하여는 한국지방자치학회 주관으로 개최된 제1차 지방분권포럼(문재인 정부의 지방분권과제)에서 발표된 정순관의 '문재인 정부 자치분권 정책공약'(2017년 6월 5일) 발표문 참조.

므로 소극적 찬성 내지는 지연 등으로 저항하는 경우가 많다는 것이다(유재원, 2002). 중앙정부의 지방의 역량에 대한 의구심은 차치하고서라도, 중앙이 주도하는 지방분권은 또한 개혁과정에 지방이 참여하는 것을 허용치 않아 아래로부터의 피드백이 공급되는 것을 원천적으로 차단하게 된다.[5]

또한, 지난날의 지방분권개혁은 중앙주도형일 뿐만 아니라 정부주도형이었다. 기존의 지방에 대한 국가통치의 유형분류를 시도한 연구들은 정부기구에 전적으로 초점을 맞추며 시민사회의 — 정당, 기업, 시민 등을 포함한 — 역할과 존재를 의미 있게 받아들이지 않았다(Sellers and Kwak, 2011).[6] 앞서 밝힌 대로 국가수준의 정부조직이나 정치권력만으로는 현대의 발전수준을 설명하기 어려우며, 선진국이나 개도국에 상관없이 민주적 거버넌스의 가능성을 인식하는 데 지방에서의 정부와 시민사회, 일반 시민들 간의 정치적 역동성을 이해하는 것이 필수적이라고 할 수 있다. 그러나, 국내외에서 기하급수적으로 증가하는 지방분권과 지방자치관련 문헌들에도 불구하고 지방 수준에서의 국가(정부)-사회의 수평적 거버넌스와 중앙-지방에 이르는 수직적인 다층적

5 참고로 중앙정부 주도의 지방분권에 많은 불신과 비판이 있지만, 반대로 중앙정부의 지방정부의 역량에 대한 의구심도 매우 뿌리 깊다고 할 수 있다. 한국행정연구원(2002)이 실시한 정부간관계에 대한 인식조사에 따르면 약 60%에 이르는 중앙부처 관료들이 국정문제 해결에 있어 지방정부 관료보다 우월하다고 응답한 바 있다.

6 예컨대 모우리츤과 스바라(Mouritzen and Svara, 2002)의 연구는 민주적 거버넌스에서 지방의 정치가와 행정가의 관계를 심도 있게 연구하였으나 시민적 요소는 제외되었다. 페이지와 골드스미스(Page and Goldsmith, 1987)의 유럽의 정부간관계 비교는 협소한 법적 정의의 정부기구 비교에서 벗어나 비공식적 권력과 지방주의를 고려했다는 장점이 있으나 거버넌스적 요소를 고려하지 못했다는 비판이 있다. 이 밖에 Goldsmith(1995)와 Vetter(2007)의 연구도 정부 기구와 그 운영의 비교에 치중하고 있다.

관계가 전체 국가적 통치에 있어서 어떤 역할을 하는지에 대하여 거의 관심을 가져오지 않았다. 정책 결정에 있어서 점증하고 있는 지방정부의 중요성은 유럽연합European Union과 같이 초국가적 통치기구의 등장을 계기로 지방 행위자의 활발한 참여를 경험하고 있는 지역에서 초국가 – 국가 – 지방을 아우르는 다층적 거버넌스multilevel governance체제에서 더욱 두드러진다(Hooghe, Marks, and Schakel, 2010). 그러나 일반 단방제 국가들에서도 지방에서의 공공서비스 및 인프라 공급과 같은 정책문제에서 전 지구적 기후변화 논쟁에 이르기까지 다층적인 협력과 거버넌스가 필수적이다(박재욱, 2016).

1. 국가통치의 원천과 기반적 권력으로서의 '지방'

이처럼 지방정부 혹은 하위정부와 그 거버넌스에 대한 '효과적인' 무관심은 국가가 통치하는 데 필요한 권력의 원천source of state power에 대한 서로 다른 정의에서 기인한다. 민주주의나 권위주의 등 정치체제와 무관하게 시민들이 일상의 생활 가운데 국가정책과 조직의 영향에서 완전히 자유롭기는 사실상 어렵다. 그렇다면 그 '영향' 혹은 '통치권력'의 원천은 어디에 있는가? 이에 관하여 정치학, 사회학의 경계를 넘어 많은 논쟁이 있었으나 대표적으로 독일의 사회학자 베버(Weber, 1946)는 1918년 〈소명으로서의 정치〉Politics as a Vocation라는 저서에서 현대국가를 주어진 영토 내에서 '물리적 힘physical force의 합법적인 사용을(성공적으로) 주장하는 유일한 인간 공동체'로 정의하면서 강제력coercion을 통치권력의 원천으로 본다. 즉 예를 들면 왕정시대의 왕이나 지주들은 로마의 교황과 권력을 나누거나 경쟁할 뿐 독점하지는 못했으나, 막스 베버에 따르면 현대국가는 폭력을 포함한 정치조직과 지배수단을 전적으로 수용收用하고 그 지배의 적법성을 확립, 즉 강제력에 대한 통제와 그 적법한 사용을 통해 현대국가는 통치의 적법성을 유지해왔다는 것이다. 그러나 이러한 '협의'의 국가권력에 대한 정의는 앞서 밝힌 대로 정부조직을 벗어나 거버넌스에 핵심적 영향을 행사하는 관계와 환경, 행위자들을 설명하지 못한다.

이에 반해 사회학자 만(Mann, 1984)은 베버 류類의 강제력이라는 협의의 개념에 기반한 국가권력을 전제적 권력despotic power으로 칭하며, 이는 사회에 '대한over' 지배적 권력이라고 정의한다. 그러나 그는 강제력만으로는 영토에 대한 효과적 통치권을 수행하기가 어렵다고 보고, 국가권력의 다른 원천, 즉 기반적 권력infrastructural power의 개념을 제시하였다. 만Mann은 기반적 권력의 본질이 국가가 통제권을 행사하고 통치권을 주장하는 영토 내에서 국가-사회의 협력적 관계를 통해 선택한 정책을 효과적으로 집행할 수 있는 권력이라고 주장하면서(Soifer, 2008), 그 원천은 사회에 '대한'over 것이 아니라 사회를 '통한'through 권력이라고 설명한다(Lucas, 1998). 기반적 권력은 중세와 절대왕정 이후 시민혁명의 시대를 거치며 서구사회에서 점차 정치적 권위를 갖기 시작한 시민사회와 비정부 행위자들의 역할로 인해 더 중요한 관심을 받게 되었다. 따라서 현대국가 체제는 과거보다 더욱 기반적 권력에 의존하는 경향이 강하고, 획정된 영토 내에서 중앙집권적으로 조직된 권력을 사용하기 때문에 다른 사회적 조직들보다 시민을 모니터하고 공공서비스를 제공하며 모든 수준의 경제에 큰 영향을 줄 수 있는 유리한 위치에 있다고 주장한다(Mann, 1984).

따라서 마이클 만의 기반적 권력도 국가형성 과정에서 민주주의와 관련이 적은 하향식top-down의 계층적이면서도 중앙집권적인 국가권력과 통치방식의 개념화에 더 가깝다고 볼 수 있다. 다만, 이러한 국가의 영향력은 전 영토를 관통하는 공간적인spatial 확장이라는 형태를 취하기 때문에 국가통치권의 행사도 필요로 하지만 단순히 권력의 지리적인 중앙에의 집중을 떠나 지방 규모scale에서의 집행이 필수적이다(Soifer, 2008). 또한, 국가가 그 영향력을 전 영토에 걸쳐 어떻게 권력을 지방 수준에 행사하면서 통치하게 되는지는 국가권력의 수직적·수평적 확장을 가능하게 해주는 '사회와의 유기적 연계linkage'에 대한 이해가 반드시 필요하다는 것이다.

단순히 행정적 역량이나 정치적 지지수준을 넘어서 현대국가가 결정 및 집행하고 제공하는 공공서비스는 — 예컨대 복지서비스 — 국방이나 다른 전통적인 정책분야 이상으로 사회적 부문social sector을 동원하는 것이 중요하며, 지방정부와 사회는 국가의 좀 더 깊숙한 사회로의 침투에 큰 역할을 담당할 수 있다. 그러나 기반적 권력이라는 개념을 통해 현대 국가권력의 영향력에 대한 이해를 강제력 위주의 국가기구 중심에서 사회적 영역까지 확장한 만Mann의 연구는, 결국 기반적 권력의 현실적인 행사무대가 될 지방 수준의 정부와 사회, 그리고 국가–시민사회 관계의 중요성에도 불구하고 그에 대한 적절한 설명을 제공하지 않았다는 한계가 있다. 오늘날의 사회과학자들은 대체로 21세기의 민주주의 국가들의 활동이 전통적인 정부 중심의 제도에서 시민사회의 영향을 포괄하는 복잡하면서도 역동적인 방향으로 이동하고 있는 것을 인정하고 있으며 '정부'에서 '거버넌스'로의 이동은 사실 도시와 지방 수준에서의 지방분권적 개념을 포함하고 있다(Rhodes, 1996). 지방정치와 도시정치 연구의 활발한 경향은 — 예컨대 도시레짐(Stone, 1989) — 국가통치에서 있어서 지방정부와 사회부문의 중요성을 지속해서 강조하고 있다.[7]

2. 공식 정부조직과 제도 중심의 지방 민주주의와 그 한계

그럼에도 불구하고 기존의 지방 민주주의와 정부간관계의 연구에서는 아직도 공식 정부제도 중심적 시각에서 벗어나지 못하고 있는 것도 사실이다. 예를 들면, 정부간관계론 연구의 대표격인 라이트(Wright, 1988: 39-49)는 미국식 연방주의를 설명하면서 연방-주-지방정부 간 동태적 정치·재정·행정적 관계를 기초로 3가지 모형을 제시하고 있다. 첫째, 조정형 권위모형separated authority은 정부 간의 대등하면서도 독립적인 위치에서 조정의 역할을 강조하는 모형이고, 둘째, 포괄적 권위모형inclusive authority은 연방과 지방정부 간 위계적 질서에 기초하여 지방정부가 연방정부에 의존하는 모형이며, 셋째, 중첩권위형overlapping authority 모형은 앞서 두 모형의 중간형이면서도 각 정부 간 협력이 증대됨에 따라 자율과 독립성을 존중하면서 협력하는 모형이라고 할 수 있다. 라이트Wright의 모형이 미국 연방주의 중심이라면 로즈(Rhodes, 1992)의 정부간관계 모형은 단방제인 영국을 설명하고 있다. 지방정부를 중

7 도시레짐이론은 클라렌스 스톤(Stone, 1989)이 미국 조지아주 애틀란타(Atlanta)시의 정치과정을 연구한 이후 주도적인 도시정치이론으로 등장하였다. 그에 따르면 공식적인 권력은 지방의 '정부'에 속해있으나 지방정부가 처한 재정적, 경제적 제약으로 인하여 지방기업가 등 시장과 사회의 행위자들이 거버넌스를 위한 안정적이면서도 비공식적인 네트워크를 형성, 도시를 공동으로 통치한다고 주장하였다.

앙정부에 종속된 존재로 보는 대리인agent 모형, 중앙－지방정부 모두 고유한 권능을 가지며 수평적 관계를 형성하는 동반자partnership 모형, 그리고 중앙－지방정부가 상호필요에 따라 의존하는 상호의존interdependent 모형으로 구분하면서 영국의 정부간관계를 기능적인 측면에서 이해하였다. 이와 비슷한 맥락에서 무라마츠 미치오村松岐夫는 전후 일본의 정부간관계를 설명하면서 중앙정부의 지방정부에 대한 강력한 통제에 기반을 둔 수직적 행정통제vertical administrative control 모형을, 그리고 1950~1970년대 지역개발과 관련된 이슈와 환경 및 사회복지를 둘러싼 진보적 시민운동progressive movement을 중심으로 하여 정부간관계 형성을 분석하는 가운데, 정치의 역할을 중요시하면서 중앙정부와 지방정부가 수평적 관계에서 협력과 경쟁을 하는 수평적 정치경쟁모형 horizontal political competition model을 제시하였다(Muramatsu, 1997).[8]

정부간관계의 유형 분류에서 그 관계를 결정짓는 핵심적 요소는 권한과 권력이 얼마나 중앙정부에 집중되어 있느냐에—혹은 지방으로 이양되었느냐에—달렸다고 해도 과언은 아니다. 그러나 이에 대하여, 제도적인 권한과 권력의 집중이 정부간관계를 좌지우지하는 유일한 요소인가에 대하여는 의견이 다양하다고 볼 수 있다. 앞서 로즈 Rhodes, 라이트Wright 등의 모형이 각국의 다양한 정부간관계의 이해와 비교에 공헌한 것은 사실이지만, 무라마츠의 수평적 정치경쟁 모형에서 시민운동의 역할을 언급한 것을 제외하면, 정부간관계 분류는 대부

8 이는 라이트(Wright)의 포괄적 모형, 로즈(Rhodes)의 대리인 모형과 비슷하다고 볼 수 있으며, 수평적 모형은 중첩형 내지는 동반자, 상호의존형과 유사하다고 할 수 있다.

분 공식적 정부기구와 기능 중심으로 정부간관계를 설명하려 했고, 지방이라는 정치무대에서의 정치적 역동성을 제대로 반영하지 못했다는 문제가 있다. 현대의 정책국가는 지방에서의 국가-시민 간의 수평적 및 중앙-지방의 수평적 연계linkage를 고려하지 않고는 완전한 이해가 불가능하기 때문이다. 또한, 지방정부의 중앙 정치무대에 대한 접근성access은 국가의 공공서비스 제공의 범주를 결정하는 중요한 일면인데도 불구하고 중앙적 요소의 지방에서의 역할, 지방적 요소의 중앙무대에서의 역할에 대한 고려를 체계적으로 하지 않았다는 문제도 있다(Page and Goldsmith, 1987).[9] 기존의 분류에 따르면, 중앙정부는 정책을 수립하고 지방정부에 집행을 지시할 권한, 지방정부는 행정집행에 필요한 인적·물적 자원을 보유하였으므로 상호의존한다는 기계적 분류에 가깝다는 것이다. 예컨대, 프랑스와 이탈리아의 정부간관계에서 존재하는 '겸직제도'cumul des mandats는 지방자치단체의 장 혹은 지방의회 의원이 중앙부서의 직위나 상원의원 등을 겸직하게 함으로써 자신의 자치단체에 이득을 가져올 수 있는 이해관계를 중앙무대에서 직접 표출할 수 있는 메커니즘 가지고 있다(Page and Goldsmith, 1987: 7, 100). 이로 인해 지방이익이 중앙정치에서 직접적으로 표출할 수 있는 제도적 기반을 가지게 되었다는 것이다. 단순히 기능적인 분산과 제도적 배분에 따른 중앙-지방 관계 분류로는 이러한 역동적 정부간관계뿐만 아니라

9 피카번스와 프리시텔리(Picavance and Preceteille, 1991: 5)는 지방정부만의 경제개발 노력이 기껏해야 미미한 수준 이상의 효과를 내기란 어렵다는 것은 상식에 가깝다고 주장하면서, 지방이 중요하지 않다는 것이 아니라 국가적 틀 속에서 지방정부의 역할, 지방거버넌스에서 중앙적 요소의 역할에 대한 정확하고 올바른 이해가 필요하다고 주장한다. 지방의 권력이 지방의 관점에서만 이해될 수 있는 것이 아니라는 것이다.

정당의 지방에서의 영향 및 시민사회의 역할을 그려내는 데 한계가 있다. 상위로부터의supralocal 영향과 점증하는 아래로부터의subnational 역할을 동시에 고려할 수 있는 기반infrastructure이 필요하다.

이러한 배경에서 각기 다른 계층에서의 정부의 역할뿐만 아니라 각 정부와 사회부문의 연계의 본질을 짚어낼 수 있는 다층적 거버넌스에 대한 이해가 필요하다. 굳이 초국가 – 국가 – 지방정부의 수직적, 수평적 관계가 정책결정과 집행에 있어 복잡한 정부 상호 간 관계를 만들어내고 있는 유럽연합European Union의 예를 들지 않더라도, 한 도시 혹은 지방에서 거버넌스를 구성하는 행위나 제도, 혹은 시민사회를 만들기 위한 지방적 노력은 오직 상위 수준의 정부기구 및 제도, 정책, 그리고 이해관계자와의 관계라는 큰 통치구조의 복잡한 틀 안에서 이해될 수 있다는 것이다. 이러한 복잡성을 담아낼 수 있는 이론적 틀framework의 개발을 통해 다층적 거버넌스를 이해하고자 하는 노력이 최근 등장하고 있다.

훅, 막스, 샤켈(Hooghe, Marks, and Schakel, 2010)의 지역권위지표(Regional Authority Index: RAI)가 비교적 최근의 다층적 거버넌스 틀을 이용한 지역정부 비교연구라고 할 수 있다. 이들은 지역정부가 주어진 영토 내의 주민들에게 자율적으로 권위를 행사하는 능력을 의미하는 자치self-rule와 국가 전체를 위한 권력의 행사를 공동으로 결정하는 능력을 의미하는 협치shared-rule라는 개념을 기준으로 〈표 3 – 1〉과 같은 지표를 만들어 알바니아부터 미국에 이르는 42개국의 지역정부 권위를 비교연구하였다. 자치의 경우 아래의 표에서 볼 수 있듯, 제도적 깊이에서부터 대표성에 이르기까지 다섯 가지의 차원으로 분석하고 있는데, 예를 들

〈표 3-1〉 지역 권위(Regional Authority)의 차원과 스코어(score)

자치(self-rule)	지역정부(regional governments)가 그 관할구역 내에 거주하는 주민에 대해 행사하는 권위
제도적 깊이(depth)	지역정부가 단순한 분산(deconcentration)을 넘어 자율적인 정도(0~3)
정책 범주(scope)	지역정부가 책임을 가진 정책의 범위(0~4)
재정적 자율성	지역정부가 주민에 대해 독립적으로 과세할 수 있는 정도(0~4)
차입(borrowing) 자율성	지역정부가 차입을 할 수 있는 정도(0~3)
대표성	지역정부가 독립적인 의회와 행정부 구성권을 부여받았는지 정도(0~4)
협치(協治, shared-rule)	**지역정부에 의해 행사된 혹은 지방정부의 대표(representatives)에 의해 국가수준에서 행사된 권한**
입법	지역대표가 국가입법을 공동으로 결정하는 정도(0~2)
행정통제	지역정부가 정부간관계 회의에서 국가정책을 공동으로 결정하는 정도(0~2)
재정통제	지역대표가 국가세수의 분배를 공동으로 결정하는 정도(0~2)
차입통제	지역정부가 중앙 및 지방정부의 차입제한을 공동으로 결정하는 정도(0~2)
헌법개혁	지역대표가 헌법개정을 공동으로 결정하는 정도(0~4)

출처: Hooghe, Marks, Chapman-Osterkatz, Niedzwicki, and Shair-Rosenfield(2016: 40-1)
참고: 이 연구에서 'local'이 아닌 'regional' 용어의 사용은 중앙정부 이하 하위정부(subnational)를 포괄하기 때문이다. 그러나 공동체 수준의 지방보다는 주로 연방제하의 인구 15만 명 이상의 지역 연구에 중점을 두고 있다. 스코어 코딩은 자율성이 낮은 정도에 따라 0~4까지 주어졌다.

어 제도적 깊이institutional depth는 중앙정부에서 이양되고 감시·감독(비토권)까지 받는 사무의 단순집행과 같은 자율성이 없는 경우에서부터 이양되지 않은 일반적 행정사무를 중앙정부의 감시·감독 없이 수행하는 경우까지 측정하였다.

예컨대 스웨덴의 경우, 유럽연합의 통계체제에 맞추어 21개 카운티 정부들을 릭솜라든riksområden이라고 불리는 스톡홀롬 지역, 중동부 스웨덴, 북부 스웨덴 등 9개 지역으로 나누었는데 이들 지역의 스코어가 0에 가까우며, 주로 중앙정부로부터 부여받은 권한과 책임을 수행한다.[10] 또한 경제정책, 문화 및 교육정책, 그리고 복지정책에 대하여 지방정부가 관장할 수 있는 정책의 범주도 각 국가별로 다양하지만, 캐나다와 같은 앵글로 – 색슨Anglo-Saxon 계열의 국가가 대체로 높은 스코어를 나타내었다. 중앙정부가 모든 지역의 과세기준과 세율을 정하는 경우에서부터 지역정부가 적어도 한두 가지 주요 과세기준과 세율을 정할 수 있는 재정적 자율성 스코어는 기존의 지방정부 지출수준이나 공공지출 비율만으로는 지역정부가 정확하게 어떠한 수준의 재량권을 가졌는지 이해하기 어렵다는 이유로 측정되었다. 그리고 대표성은 지역의회와 행정부가 선출되는 방식에 따라 측정되었다.

이러한 지역정부의 자치적 요소에 대한 측정에 더하여, RAI는 지역정부가 국가 수준의 결정을 중앙정부와 공동으로 하는 정도에 따라 지역정부의 권위수준을 측정하는 다층적 거버넌스적 요소(협치적 차원)를 고려하였다는 데 장점이 있다. 입법과정에서의 지역정부의 참여는 입법부에서 지역의 대표성을 가지고 있다는 의미이다. 행정통제의 경우 국가정책에 대하여 정부간관계의 측면에서 지방정부가 참여, 법적으로 실행의무가 있는 정책을 공동결정할 수 있는지를 측정하는 것으로, 행정부에서 지방이익의 대표성을 가지느냐의 여부를 판단한다. 재정통제는 지역정부가 정부간관계 교부금에 관한 결정뿐 아니라 국가 세원 배분에 관한 결정에 일반적으로 참여하여 공동결정을 할 수 있느냐의 여부를 측정한다. 마지막으로 헌법개정에의 참여는 캐나다와 같은 연

10 스웨덴을 지방자치가 매우 발달한 국가로 소개하는 다수 국내 문헌과 달리, RAI의 결과는 기존의 정부간관계 — 즉, 정부기구 중심의 분류 — 기준에 따르면 중앙통제적 요소가 매우 많음을 보여준다. 변광수 외(1995) 참조.

[그림 3-1] 지역권위지표 스코어(2010년 기준)[11]

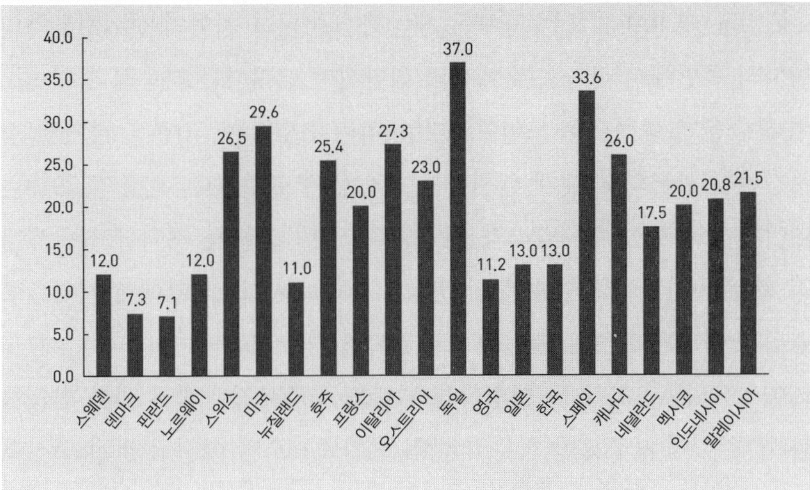

출처: Hooghe, Marks, Chapman-Osterkatz, Niedzwicki, and Shair-Rosenfield(2016)
참고: 81개국 raw data(https://www.arjanschakel.nl/regauth_dat.html)

방제에서 지역정부가 헌법개정 과정에 참여함으로써 게임의 룰rules of the game을 바꾸는 데 결정적 혹은 중요한 역할을 할 수 있느냐의 여부를 측정한다. [그림 3-1]은 한국을 포함한 일부 국가의 지역권위지표 스코어를 보여주고 있다. 예상과 달리 노르딕 국가들의 스코어는 낮은 반면, 미국, 스위스, 캐나다, 호주 등 지방자치의 원조격인 국가들은 높은 자율성 수치를 보여주었다. 최근의 중앙집권적 경향을 보인 영국과 강력한 중앙성청을 가진 일본, 그리고 우리나라는 크게 일반적으로

11 훅(Hooghe)과 막스(Marks) 교수팀은 2008년 42개국 연구에서 81개국으로 연구를 확장하여 상당수 개발도상국의 지역권위지표를 포함시켰다. RAI는 자치와 협치 스코어를 합산한 것이다. 21개국은 81개국 가운데 필자의 비교연구 목적상 임의로 선정하였다. 자세한 것은 Hooghe et al.(2016) 참조.

알려진 지식 이상의 결과를 보여주지는 못하였다. 이처럼 훅 외(Hooghe et al., 2016)의 RAI 지표는 자치적 차원뿐만 아니라 지역의 상위정부와의 협치의 측면에서 국가 수준에서의 역할까지 고려하는 다층적 거버넌스의 모습을 실증적으로 보여주었다는 의의가 있으며, 기존의 국가별 정부간관계 분류와도 대개 일치하는 모습을 보여주었다. 이들의 2010년 데이터에 따르면 과테말라와 에콰도르, 쿠바 정도를 제외하고는 세계적 추세는 시간이 흐를수록 한 방향one-direction으로 국가에서 지역으로 권위가 이전되고 있는 패턴을 보여주고 있다.

위와 같은 정치학 및 행정학을 넘나드는 정부간관계에 대한 접근들과 분류는 매우 중요한 학문적 발전을 가져왔으나 여전히 관계의 정확한 의미와 실체를 파악하기 위해서는 좀 더 면밀한 검토가 필요하다. 지역권위지표RAI 연구는 정부간관계를 다층적 거버넌스 차원으로 끌어올려 중앙과 지방정부의 좀 더 세밀한 관계에 대한 이해와 시간적, 공간적 비교연구를 가능하게 했다는 공헌이 있으나, 여전히 제도와 정부기구 중심의 분석에 그치고 있으며, '지역'이라는 개념이 토크빌Tocqueville이나 퍼트남Putnam이 주장해 온 공동체 수준의 참여와 민주주의를 이해하기에는 너무 큰 단위의 개념으로 볼 수 있다. 또한, [그림 3 – 1]에서 예상보다 낮은 스코어를 보여준 노르딕 국가와 같이 지방정부가 공공서비스 제공에 핵심적 역할을 수행하고 있는 국가들의 경우 제도적 측면의 분석만으로는 제대로 이해하기 힘들다. 결국, 중앙, 지방정부 및 사회의 역할에 대한 정확한 이해를 위해서는 공식적 정부 기구와 제도를 넘어서 다양한 정부 계층과 정부 – 사회 관계를 유기적으로 잡아낼 수 있는 개념이 필요하다. 예를 들면, 배유일과 셀러스(Bae and

Sellers, 2007)는 한국 지방정부의 개발레짐development regime 정치를 분석하면서 지방 수준의 개발정책 결정에 영향을 주는 중앙정부를 포함하는 상위정부의supralocal 제도적 영향력뿐만 아니라, 각 계층level의 정부-사회 관계, 기업의 역할 등 다층에서의 정치적 관계를 떼어놓고 지방의 결정을 온전히 이해할 수 없다고 주장한다.[12] 또한 유재원과 홍성만(2005)도 경상남도 김해시의 대포천이라는 공유재의 수질개선 사례를 연구하면서, 문제해결을 위한 주요 행위자로 등장한 중앙정부(환경부) — 김해시(지방정부) — 지역주민조직(수질개선대책위원회)으로 이어지는 상위-하위 거버넌스 네트워크 간 활발한 상호관계와 협력이 '정부우위의 시대'에 꽃핀 다층적 거버넌스 사례로써 중요한 의미를 지닌다고 주장하였다.

II. 다양한 지방분권: 다층적 지방 민주주의 모형[13]

비교정치 핵심 연구과제 중 하나는 국가형성state-building에 관한 것으로, 대부분의 연구들은 지방의 규모 혹은 계층이 국가 및 국가-사

12 도시계획학이나 지리학에서는 규모(scale)의 개념을 더 선호한다. 지방분권은 국가의 재규모화(re-scaling)로 정의된다. 그러나 본 저서에서는 규모보다는 정치학 등에서 쓰이는 '계층'(level) 개념을 쓰기로 한다. 규모의 개념이 유용한 것은 틀림없으나 무엇의 재규모화를 의미하는지는 확실하지 않기 때문에 제도적인 측면(즉, 여기서는 지방정부)의 변화를 연구하는 필자는 제도적 패턴 변화를 포괄하는 의미로서의 계층(level)을 사용한다.

13 이 부분은 Sellers et al.(2019)에 의존하였음을 밝혀둔다.

회 관계를 형성하는 데 핵심적 역할을 하였다는 것을 간과하였다. 심지어 슬레이터(Slater, 2010)는 민주국가가 아닌 권위주의 정권의 유지에 있어서도 사회적 요소가 매우 중요하다고 지적할 정도이다.[14] 특히 지방의 규모 혹은 계층의 개념은 단지 지방의 정부기구만을 의미하는 것이 아니며, 지방의 역량capacity, 즉 정부기구의 개인적, 조직적, 재정적 역량뿐 아니라, 정당, 기업, 시민사회의 연계를 포괄하는 것이다. 기존의 정부간관계 분류가 그 유용성에도 불구하고 거버넌스적 요소들을 간과하여 왔기 때문에 보다 정확하면서도 종합적인 비교분석틀을 제공하는 데 한계가 있다. 셀러스 외(Sellers et al., 2019)는 다층적 지방 민주주의(Multilevel Local Democracy: 이하 MLD) 모형을 [그림 3 – 2]와 같이 제시하며 다양한 민주주의 혹은 현대 국가의 다양한 정부간관계를 비교하는 데 있어서 1) 시민적 기반civic infrastructure과 2) 지방정부 기반local government infrastructure이라는 두 가지 축에 근거한 다층적 지방 민주주의 모형을 주장하였다. 다층적 지방 민주주의MLD의 시민적 기반(1)은 활발한 지방 시민사회와 상위규모supralocal scale 시민사회로의 통합integration과 같은 지방 시민사회의 동원화 정도와 실질적 참여의 성격을 의미하며, 이는 또한 지방 정부조직의 재정, 기획, 공공서비스 전달에 있어서 시민사회에의 의존성도 포괄한다. 이에 반해 지방정부 기반(2)은 주요 정책 영역에 있어서 지방정부의 재정적·관료적 역량뿐만 아니

14 슬레이터(Slater, 2010: 168)는 동남아 민주화를 연구하면서 권위주의 정권의 유지는 단지 충성스런 계층조직인 경찰이나 군대의 장악을 통한 강제력이나 재정력(remunerative)에만 의존하는 것이 아니라 상징적 권력이 매우 중요하다고 하면서 특히 공동체 리더(communal leaders)들의 확실한 지지가 권위주의 정권의 지속성에 필수적이라는 것을 대부분의 민주주의 연구에서 간과해왔다고 지적한다.

[그림 3-2] 지방의 기반적 권력과 다층적 관계

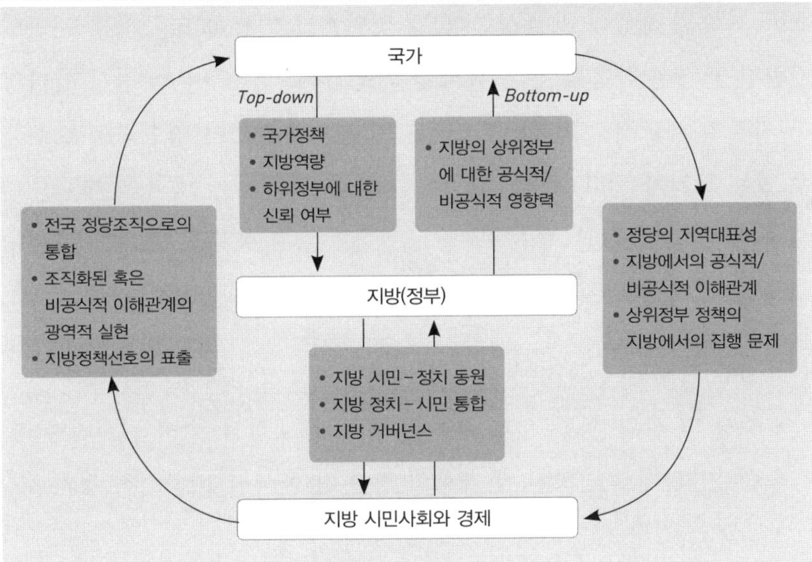

라 지방정부의 중앙정부 부처와의 밀접한 연계와 중앙의 지방에 대한 주의·감독의 정도를 의미한다. 이들은 기존의 연구들이 공식적 정부조직과 제도에 기반한 것과 달리, 정당과 기업 등을 포괄하는 의미의 시민사회의 역량과 시민사회의 다차원적 관계성이 현대 민주주의 국가의 형성에 필수적이었으며, 이처럼 기존의 하향식이 아닌 상향식 비교연구가 필요하다고 주장한다(Sellers, 2005).

국가형성에 있어서 전통적인 논의들이 국가의 최상부 엘리트들이 주도한 하향식 과정과 기반적 권력에 의존한 반면, 셀러스 외(Sellers et al., 2019)는 만Mann이 주장한 기반적 권력을 공간적으로 확장하면서, 지방의 공식적·비공식적 관계의 특징이 좀 더 광범위한 지역으로의 국가의 효과적인 '침투'penetration를 가능하게 함으로써 국가 제도형성에 중요한 역할을 해왔다고 주장한다. 거버넌스가 가능하도록 하는 지방의 기반적 권력은 다음과 같은 요소들을 포함하고 있으며, 복잡하고 다양한 지방의 제도적·기반적 요소들은 서로를 보완하며 영향력을 발휘할 수 있는 근거가 된다.

- 지방의 공식적 정부 기구와 조직
- 광역적 지방행정기관
- 지방 거버넌스 과정에 참여하는 비공식적 조직과 준정부조직
- 중앙 및 상위정부로부터 부여된 행정적·재정적·법적 권위와 한계
- 정부간관계로 명명된 각 계층의 정부 간 공식적·비공식적 정치교류
- 정당과 기타 정치조직
- 조직화한 경제적 이해관계자(예: 상공회의소, 노동조합, 경제인단체 등)
- 사회운동단체
- 종교 및 공동체 조직, 스포츠 클럽, 자선단체, 지역 친목 단체(Putnam, 1993)
- 지방 시민사회 조직의 광역 – 중앙수준supralocal level으로의 연계
- 시민사회 조직의 정부조직과의 관계 기준과 한계(예: 세금지원 등)

앞의 [그림 3 – 2]과 지방의 기반적 권력을 구성하는 요소에서 볼 수 있듯이, 다층적 지방 민주주의MLD 모형에서 국가 수준에 유기적으로 연계 및 통합된 지방의 기반적 권력은 공식적(지방정부)·비공식적(시민사회, 기업, 정당 등) 요소를 모두 포함하며, 거버넌스가 가능하도록 만드는 자원과 조직적 메커니즘을 갖고 있다. 중요한 점은 이러한 다층적 민주

주의의 제도적 기반이 국가별로 다양한 형태를 보인다는 것이다. 그러한 측면에서 MLD 모형은 한때 서구 학계를 휩쓸었던 자본주의 다양성론Varieties of Capitalism이나 에스핑–안데르센Esping-Andersen의 다양한 복지 자본주의론Varieties of Welfare Capitalism처럼[15] 다층적 지방 민주주의의 모형에도 각 국가의 정치·경제·사회적 조건과 역사적 경험을 통한 다양성이 존재한다고 주장하면서 1) 지방의 상위계층과의 수직적 관계와 2) 지방 및 상위계층에서의 정치·경제·사회적 이해관계자와 시민사회 조직과의 수평적 관계를 기준으로 세 가지 모형을 제시하였다.

〈표 3–2〉에 나타난 것처럼, 셀러스 외(Sellers et al., 2019)는 21개 선진국을 대상으로 한 연구에서, 지방의 기반적 권력이 상위 수준 정부로 수직적 통합 혹은 연계된 정도와 각 계층(국가, 지방)의 시민사회와 경제

〈표 3–2〉 다층적 지방 민주주의 모형(MLD)

상향 수직적 통합 정도 / 수평적 참여와 통합 정도	높음	낮음
높음	국가화 모형 (I) (Nationalized)	시민-지방 모형 (II) (Civic-Localist)
낮음	엘리트 모형 (III) (Elitist)	지방-엘리트 모형 (IV) (Local-Elitist)

출처: Sellers et al.(2019)

15 자본주의 다양성론은 시장기제의 제도적·사회적 배태성(embeddedness)과 상호보완성을 근거로 세계의 자본주의 체제를 자유시장 경제체제(Liberal Market Economies)와 조율된 시장경제체제(Coordinated Market Economies)로 구분한다(Hall and Sosckice, 2001). 에스핑–안데르센(Esping-Andersen, 1990)은 복지국가 체제가 각 나라의 정치·사회·경제적 조건에 따라 역사적으로 형성된다고 주장하며 앵글로–색슨 국가 중심의 자유주의적 복지 자본주의(Liberal), 독일 등 유럽대륙 중심의 조합주의적 복지 자본주의(Coordinated), 북유럽 중심의 사회 민주적 복지 자본주의(Social Democratic)라는 세 가지 이념형을 제시하였다.

적 이해세력과의 관계, 그리고 지방 정치조직의 수평적 참여와 통합 정도를 기준으로 국가화 모형(I), 시민 – 지방 모형(II), 지방-엘리트 모형(III) 등 세 가지를 이념형ideal types을 제시하였다. 먼저 MLD는 민주주의 국가를 기준으로 하므로 수직적 통합수준은 높은 대신, 수평적 통합 정도는 낮아 엘리트 모형(III)은 지방 거버넌스가 하향식으로 중앙에 의하여 집행되는 형태이며, 중앙정부가 지방의 행위를 좌우하고, 지방 수준에서의 참여와 수평적 연계는 제한되는 권위주의 국가들의 전형적인 예로써, 서구 선진국 및 OECD 국가에서는 찾아보기 힘든 유형이다. 물론 엘리트 모형은 신생 민주국가에서도 심심찮게 발견될 수 있다. 아래에서는 각 MLD 지방 민주주의 모형과 대표적인 예를 살펴본다.

1. 국가화(Nationalized) 모형

국가화 모형(I)은 그 명칭에서 주는 느낌과 달리, 중앙과 지방 간의 대립 혹은 명령·통제가 아닌 조화와 협력을 특징으로 한다. 주로 네덜란드를 포함하여 스웨덴 등 대부분의 노르딕Nordic 국가들의 다층적 민주주의의 특징으로 볼 수 있으며, 지방 거버넌스가 국가 차원의 정책과 목표에 부합되도록 조직화한 정치·경제 및 시민적 이해관계에 의하여 주도되는 모형이다. 지방 거버넌스를 위한 기반적 권력은 국가의 정책목표 및 참여와 통합을 이루어내는 주요 정치적 공간이자 수단이다. 국가와 지방은 제도적 관계상 유기적으로 통합되어 있으며, 국가 정책결정자는 국가정책을 지방 수준에서 처리하도록 시 정부에 책임을 부여한다. 국가의 조직들은(예컨대 정당) 지방 수준의 정치와 거버넌스에서 시민들의 이해관계를 구현하도록 노력하며, 다른 한편으로는 지방의 이해관계와 관심을 국가와 상위수준의 정치무대에서 반영할 수 있도록 한다는 것이다. 한편으로는 국가적 조직과 기구가 지방 수준에 깊숙이 파고들 수 있도록 허용된 반면, 국가 정책결정자들도 지방의 결정자들을 신뢰하고 국가적 목표를 지방 수준에서 실행할 수 있도록 독립적 권위를 부여한다. 국가화 모형에서는 정부 간 신뢰가 매우 중요한 요소로써, 상위정부는 중요한 책임을 하위 지방정부에 이양하는 대신, 지방정부도 중앙 및 상위정부의 적극적 개입을 용인할 수 있도록 한다. 이처럼 국가조직과 풀뿌리 공동체 조직의 강한 연계는 이타적이면서도 보편적 복지정책의 실현과 강화를 가능하게 했다는 것이다.

국가화 모형에 부합하는 가장 가까운 예는 노르딕(북유럽) 국가와 네덜란드가 꼽힌다. 특히 스웨덴의 경우 다른 서구국가에서 찾아보기 힘든 독특한 정부간관계와 다층적 민주주의를 실행하는 국가로서, 중앙-주-군 3계층으로 이루어진 입헌군주제 국가이다. 지방정부는 중앙정부의 행정적 하부조직으로 존재하며, 주지사와 주의회는 중앙정부에서 임명되고, 이들이 임명한 주 행정위원회에 의하여 지방정부의 행정을 감독하고 다층 간 협력관계를 유지할 수 있도록 한다(변광수 외, 1995). 또한, 중앙정부의 지방행정기관 역할을 하는 국가 주 집행위원회가 존재하고 있다. RAI에서도 나타난 것처럼 지방정부의 구성에서 중앙정부의 역할이 매우 크다고 볼 수 있다.

그러나 이처럼 중앙의 비중이 상당한 데 반하여, 국가화 모형으로서의 스웨덴 지방 거버넌스와 민주주의는 상대적으로 강한 멤버십(당원)을 가지고 있는 전국정당이 이끌어가고 있다고 해도 과언이 아니며, 예컨대 약 95%의 주의회Langsting 의원들이 전국적으로 조직된 정당에 소속되어 있다. 이들은 중앙정부의 복지정책을 지방에서 집행하는 주요 행위자이자 국가의회에서 지방의 이익을 대표하기도 한다. 지방정부의 의사결정에 공식적 지방정부 조직의 행위자는 물론, 노동조합, 지역대표 등 민주적 참여의 제도화가 이루어져 있다. 또한, 스웨덴 지방자치단체연합회Swedish Association of Local Authorities and Regions는 국가정책결정의 초기 단계에서 지방의 이익을 옹호하는 역할을 하며, 시사적 문제에 대한 정보를 자치단체에 제공하기도 하고, 시 정부 관료들의 교육도 담당한다. 특히 이 연합회에서 정당이 차지하는 역할이 매우 크다(Sellers et al., 2019). 결론적으로 국가복지의 균등한 분배와 삶의 질 향상이라는 국가목표의 달성을 위해 공식적인 관계는 물론 비공식적인 국가-사회관계, 중앙-지방 관계가 매우 밀접하게 연계된 것으로 볼 수 있으며, 상호 간 신뢰를 바탕으로 지방의 이해관계가 충실히 반영된 국가정책의 집행이 이루어진다고 볼 수 있다. 지방의 권한과 책임이 중앙으로부터 부여되는 반면, 중앙의 신뢰를 바탕으로 지방정부의 행정적 자율성이 보장된 국가라는 것이다(변광수 외, 1995: 170, 175). 결국, 오늘날 북유럽 복지국가는 중앙-지방-시민사회의 강한 유대(수평적)와 중앙-지방정부 간 높은 수준의 신뢰(수직적)를 바탕으로 이루어져 왔음을 알 수 있다.

2. 시민-지방(Civic-Localist) 모형

시민-지방 모형(II)은 주로 앵글로-색슨 계열의 영미권 국가와 스위스가 속한 모형으로 지방의 시민사회가 거버넌스에서 중요한 역할을 한다. 지방 수준에서의 체계적이고도 광범위한 참여를 바탕으로 설립된 시민–지방 모형에서의 지방정부는 거버넌스에서 상당한 책임을 지고 있음에도 불구하고, 상위수준의 정부에서 상대적으로 제한된 권력과 역량을 부여받았으며, 정치적, 정책적 결과를 생산해내기 위하여 지방 시민사회의 동원에 의존하는 모습을 보여준다. 국가적 수준의 정당이나 이해관계자보다는 커뮤니티 내 시민의 자발적 결사체associations들이 지방 거버넌스를 위한 의제를 설정하는 경향이 강하다. 국가화 모형이 국가 수준에서의 대표성과 지방 거버넌스 수준에서의 합의 및 균형을 중시한다면, 시민–지방 모형은 도시나 커뮤니티 내 권력의 동원을 특징으로 하며, 이에 따라 중앙–지방 간 일관된 정책적 연계는 부족하고, 지방정부의 상위수준의 정부에 대한 제도화된 커뮤니케이션 경로가 상대적으로 약하다고 볼 수 있다. 비슷한 맥락에서 연방정부나 주 정부와 같은 상위정부로부터의 간섭은 다른 모형에 비교해 그 범위에서 매우 제한적이며, 특정 사무나 정책의 범주에 그치는 경우가 많다. 이처럼 시민–지방 모형은 정치적 혹은 시민적 참여가 매우 강하고 제도화된 국가에서 나타난다고 볼 수 있으며, 미국을 비롯하여 캐나다, 호주 등이 비교적 명확하게 이 모형에 속한다고 볼 수 있다.

풀뿌리 민주주의로 알려진 나라이자 아래로부터의 민주주의를 실현해 오고 있는 가장 오래된 연방제 전통을 가지고 있는 미국은 정작 헌법에 지방자치에 대한 보장이 존재하지 않지만, 연방헌법 1조 8절에 따라 전쟁선포권, 과세권, 조약체결권 등과 같은 명시적 권한을 제외하고는 적어도 법적으로 연방정부가 주 정부와 지방정부에 직접적으로 개입할 여지는 크지 않다고 보는 것이 다수의 견해이고, 오히려 주 정부가 광범위한 정책형성권을 보장받았다고 보는 것이 법적인 해석이다

(유은정, 2010: 261). 헌법에 명시적인 규정이 없기 때문에 미국의 지방자치는 역사적으로 대법원 판례 등을 통하여 형성되어 왔는데 예컨대 주정부 – 지방정부의 관계에 있어서 지방 주민에게 통상적 범위를 넘어 권리를 제한하는 입법을 할 경우 주 정부의 권한이 제한적으로 인정된다는 딜론의 법칙Dillon's Rule과 토머스 제퍼슨Thomas Jefferson 등의 저작에 비추어 주 헌법이 제정된 배경들을 생각하면 지방정부가 지역 공동체와 시민들의 요구에 부응하고 편의를 제공할 수 있는 더 좋은 위치에 있기 때문에 지방정부 고유의 자치권이 보장되고 소위 자치헌장Home Rule을 만들 수 있다는 쿨리 독트린Cooley Doctrine 등의 대립을 통해 발전되어 왔다.[16]

토크빌을 비롯하여 여러 비교정치학자의 관심을 끌어온 미국 지방 민주주의의 특징은 바로 광범위한 주민참여라고 볼 수 있다. 무엇보다도 미국의 지방주민들은 다른 나라에 비교해 평균적으로 3년에 한번 시장이나 시의원을 선출할 정도로 선거에 더 노출되어 있으며, 시의원의 경우 시차제로 선출하기 때문에 2년에 한번 선거의 기회가 있다(UCLG, 2008). 상당수 주州의 경우, 시의원, 시장, 독립 학교구 이사회, 지방판사 등 선출직 공무원을 뽑기 위한 선거뿐 아니라, 세금인상이나 지방채 기채 등 주요 정책에 대한 주민투표도 인정되고 있다. 자치헌장을 도입한 지방정부의 경우, 주민발의initiative, 주민투표referendum,

16 노리스(Norris, 2016)에 따르면, 주 정부 선출직 공무원들도 지방정부의 결정과 행정에 개입하기를 꺼리는데, 무엇보다 그들 스스로가 대부분 지방정부에서부터 경력을 쌓으며 정치적인 성장을 해온 사람들이기 때문에 지역구 주민들의 역량에 대한 이해가 충분하며, 지역구 주민들도 지방 수준에서의 자율적 해결 가능성에 대한 믿음이 있기 때문에 타당한 이유 없이 지방사무에 개입할 경우 다음 선거에서의 당선을 장담할 수 없기 때문이라고 한다.

그리고 주민소환resident recall이 잘 보장된 편이며, 이는 직접 민주제의 모형인 스위스에 버금갈 정도이다. 물론, 이론상 주민발의, 주민투표, 주민소환제도가 허용되는 주 가운데 실제로 실행하는 예를 자주 찾기는 어렵다고 볼 수 있으나, 이밖에 다른 형태의 주민참여도 매우 활발하다고 볼 수 있다. 예를 들면, 주민들이 지방정부 기관의 각종 자문위원회에 참석하거나, 도시계획 등의 공청회에 참가기회를 부여받고 있으며, 시민의 필요와 정책문제에 대해서 선출직 대표로부터 직접 듣고 피드백을 제공할 기회가 있다는 것이다. 이에 따라 국가와 사회를 연결하는 역할을 하는 정당은 주나 연방 수준에서의 조직과 선거운동에 초점을 맞추고 있으며, 대부분의 지방선거에서 공식적 역할을 하는 것이 금지되어 있고, 시민들은 지방에서의 문제들을 자신 스스로 해결해 나가는 데 익숙하다(Norris, 2016). 이러한 환경 속에서 미국의 지방 민주주의는 시민 지향적civic-oriented 지방 정치지도자가 오랫동안 바뀌지 않은 지방행정 체계 속에서 공동체와 깊은 관계를 맺으며, 정파적 이해와 이념, 집단정치가 지배하는 연방과 달리 편향없는 자원배분을 하는 '관리적 민주주의'managerial democracy라고 일컬어진다(Oliver, 2012).

미국의 지방정부는 기본적으로 지방 공공서비스를 자율적으로 선택하고 제공할 권한과 책임을 지고 있다. 그러나, 상위정부로부터 —주로 주 정부— 제한된 권한과 재원을 받은 것도 사실이기 때문에 공공서비스 제공을 위한 충분한 재원 마련에 어려움이 있다. 더군다나 최근 점증하고 있는 재정지원 없는 상위정부에서의 위임unfunded mandate이 증가추세여서 지방정부의 재정적 안정성에 위협을 주고 있다(UCLG, 2008). 비록 지방 수준에서의 자율적 문제해결을 위한 시민사회의 조직화 수준도 활발하고 유의미하며, 지방정부와 유기적으로 통합되어 있지만, 상위(연방, 주)－하위(지방) 계층 간 유기적 연계는 상대적으로 약한 미국에서 조직화된 시민운동도 궁극적으로 지방에서 소외된 계층까지 대표하기에는 한계가 있다고 볼 수 있다. 이에 따라 많은 자율권과 자치에 기반한 민주주의에도 불구하고 국가화 모형에 비해 지방정부의 성과는 낮은 편이다.

3. 지방 엘리트(Local Elitist) 모형

앞의 〈표 3－2〉에서 상위정부와의 수직적 통합정도와 사회부문과의 수평적 참여·통합에서 모두 낮은 수준을 보이는 지방 엘리트 모형(IV)은 엘리트 모형(III)과는 달리 어느 정도 지방정부의 역할과 지방에서 특정 수준의 민주주의를 상정하는 모형이라고 볼 수 있으며, 정부 혹은 사회경제적 엘리트가 — 예컨대 정부 공직자, 정당, 강력한 이익집단 등 — 거버넌스에서 중심적인 역할을 하는 상당수 민주주의 국가에서 관찰할 수 있다. 정치·경제·사회적 엘리트들은 정부부문과 시민사회에서 중요한 직위를 차지하고 있으며, 특히 로컬 거버넌스에서 '주인'principal의 역할을 한다.

엘리트 중심적인 지방 엘리트 모형의 공통적인 요소는 국가나 지방 엘리트들이 권력을 강화하고 그들에 대한 도전으로부터 보호하는 메커니즘이 존재한다는 것이다. 제한된 지방선거의 기회, 소수 엘리트가 지배할 수 있도록 짜여진 지방에서의 선거규칙, 지방 정책결정 과정의 불투명성, 그리고 시민참여 기회의 부족 등 기존의 수직적인 거버넌스 구조가 변화되기 어렵도록 설계되어 있다는 것이다. 또한 각종 법적규제와 제한적인 재정·제도적 지원으로 인하여 지방 수준에서 시민사회의 조직화를 위한 역량도 부족하고 광범위한 시민들의 참여를 저해한다. 이 때문에 사회 엘리트 계층 간 특권적 관계나 후견주의clientelism가 성행한다.

다른 한편, 국가와의 계층적인 수직적 관계와 달리, 지방 엘리트와 국가의 공직자들은 국가정책에 유기적으로 통합된 지방 거버넌스 네트워크에 의존하는 경향을 보인다. 상위정부가 지방 수준에서 정책결정이나 공공서비스 제공의 상당 부분을 담당하며, 중앙정부의 관료들은 행정적 계층과 공무원제도를 통해 지방의 사무를 감독하는 권한과 충분한 역량을 소유하고 있다. 공식적 정부기구 밖에서는 후견주의적 관계와 비공식적 네트워크를 통해 지방 엘리트가 중앙정치와 정책결정에 접근할 수 있는 통로를 제공하고 있으며, 국가의 정책은 고도로 조직화된 정당이나 이익집단 대신, 지방 및 국가 수준의 사회적 이익의 통합을 위하여 엘리트 집단에 더욱 의존하고 있다(Page and Goldsmith, 1987). 이러한 관계에도 불구하고 국가 정책결정자들 가운데 지방정부에 대한 신뢰는 낮은 편이며, 이로 인해 법적-행정적 집권화 경향이 두드러진다고 볼 수 있다. 마지막으로 조직화된 시민참여 통로가 부족하기 때문에 지방의 안건은 주로 지방 엘리트의 이익에 부합하도록 한정되고, 프랑스의 경우처럼 국가의 지방행정기관 혹은 겸직제도 등을 통하여 부분적으로 지방의 이해관계를 국가 정부 기구에서 대표하는 채널도 존재하지만, 지방 선출직의 시민에 대한 책임성accountability은 상대적으로 낮다고 볼 수 있다.

유럽이나 일본과 같은 국가에서 지방 엘리트 모형의 특성이 두드러지게 나타나지만, 개발도상국의 지방 거버넌스와 국가-사회관계를 설명하는 가운데서도 관찰된다(Bardhan, 2002). 그러나, 점차 이러한 수직적이면서도 엘리트 중심적인 정부간관계와 거버넌스 형태는 많은 도전에 직면하게 되었다. 제1장에서 언급한 대로, 전 세계적인 지방분권개혁의 물결은 유럽대륙과 일본에서도 예외 없이 시민들에게 좀 더 많은 선택권을 부여하고 국가-지방정부로 하여금 시민에 대한 책임성을 강화하는 방향으로 진행되어 왔기 때문이다.

최근의 지방분권개혁에도 불구하고 지방 엘리트 모형에 가장 근접한 국가는 프랑스로 볼 수 있다. 18세기 말 대혁명 이후 프랑스는 자코뱅당Club des Jacobins의 중앙집권적 독재와 나폴레옹의 등장으로 인한 왕정복고 등 본래 유럽에서 가장 중앙집권적 전통이 강한 국가로 알려져왔다. 대혁명 시대부터 유지되어 온 100개의 데파르트망département, 주과 3만 6천 개에 달하는 코뮌(communes, 최하위 지방행정구역)은 지방 공동체의 이익을 반영하기보다는 중앙정부의 지역통제를 위한 수단에 불과하였다. 심지어 1945년 전후에는 프랑스식 발전국가를 통한 경제성장과 회복으로 주변 유럽국가들에 전형典型이 되기도 하였다(정원칠·김선혁, 2007). 전후 강력한 중앙정부는 경제개발과 사회보장체제를 구축하고, 가스나 전기 등의 유틸리티 서비스의 국유화를 진행하며 중앙집권적 경향을 더욱 강화시켰다. 1946년 헌법 등에서 국가기관의 계선系線조직격인 지방장관 프레페préfect의 역할을 제한하여 대도시와 레지옹(Région, 광역) 지방정부의 지위와 권한을 강화하려는 움직임이 있었으나 실행에 실패하였고, 1982년 미테랑Mitterrand 좌파정부에 의하여 지방자치에 관한 40여 개의 복잡한 법체제를 정비하는 작업에 돌입할 때까지 지방정부의 역할은 극히 제한된 사무와 책임만을 담당하였다. 프레페는 국가경제계획 내에서 지방의 공공투자에 관한 결정들을 조율하였으며, 중앙정부 부처관료와 지방정치인, 지방 사회경제적 엘리트의 조력을 받았다(Hooghe, Marks, and Schakel, 2010). 중앙집권적 경향은 실제로 공공지출 수준이나 인력의 전문성 등 여러 지표에서 나타난 것보다 더욱 강하였고, 특별보조금이나 재정권을 통해 지방정부를 통제하였다는 것이다(Picavance and Preteceille, 1991).

그러나 제5공화국(1958년) 이후 급격한 사회경제적 변화를 경험한 프랑스는, 도시화의 혁명으로 인해 기존의 중앙집권적 체제로는 주택문제, 공공서비스 확대요구, 사회기반시설의 부족과 밀려드는 이민자 문제 등을 해결하기 어려웠으며, 당시의 지방체제도 새로운 변화를 헤쳐나갈 수 있는 동력이 부족하였다. 결국 1980년대 초반, 사회당이 집권하면서 지방에 근거를 둔 세력들이 중앙에 진출하기 시작하였고, 1982년 개혁을 통해 지방자치단체의 자유로운 행정을 보장하게 되었으며, 1995~2003년에는 우파인 자크 시라크Jacques Chirac와 니꼴라 사르코지Nicholas Sarkozy 정권을 거치며 헌법에 국가의 조직이 분권화에 기초함을 명시하고, 지방에서 할 수 없는 사무만을 상위정부가 대체한다는 보충성의 원리를 천명하였다(정원칠·김선혁, 2007: 187-188). 이후에도 지속적으로 지방행정체제 개편을 단행하며 광역정부와 기초정부 모두 현대화와 효율화를 통해 경쟁력을 높이는 전략을 채택해 오고 있다.[17] 이처럼 프랑스의 지방정부는 19세기 이후, 선거 민주주의, 산업화, 현대적 관료체제, 복지국가, 그리고 지방분권개혁과 최근의 디지털 혁명에 이르기

17 자세한 사항은 전훈(2016), '프랑스 지방자치의 새로운 변화' 참조.

까지 다양하고도 상당한 수준의 변화를 겪어왔으며, 100여 년의 중앙과 지방세력의 대립 이후 중앙집권은 마침내 서서히 약화되었고, 어느 유럽국가보다 빠르게 지방을 강화하는 개혁을 진행해오게 되었다.

그러나 프랑스를 '지방 엘리트 모형'의 대표적인 국가로 분류하는 이유는 최근의 개혁에도 불구하고 여전히 많은 부분에서 중앙집권적 요소들을 찾아볼 수 있을 정도로 중앙정치의 전통이 유산으로 남아있으며, 중앙–지방 간 사무배분 자체도 아직 명확하다고 보기 어렵기 때문이다(이승종 외, 2008). 첫째, 1980년대 초반 진행된 지방분권개혁에 지방분권의 최종적 수혜자인 시민의 '사용자'로서의 권리에 대한 명확한 규정이 부재하며, 여전히 정부 엘리트 위주의 지방행정 체제임을 짐작해 볼 수 있다(Picavance and Preteceille, 1991). 심지어 남부 프랑스의 지역 미디어들은 앙시앵 레짐Ancien Régime 시대부터 교회 리더들, 귀족들, 관료들로 구성되었던 명사회名士會, Assemblée des notables에서 유래한 '지방 명사들'이라는 단어를 지방 선출직들을 칭하는 데 흔히 사용하고 있다(Sellers et al., 2019). 둘째, 프랑스 지방자치단체제의 가장 큰 문제점은 지나치게 많은 숫자의 소규모 자치단체로 인한 협력의 문제였다. 중앙정부에서는 지난 세기 동안 지방정부의 통폐합을 위해 노력해왔으며, 마침내 1990년대 말부터 각 지방정부의 저항에도 불구하고 좀 더 강화된 재정적 자율성과 과세권을 가진 도시공동체Communautés Urbaines 등 광역단체(조합)들이 설치되었다. 이들은 도시계획이나 공공교통, 사회기반시설 등에서 종전의 지방자치단체들과 달리 전문성과 재원을 가지게 되었으나 여전히 이들 공동체의 의회council는 선거가 아닌 중앙에 의해 임명되어 민주적 정통성이 부족하다는 비판이 있다. 셋째, 프랑스 정치인의 영향력은 얼마나 많은 공직을 중앙과 지방에서 '겸직제도'를 통해서 맡을 수 있는가와, 지방의 정책과정을 통제하는 동시에 중앙의 결정과정과 자원에 접근할 수 있는가에 달려있다고 해도 과언이 아니다(Page and Goldsmith, 1987). 최근의 지방분권개혁을 통해 두 개 이상의 정부직위와 지방자치단체장을 맡지 못하도록 개정하였으나 여전히 프랑스 의회 의원 상당수가 지방정부에서 직위를 겸직하고 있으며 이를 통해 지방에서의 영향력을 강화하고 있다(Pinson and Le Galès, 2005).

이처럼 최근의 지방분권개혁을 통해 중앙정부는 여전히 국가정책을 결정하고 집행할 수 있는 충분한 역량을 가지고 있지만, 이제는 직접 개입하는 대신 우선순위를 정하고 그것을 달성할 수 있도록 절차를 정의하는 역할에 주력하며, 지방정부는 그 목표를 위해 필요한 수단을 받아들이는 관계로 변화하였다. 그럼에도 불구하고 프랑스 지방의 엘리트들은 지방에서 자신들의 이해관계를 보호하고 후견주의적 네트워크를 통해 오히려 지방사회에서의 자기강화self-reinforce를 할 수 있는 기제를 소유하고 있으며, 여전히 중앙과 유기적으로 결합된 모습을 보여주고 있다.[18]

일본의 경우는 엘리트의 중앙-지방에서의 역할과 후견주의적 관계, 재정적 집권성을 고려하면 지방-엘리트 모형에 가깝지만, 지방역

---

18 프랑스 신임 마크롱(E. Macron) 대통령의 선거공약 중 하나가 지방에서 후견적 관계를 부추길 수 있는 선거구자금(constituency fund)의 폐지로, 하원에서 압도적 우세로 통과되었으나(2017), 상원에서 거부되었다. 여전히 겸직을 하고 있는 엘리트들의 지방에서의 후견주의가 강하다는 방증으로 보인다. Reuters(2017), 'France's Parliament Approves Bill to Clean up Politics', https://www.reuters.com/article/us-france-politics/frances-parliament-approves-bill-to-clean-up-politics-idUSKBN1AP290.

량과 시장의 지위는 대체로 강한 편이고, 상위정부에서의 감시·감독은 다른 지방 – 엘리트 모형 국가들(예컨대 프랑스, 스페인, 그리스 등)보다는 약하기 때문에 변형된 형태라고 볼 수 있다. 전후 일본정치를 특징짓는 속칭 '1955년 체제'는 1993년 호소카와 연립정권에 의하여 자민당이 여당지위를 잃을 때까지 일당체제를 구축하며 국가경제발전과 정책과정을 주도하였으며 가장 큰 특징으로 후견주의와 중앙주도형 재정구조를 들 수 있다.

첫째, 일본은 1993년 연립정권의 주도적 정치세력인 다케무라 마사요시(武村正義, 전 사키가케 대표), 호소카와 모리히로 전 총리, 이가라시 고조(五十嵐廣三, 사회당) 등 친지방분권적 인사들이 등장한 이후, 특정 정책분야의 권한·재원분배에 이해관계를 가진 족의원族議員과 중앙성청 관료들의 강력한 반대에도 불구하고 1999년 지방분권특별법과 2003년 삼위일체특별법을 통과시키며 중앙 – 지방 간 관계를 개선하려고 노력해왔다(Furukawa, 2002; Nakano, 2010). 그러나, 이 법안 통과 이전의 '1955년 체제'는 중앙정부의 지방자치단체에 대한 포괄적인 지휘감사권이 존재하였으며, 지방정부는 국가 전체의 통치시스템 내에 자리 잡고 있었다. 또한, 기관위임사무를 통해 국가 사무를 지방자치단체가 대신 수행하도록 함으로써 사실상 국가정책의 집행기관의 역할을 할 수밖에 없었다는 것이다. 더 중요한 것은 지방의 중앙정치에 대한 종속문제이다. 1955년 체제 하에서 자민당 정치인들은 지방에서 자신들의 당선을 뒷받침할 수 있는 조직을 구축하고 선거구의 강력한 이익단체들의 지지를 받는 데 몰두해왔다(Curtis, 1999). 지역구에서의 행사, 결혼, 장례 등을 통한 지역사회에서의 개별 네트워크 구축은 물론 선거자금 모금의 상당 부분을 차지하는 지역 후원회後援會는 후견적 관계를 형성하는 데 중요한 역할을 하였다. 1994년 소선거구제 도입과 비례대표제 강화를 골자로 하는 선거개혁 이후에도 후원회를 통한 지방의 정치적 자원의 동원은 지속되었으며, 국가 정당인 자민당은 지방에서의 역할이 거의 없었다고 해도 과언이 아니다(Krauss and Pekkanen, 2010).

둘째, 일본의 정당체제는 선진국들의 정당과 비교할 때 이념적 색채와 정책지향이 약하지만, 개인적 인연이나 자신의 지역에 물질적 이익을 가져다줄 수 있는 후보 개인에 대한 충성에 의한 투표에 의지해왔다는 것이다(Richardson, 1997). 이러한 특징은 세계대전 이전이나 이후 모두 일본에서 지속되어온 특징으로써, 특히 농어촌 지역에서 강세를 보인 자민당 의원들은 정보독점과 예산배분 권한을 이용, 자신들의 지역구 주요 이해관계자들인 농협農協과 같은 농민단체, 중소기업, 그리고 성장산업이 없는 지역에 공공사업public works 지원 및 자금융자, 보조금 등의 지원을 하며 지지표와 교환정치를 해왔다는 것이다(최은봉, 2000).

셋째, 중앙의 정치인들이 지역구 사정에 밝은 지방 정치인들을 선거운동에 있어 가장 의존해 오는 경향이 있었다는 것이다. 이 경우 지방 정치인들에게 돌아간 교환이익은 중앙에서 내려오는 보조금과 지방의 이해관계를 지방 정치인들을 대표해 중앙정치에 반영하는 것이었다(Scheiner, 2006: 73). 이처럼 후견주의와 집권화된 국가재정은 지방이 중앙정부에 의존하게 하는 주요 요인으로 작용하여왔다. 지방-엘리트 민주주의 모형이 대개 그러한 것처럼, 1990년대 이후 일본 시민사회의 동원화와 조직화가 급속도로 진행되고 있지만, 중앙정치세력에 위협을 주지 않는 비정치적, 사회복지적 기능 위주의 시민단체들이 주로 성장해오도록 유인제도 구축을 통해 — 즉 'NPO Law'로 불리는 특정비영리 활동촉진법(2000) — 유인하였다.[19]

일본의 경우 이처럼 메이지유신 이후 지속된 중앙집권적 전통이 급속한 경제개발 시대를 거치며 중앙성청 관료의 역할이 두드러진 반면, 집권당인 자민당은 지방에서의 조직적 활동은 약한 대신 의원들이 지역구에서 개별적으로 조직한 후원회와 후견적 네트워크를 통한 지방의 정치적 자원의 동원에 의존하였다.[20] 반면, 자치적 사무 외에 법률로 위임된 법정수탁사무와 기관위임사무를 집행하며 중앙의 지방행정기관의 역할을 담당해왔고, 이로 인해 다른 지방 – 엘리트 모형 국가들과 달리 지방정부의 지출수준이 상당히 높은 편이다. 중앙의 위탁사무를 집행하며 지방정부의 역량 또한 향상되어왔고, 지방자치단체의 장 또한 상당히 독립적인 위치를 차지해왔다. 이렇게 볼 때, 일본은 지방 – 엘리트 모형에 가깝지만, 국가화 모형도 꽤 존재하는 하이브리드hybrid 모형으로 분류할 수 있다.

4. 다층적 민주주의 의미와 현대 '정책국가'의 탄생

앞서 살펴본 것처럼, MLD 모형에서는 자본주의 체제나 복지국가체제 논쟁과 같이 지방 민주주의에도 다양한 모습들이 존재하고 있다.

19 페크넌(Pekkanen, 2006)은 일본의 시민사회가 '이중적'(dual)이라고 주장하면서 일본 지방에서는 정내회(丁內會)와 같은 근린주민조직이 많이 조직되어 있으며 사회자본의 축적에 많은 영향을 끼치고 있지만 정작 상대적으로 작은 규모와 부족한 전문성 및 근무자 부족으로 국가의 정책논쟁에서의 영향력이 적다고 주장한다.

20 강재규(2012: 116-117)에 따르면 일본의 지방선거는 대도시 일부의 경우를 제외하고는 무소속의 출마 경향이 강하다. 최근에는 독립적인 지방자치단체장들을 중심으로 지역 정당의 가능성도 등장하였다.

〈표 3-3〉 다층형 민주주의 국가 분류

국가화 모형 (하이브리드)	덴마크, 스웨덴, 핀란드, 네덜란드, 노르웨이 (오스트리아, 독일, 일본)
시민-지방 모형 (하이브리드)	호주, 캐나다, 뉴질랜드, 미국, 스위스, 아일랜드, 영국 (네덜란드)
지방 엘리트 모형 (하이브리드)	프랑스, 이탈리아, 벨기에, 그리스, 스페인, 포르투갈, 일본, 독일, 오스트리아 (영국, 아일랜드)

〈표 3-3〉에 제시된 것처럼, 몇몇 예외적 사례를 — 일본, 독일, 영국과 같은 하이브리드hybrid 모형 — 제외하고는 대체로 일반적으로 이해되고 있는 각 국가의 민주주의와 중앙-지방관계, 국가-사회관계를 잘 반영하고 있다. 특히 전 세계적 지방분권의 유행에도 불구하고 각 국가들이 처한 정치, 경제, 사회적 특성을 잘 반영하여 지방 민주주의의 다양성을 보여주고 있다. 또한, 헌법이나 지방자치관련 규정 등 제도적인 요인만으로는 정확한 지방 민주주의의 모습을 갈무리하지 못할 수 있다는 것이다. 예컨대 위에 설명한 일본의 경우 역사적으로 중앙집권적인 국가형태로 발전될 수밖에 없는 상황이었으나 지방정부의 역량과 기능은 다른 지방-엘리트 모형 국가들에 비해 높은 편으로 국가화 모형의 요소가 존재한다. 노르웨이는 국가화 모형에 속하며 지방자치단체의 정책에서의 역할이 꽤 두드러짐에도 불구하고 헌법에 전혀 지방자치에 대한 규정이 존재하지 않는다. 독일의 경우, 전체적으로 지방-엘리트 모형에 해당하지만 연방정부Bund의 지방정부에 대한 재정적, 행정적 감시와 통제는 다른 국가에 비교해 상대적으로 낮은 편이며, 사회민주당Sozialdemokratische Partei Deutschlands 같은 전국구 정당도 후견주의적 개인 관계에 의존하는 것이 아닌 조직화한 정당으로 국가-시민

사회를 연계하는 역할을 해왔다. 또한, 전형적인 조합주의corporatism적 자본주의 모형으로 중세 길드guild의 전통도 내려오고 있고, 사회 조직화가 지방사회에 밀집되어 발달하였으며, 기업과 노동조합의 참여가 전통적으로 활발하게 이루어지는 등 시민적 전통도 높았다. 그러나 노르딕 국가의 사회복지 모델이 된 비스마르크Bismark 독일의 사회개혁과 복지정책의 확대 이후 중앙집권화 경향을 보이게 되며, 지방의 역할이 점차 축소되는 결과를 가져왔다.[21] 마지막으로 MLD 지방 민주주의 모형에 속한 국가들은 고정되어 있지 않으며, 갈수록 세계화 속의 거시경제 관리, 복지정책과 같은 국가 핵심분야의 효율적 집행을 위해, 중앙정부 및 광역정부의 역할이 점차 커지고 있다는 것이다. 그러나 이것은 일방적인 하향식 관계가 아닌 협력collaboration의 차원으로 볼 수 있다.

결국 지방 민주주의에 있어서 MLD가 함의하고 있는 바는 1) 지방 민주주의의 경로의존성path-dependency과 2) 민주주의 – 삶의 질의 관계에 있다. 첫째, MLD 모형의 국가들의 특징은 단지 현대 지방 민주주의만을 묘사하고 있는 것이 아니라, 각 국가가 거쳐온 역사적 경험과 제도들이 근대화와 국가형성과정을 거치며 현대적 체제로 편입되었다는 것이다. 국민국가nation-state가 처음으로 출현한 유럽의 경우, 중세도시

21 독일은 나치 정권의 극심한 중앙집권체제를 경험한 후, 전후 연방이 입법을 주도하고 주(Länder)에 행정권을 주어 균형을 맞추어 왔으며 지방 – 엘리트 모형 국가들 가운데 상대적으로 높은 지방자치 수준을 나타내어왔다. 그러나 전후 60여 년간 중앙집권화와 분권화의 경향을 반복적으로 보여주었으며, 환경정책, 자원관리 등의 특정 정책분야에서는 집권적 경향을, 교육분야에서는 분권화 경향을 보이는 등의 변화가 있었으나 전체적으로는 정치적, 문화적으로 통일성(uniformity)을 중시하는 정치지도층에 의해 중앙집권적 경향이 있어왔다. 주의 재정적 자율성은 후퇴한 부분이 없지 않으나, 간헐적 지방분권개혁(2006, 2009)으로 지방정부 자율성이 크게 후퇴하지는 않은 것으로 보인다(Kaiser and Vogel, 2017).

와 공동체적 요소들이 국가형성에 일정 역할을 감당해왔다. 봉건영주들은 자신들의 봉건 영토 내에서 치안과 지방 공공재를 제공하는 방법들을 찾아왔고, 중세교회의 교구들과 수도원들은 지역공동체에서 종교적 의식을 관할하는 한편 극빈자와 병자들을 위한 서비스를 제공해왔다.[22] 근대 이전 국가들은 또한 전문적 행정체제가 부재하였기 때문에 국가는 사회부문과 일반 지방시민들에 — 즉 기반적 권력에 — 일정 부문 기댈 수밖에 없었다. 중세유럽과 일본 등에서는 중세 계층구조와 사회적 질서가 절대왕정과 초기 국가형성과정에 편입되며 귀족 등 일부 중세적 신분계층을 제외한 다수의 일반 시민들이 현대국가의 주요 행위자로 등장하는 데 장애가 된 반면, 영국, 스위스 등에서는 중세 절대국가와 달리 중앙집권적 권력에 대한 일정 수준 제한이 있었고, 소규모 자산가나 자유민들이 공동체의 삶 가운데 중추적 역할을 담당하였다. 덴마크나 스웨덴 등 북유럽국가의 경우에는 중세 유럽질서와 달리 자유농민들이 지방행정이나 중앙에서 제도적으로 참여를 보장받았다. 이러한 중세, 초기 근대의 경험들이 비록 절대적인 영향은 아니지만, 근대 민주주의 형성과정에서 무시할 수 없는 역할을 하였고, 현대국가의 민주적 제도와 실천에서도 그 유산들을 발견할 수 있다.[23] 결

22 이는 독일을 가톨릭교회가 전통적 가족구조 보존에 전념했던 영향을 받은 보수적 복지 자본주의(conservative welfare capitalism)으로 지목한 에스핑-안데르센(Esping-Andersen, 1990)의 인식과 상응한다.

23 예컨대, 시민-지방 모형의 국가인 영국에서는 보통법(common law) 전통, 지방장관(sheriff) 제도, 지방회의(local assemblies) 등이 현대국가에 배태되어(embedded) 있다는 것이다. 지역에서 영향력 있는 소작농이나 소규모 토지귀족인 젠트리(gentry) 계급들도 지방 수준에서의 거버넌스에 참여할 수 있었으며, 이들의 대표자들이 국가 수준에서 국가나 지방 엘리트들의 독점을 방지할 수 있었다(Sellers et al., 2019).

국, 근현대 국가형성 과정에서 국가－사회 행위자의 역할, 국가 민주화 여부, 수직적 계층제 존재 여부, 시민의 참여 가능성 유무, 도시화 정도 여부 등의 변수들이 각국에서 다른 제도적 선택으로 이어졌으며, 결과적으로 이러한 역사적 맥락이 일정 부분 경로의존으로 작용하면서 현대에 중앙집권－지방분권, 엘리트 중심－시민 중심 등 지방 민주주의의 다양화로 발전되었다는 것이다.

두 번째, MLD 모형들이 지방 민주주의에 주는 함의는 현대국가의 '정책국가화'policy state 경향이다. 오어와 스코로넥(Orr and Skowronek, 2017)은 현대국가에서의 정책이 역사적으로 단지 변화하는 환경에 대응하고 국가를 통치하기 위한 수단에 불과한 것이 아니라, 점차 국가의 기능을 복지, 교육, 경제, 공공안전, 환경 등에 이르기까지 잠식해 왔으며, 급기야 '국가운영의 존재이유'raison d'être가 되어왔다고 주장한다. 국민의 만족도, 삶의 질, 후기 물질주의적 가치postmodern values 등에 관하여 최근 등장하기 시작한 연구들은 서구 선진국에서의 국가 개입주의 혹은 큰 정부의 궁극적 목표로 국민의 공공복리 증진과 삶의 질 향상을 상정하고 있다는 것이다. 사실 삶의 질이나 만족도는 주관적인 개념으로 주로 사회심리학 등의 영역에 속하여 왔으나, 경제적 성장이 삶의 만족도에 미치는 영향이 한계가 있는 것으로 드러남에 따라 다른 요인들을 찾으려는 노력이 진행되어 왔으며, 6차례에 걸쳐 진행된 세계가치조사(World Values Survey, 1980~2014)와 각 지역의 바로미터조사Barometer Surveys 및 기타 연구성과들은 이러한 경향을 대변한다. 우리나라에서도 정부가 국민의 삶의 질에 영향을 준다는 연구들이 등장하기 시작하였다(배정현, 2014). 특히 이 정책국가화 경향이 주는 함의는 각

국가가 여러 계층의 지방에서 각기 전통과 제도에 따른 기반적 권력을 통하여 전 영토에 걸쳐 깊숙이 통치권을 행사함으로써, 다양한 MLD 지방 민주주의 모형들이 각기 시민들의 삶에 만족을 주는 정책의 질과 성과에 가져다주는 차이를 보여주었다는 점이다(Sellers et al., 2019).

정책국가의 출현은 현대 복지국가의 확대와 더불어 국가화 모형에 속한 국가들의 정책적 성과를 더욱 돋보이게 한다. 비록 국가 수준의 민주적 기제와 제도의 도입은 다른 선진국에 비교하여 늦었으나, 지방 시민사회의 다층적 수준에서의 정치통합, 정당 등 사회와 정치조직의 수직적 통합의 정도, 다양한 정책영역에서의 높은 지방정부의 역량 등의 조건은 중앙-지방의 거버넌스가 유기적으로 통합된 정책국가의 출현을 촉진하게 되었으며, 가장 야심찬 복지국가의 모습을 갖추게 되었다. 지역권위지표RAI를 응용하여 유럽국가의 지방 자율성을 측정한 라드너 외(Ladner et al., 2016)의 연구에서도 핀란드, 스웨덴, 덴마크, 노르웨이는 1990~2014년의 기간 동안 항상 최상위를 유지하였다. [그림 3-3]의 공공지출public expenditure 수준은 정책국가의 성장과 중앙-지방 거버넌스의 유기적 연계구조의 결과를 보여주는 데이터이며, 노르딕 국가들은 공공부문이 차지하는 지출규모와 지방정부의 지출규모 모두 높은 수준을 보여주어 중앙-지방의 유기적 관계를 통한 효과적인 정책 수행능력을 짐작할 수 있게 한다.

반면 지방 엘리트 모형의 대표적 국가인 프랑스와 이탈리아 등은 공공지출 규모 대비 지방의 지출은 낮은 편으로, 지방정부 역량과 신뢰수준 부족으로 정책국가로서의 기능은 주로 중간단계intermediate 정부 등 상위정부에서 수행하는 형태로 발전되어 왔다. 지방자치의 원조이

[그림 3-3] 정책국가화 경향: 공공지출과 지방의 역할

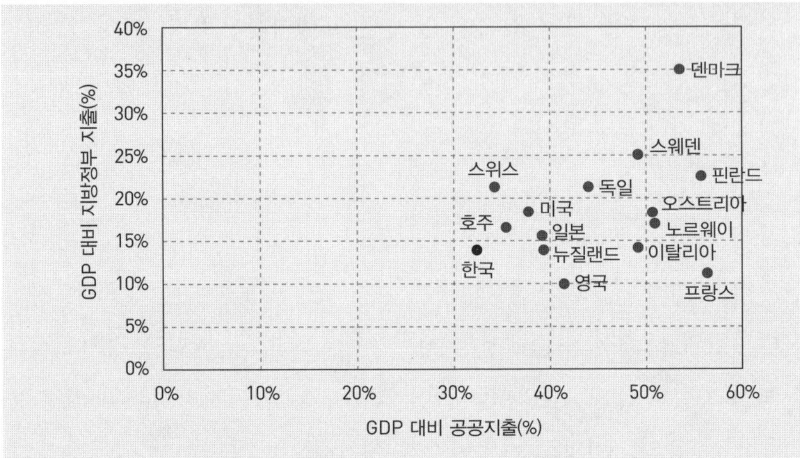

출처: OECD(2018), *Subnational Governments in OECD Countries*.

면서도 중앙집권적 요소를 많이 가지고 있는 영국이나 미국 등 시민-지방 모형도 주 정부 수준에서 새로운 정책들을 담당, 집행하는 경향이 있었다. 두 모형 모두 국가화 모형에 비교해 낮은 수준의 지방 거버넌스와 지방의 정치대표성(정부-의회)에 대한 부족한 신뢰가 정책국가화 과정에서 지방보다는 상위정부의 역량강화를 선택하는 경로에 이르게 되었다. 프랑스, 이탈리아, 독일 등 몇몇 지방-엘리트 국가는, 공공지출 수준은 높은 편이지만 지방에서의 지출은 꽤 오랫동안 낮은 수준을 유지해왔다. 최근 프랑스의 지방분권 개혁에도 불구하고 지방 수준의 지출은 OECD 평균에도 미치지 못하며, 지방지출의 1/3을 차지하는 지방 인건비지출은 OECD 평균의 절반 수준에 불과하다.[24] 한국

24 OECD, Regional Development Country Profile 참조, https://www.oecd.org/regional/regional-policy/profile-France.pdf.

[그림 3-4] 지방수입과 지방세 비중(%)

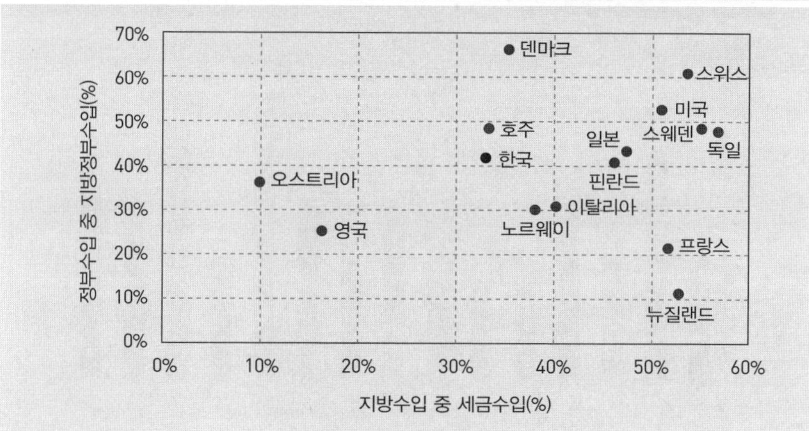

출처: OECD(2018), *Subnational Governments in OECD Countries*.

의 경우 공공부문 지출뿐만 아니라 지방에서의 지출수준 또한 상대적으로 낮은 편으로 지방정부의 공공정책에서의 역할이 취약하다고 볼 수 있다.

[그림 3-4]는 재정적 자율성을 간접적으로 측정할 수 있는 자주재원으로서의 지방세수를 나타낸다. 국가화 모형의 덴마크는 공공부문 지출수준도 높은 대신 지방수입 중 지방세와 보조금 비중 모두 큰 편이며, 2007년 개혁 이후 사회복지에 관한 조직, 재원 등이 지방정부로 이양되어 더 큰 역할을 감당하게 되었다(Kresl and Ietri, 2010). 지방정부의 총수입과 지방 총수입 중 지방세 수입보다 보조금grant 수입에 더 의존하고 있는 오스트리아(지방-엘리트 / 국가화 모형)와, 시민-지방 모형의 국가에 속하지만, 중앙집권적인 영국과 같은 예외를 제외하고는 대체로 MLD 모형에 상응하는 수준을 보인다. 우리나라의 경우 자주세원

[그림 3-5] 지방수입 중 보조금 비중(%)

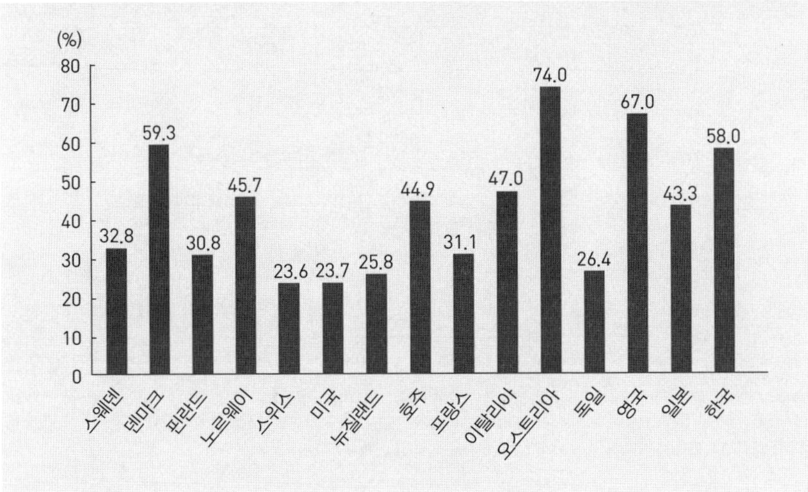

출처: OECD(2018), *Subnational Governments in OECD Countries*.

인 지방세 수입보다 국고보조금 등 상위정부의 지원에 더 의존하고 있는 경향을 보이고 있다[그림 3-5]. 국세와 지방세의 비율로 고려하면 1970년대 90%에 달하던 국세비중이 상당 부분 줄어들었음에도 불구하고 1991년 지방의회의원선거 실시 후에도 여전히 20% 초반대에 머물고 있을 정도로 재정적 자율성이 제약되어 왔다. 동일 기간 미국이 44.5%, 독일이 49.1%인 것을 고려하면, 한국의 지방은 정책국가적 기대치에 못 미치는 수준에 머물러 있다고 보아야 한다(e-나라지표).

〈표 3-4〉에 나타난 지방정부의 기능별functional 지출수준은 지방정부가 담당하는 정책과 기능들을 나타내는 것으로 반드시 지방 민주주의의 수준을 나타내는 것은 아니지만, 현대 정책국가화 경향과 더불어 등장한 새로운 기능이 국가 혹은 지방에 속하게 되는가의 여부는

〈표 3-4〉 지방정부의 기능별 지출수준(%)

	교육	사회보장	일반행정	보건	경제	기타
스웨덴	5.1	6.6	2.6	6.7	1.5	1.9
덴마크	3.1	19.7	1.2	8.4	1.3	1.2
핀란드	4.1	6.0	4.0	5.8	1.6	1.4
노르웨이	3.9	4.6	1.4	2.2	1.6	2.5
스위스	5.6	4.1	3.3	2.2	2.7	3.1
미국	5.7	0.9	2.2	4.6	2.6	2.3
뉴질랜드	0.0	0.0	1.1	0.0	1.2	1.9
호주	3.5	1.2	1.8	4.1	2.4	3.3
프랑스	1.7	2.2	2.2	0.1	2.2	3.1
이탈리아	0.9	0.7	2.0	6.9	1.9	2.0
오스트리아	2.9	3.9	2.7	4.6	2.3	1.4
독일	4.5	5.3	4.8	0.5	2.5	3.2
영국	2.9	3.8	0.8	0.2	1.0	2.0
일본	2.8	4.0	1.7	1.9	2.2	3.0
한국	3.8	2.2	2.3	0.6	2.5	2.3

출처: OECD(2018), *Subnational Governments in OECD Countries*.

그 나라에서 지방정부의 위치와 역량을 가늠할 수 있는 기준이 될 수 있다. 예를 들면 교육, 특히 초등교육은 대부분 국가에서 통일적인 시민교육과 재생산, 그리고 일괄적인 정책집행을 위해 국가의 역할이 큰 비중을 차지해왔다. 따라서 지방정부가 담당할 수 있는 교육 관련 기능은 대체로 1) 학교 기반시설 제공, 2) 학교운영, 3) 교사의 채용, 4) 식당, 기숙사 등 시설운영을 들 수 있는데, 많은 국가에서 한두 가지 특정 기능만을 담당하는 반면, 노르딕 국가들은 네 가지 모두 대부분 책임을 지고 있는 상황이다. 덴마크는 사회보장정책에 있어서 재원조달에 대한 책임까지 지방정부가 담당하고 있을 정도이다. 독일 등 하이브리드 국가의 지방정부들은 빈곤과 싸우기 위한 사회보장정책 성과가 자유주의적 기반의 미국이나 다수의 시민－지방 모형 국가들보다 꽤 높은 수준을 보여왔다. 이와 유사하게 뗄렌(Thelen, 2014)은 현대 노동시장 제도의 변화를 추적하며 스웨덴, 덴마크, 미국, 독일 등을 비교한 결과, 독일, 프랑스 등과 같은 조정된 자본시장coordinated market 모형의 국가에서보다 덴마크 등의 국가에서 직업교육 및 창출, 그리고 성장산업 지원 등에 있어서 더 나은 성과를 거두어왔다고 지적한다.

이러한 다양한 지방 민주주의 모형은 앞으로 기존의 정부간관계와 지방 민주주의론의 한계를 드러내 보여주면서, 우리나라가 처한 상황과 위치를 정확하게 파악하고 앞으로 나아갈 방향을 제시하여 준다. 지난 10여 년간 정부간관계와 지방 민주주의에 대한 관심이 높아지면서 학술적으로도 많은 발전이 이루어져왔다. 특히 RAI 학파의 전 세계 80여 개국의 60년간의 기록과 데이터를 축적한 것은 결코 무시할 수 없는 공헌이라고 볼 수 있다. 그러나, 앞서 [그림 3－1]의 데이터에 따른다면, 현재 전 세계에서 가장 잘 작동하는 민주주의이자 복지사회를 구현하고 있는 덴마크와 스칸디나비아의 국가들을 제대로 이해할 수 없게 된다. 또한, 현대 정책국가화와 더불어 다양한 지방 민주주의 체제는 제도의 도입과 권한 및 재원 배분 자체를 목표로 하는 것이 아니라 권한과 자원의 이상적인 배분·이용을 통해 국민의 만족도를 얼마나 높이느냐를 의미하는 '효과적 국가'effective state 달성 여부를 고려해야 한다. 그렇다면 가장 좋은 성과를 보여온 국가화 모형은 중앙과 지방이 제로섬 게임으로 분권을 하는 것이 아니라 유기적으로 수직적·수평적으로 통합 및 연계되어 있어야 한다는 점에서, 거버넌스는 그 유용성과 목적뿐만 아니라 시민들이 그들이 살고 있는 공동체에 대하여 느끼는 유대감solidarity에 몰입되어야 한다는 RAI 학파의 거버넌스에 대한 후기 기능주의적postfunctionalist 인식과 궤를 같이한다(Hooghe et al., 2016: 17).

Ⅲ. 한국의 다층적 지방 민주주의와 경로의존: 변화와 지속

1949년 처음 제정된 지방자치법에 의거, 대한민국 역사상 처음으로 도입되었던 지방자치제는 1961년 군사쿠데타를 계기로 전면적으로 폐지되었으나, 민주화 이후 재도입을 요구하는 목소리가 높아짐에 따라 우여곡절 끝에 1991년 지방의회의원선거를 계기로 다시 시작되었다. 이제 민선 자치단체장과 지방의회 의원선거 6기를 거치며 한국의 지방 민주주의는 한편으로는 지역주민들의 선호와 요구에 맞는 정책과 행정집행을 위해 지속적으로 제도적 개선과 변화를 도모해왔다. 그러나 다른 한편, 과거의 경험과 중앙집권적 전통에서 유산으로 전해져 온 요소들이 더 효과적인 지방 민주주의 실현을 여전히 저해하는 요인으로 남아있기도 하다. 과거의 어떠한 경험과 결정이 오늘날 한국의 지방 민주주의의 심화에 장애요소로 남게 되었는지, 또 어떻게 극복할 수 있을 것인지를 논의하기 전, 앞서 살펴본 다양한 지방 민주주의 측정 기준에 따라 한국의 중앙-지방 관계의 현실을 객관적으로 적시해보는 것은 몇 가지 관점에서 매우 중요하다. 첫째, 대부분의 한국 지방자치 관련 연구에서 '왜' 지방자치를 해야 하는가에 대하여 거의 천편일률적으로 제임스 브라이스James Bryce의 '민주주의를 위한 최고의 학교이자 성공적 민주주의의 보증'(민주주의 학교론)과 같은 논리나, 존 스튜어트 밀 John Stuart Mill의 '지역사회 위주의 행정'효율성 등과 같은 고전적 가치에 논거를 두고 있다. 그러나 트레즈먼(Treisman, 2007)이 지방분권 논거들의 현실적 타당성 여부를 실증적으로 검증한 결과 이들이 결코 당연하게 얻어지는 가치가 아님을 보여주었듯이, 실제로 국가별 지방 민주주의에서는 다양한 결과들이 나타날 수 있다. 둘째, 앞서 다층적 지방 민주주의 모형에서 살펴본 바와 같이 국가마다 지방의 기반적 권력은 다양한 제도와 경험, 그리고 역사가 있음을 알 수 있다. 실제로 한국의 지방분권은 중앙정부 주도로 이루어져 왔기 때문에 제도개혁 과정에서 중앙집권적 사고가 완전한 제도변화를 저해하는 요소로 작용해왔다(하혜수, 2007). 또한, 급속도로 발전하고 있는 정보기술과 통신의 발달, 고령화 사회, 이주민의 증가, 세계화 등 새로운 환경과 사회적 조건들이 국가 거버넌스의 지역사회로의 공간적 확장에 있어 어떤 의미와 결과를 가져올 것인지, 또 19세기 미국 사회에 기초한 지방분권의 논리들과 어떤 충돌을 가져올 것인지 불확실하다는 것이다. 이러한 측면에서 전영평의 일갈은 매우 중요하다.

> "자치 논거에 대한 검토 결론은 '지방자치가 민주주의, 효과성, 경쟁, 다양성과 같은 가치를 인과적으로 초래하는 조건'이 아니라 오히려 그러한 가치를 반영하는 제도라는 것이다. 그렇다면, 지방자치는 왜 해야 하는 것인가? 필자의 견해로는 '지방자치를 왜 해야 하는가?'라는 질문보다는 '지방자치는 어떻게 되어왔는가?'라는 질문이 더 맞는 것 같다."
>
> – 전영평, 2008: 249

그렇다면 한국은 어떤 지방자치를 해왔는가? 지방자치 실시 후 30년이 가까워지며 한국 지방에서의 민주주의의 성과와 과제를 평가하는 연구들이 증가하였다. 부정적인 인식이 많은 것도 사실이지만 지방정부의 서비스 개념 및 현장의 도입과 지역 간 경쟁을 통한 발전이라는 측면(김동욱, 2010), 중앙정치 논리의 지방개입 차단과 안정적·창의적인 지역발전 도모(육동일, 2010), 주민의 수요와 선호에 맞는 밀착형 지방행정 서비스 제공(이용환·송상훈·이현우, 2013), 그리고 지방의회의 지위 향상과 활성화를 통한 민주시민성 훈련과 참여증진(김순은, 2011) 등 적지 않은 성과를 이룩하였다. 제도적인 측면으로는, 무엇보다도 지방주민의 대표기구인 행정부와 의회를 직접선거를 통해 선출함으로써 지방 민주주의의 기본적인 틀을 갖추었다는 것과 주민들의 직접적인 참여통로를 보장하는 주민발안, 주민투표, 주민소환, 주민소송, 주민감사 등 보완적인 직접민주주의 제도가 정비된 점을 들 수 있다. 지방정부의 재정적 지원을 위해서는 국가균형발전회계를 도입하였고(2005), 지방양여금을 폐지하는 대신 부가가치세의 5%를 지방소비세로 전환하였으며, 특별교부세 및 분권교부세를 꾸준히 증가시켜왔다. 또한, 지방재정 통제의 주요수단으로 사용되어온 중앙부처의 예산편성지침을 폐지하고(2005), 지방채를 한도 내에서 발행할 수 있도록 함으로써 지방재정운영의 자율성을 증진해왔다. 무엇보다도 정보공개조례(1992년 청주시의회)와 주민참여예산 도입(2003년 광주광역시 북구) 등 몇몇 정책과 제도들은 '아래로부터의' 이니셔티브를 통해 국가수준으로 확산되어 지방의 역량이 확대되어왔음을 간접적으로 보여주었고, 서울시와 몇몇 광역자치단체장 선거에는 전직 국무총리 등 거물급 정치인들이 출사표를 던지거나 혹은 반

[그림 3-6] 국가공무원 수 대비 지방공무원 수 국제비교(%)

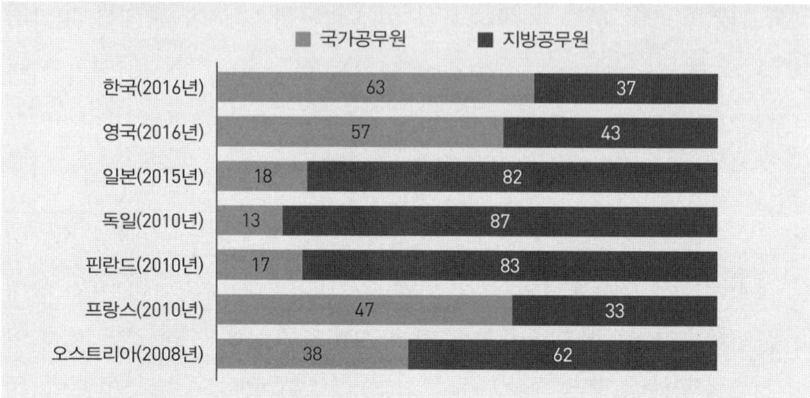

출처: 인사혁신처(2017), 〈인사혁신통계〉; 일본 人事院(2016), 〈FY 2015 Annual Report〉; 영국 통계청, Ministry of the Presidency(2010).
참고: 프랑스는 보건인력 제외. 한국은 군인 제외.

대로 광역단체장 출신이 중앙부처의 중요 직책에 기용되는 경우가 증가하고 있으며, 심지어 대통령후보로 출마하는 예도 늘어나고 있다.[25]

그러나, 긍정적인 변화에도 불구하고 여전히 많은 개선과제가 남아있으며, 특히 중앙과 지방 간의 사무분배(7:3)와, 공무원분배(6:4, [그림 3-6]), 재원분배(8:2)는 중앙부처의 지방역량에 대한 변치 않는 불신과 무관심을 나타낸다고 볼 수 있다(김순은, 2015). 또한 지방정부에서 요구하는 특정 사무에 대한 이양작업이 부진하였고, 중앙정당의 지방선거에 있어서 공천권 행사를 둘러싸고 논란이 끊이지 않아 왔으며, 지방정부가 중앙의존적 행태를 보일 수밖에 없는 상황이 지속되어 왔다.

---

25 19대 대선의 경우 주요 4정당 본경선 통과 후보자 14명 중 5명이 현직 지방자치단체장, 2명이 전 도지사 경험자였으며, 18대 대선은 주요 9명의 후보자 중 5명이 전·현직 지방자치단체장이었다.

[그림 3-7] 지방재정자립도

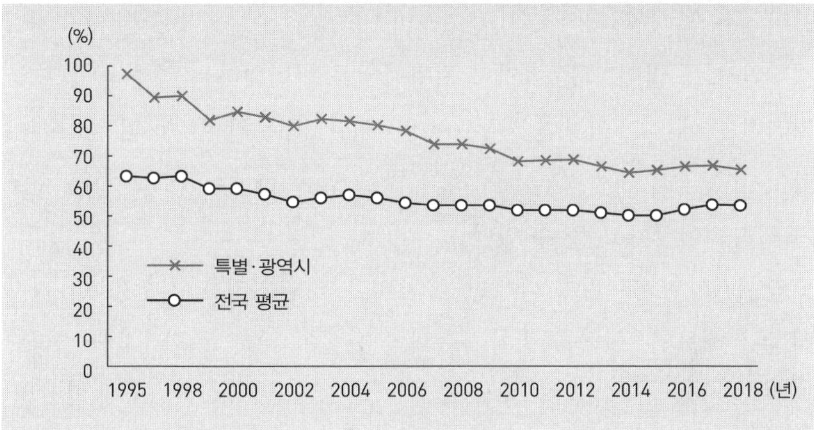

출처: 행정안전부(2018), 〈2018년도 지방자치단체 통합재정 개요〉
참고: 재정자립도(%)=(지방세+세외수입)×100/일반회계 예산규모

지방자치제 재출범 이후 지방자치단체장과 지방의회의원들의 비리는 끊임없이 증가하여 지방 시민들로 하여금 지방자치제 자체에 대한 회의감이 들게 하였으며, 재정적 측면에서도 지방정부가 복지정책의 주요 집행자로 등장하면서 지방재정을 압박하기 시작하였다(손희준, 2014). [그림 3-7]과 같이 오히려 지방자치제 시행 이후 지방재정자립도는 지속해서 하락추세를 보여왔다.

이런 가운데 문재인 정부에서는 2018년 6월 지방선거와 함께 '지방분권형 헌법'으로의 개정을 추진하며 수도권과 지방이 상생할 수 있는 국가발전전략을 마련하고자 하였다. 대통령 개헌안에 따르면 "대한민국은 지방분권국가를 지향한다."(제1조 제3항)라는 선언적 의미의 헌법 조항 신설과 함께 지방정부 권한의 획기적 확대, 주민참여 확대, 그리고 지방분권 관련 조항의 신속한 시행 등 국정운영의 기본방향을 지방분권에 집중하는 의지를 보여주었다.[26] 그러나 유럽 주요국가의 정부간관계를 분석한 페이지와 골드스미스(Page and Goldsmith, 1987)가 '지방정부가 일을 많이 하는 국가가 지방자치를 헌법화하는 경향이 있다.'고 지적한 것에 비추어보면 사무, 예산, 권한, 공무원 수 등 많은 부분에 있어서 한국의 지방정부는 오히려 많은 일을 할 수 없도록 하는 구조가 정착되어왔다고 볼 수 있다.

앞서 [그림 3-1]에 나타난 한국의 지역권위지표 지수를 더 자세히 분석해보면, 한국 지방자치단체의 현실이 더욱 두드러지게 나타난다.[27] 자치self-rule 기준을 중심으로 5가지 지표를 측정한 RAI에 따르면, 한국은 정부기관의 단순한 지역적 분산이 아닌 하나의 자율적 단체라는 제도적 자율성의 측면에서 조직권, 인사권 등에 관하여 중앙정부(행정안전부 장관)의 승인이 요구되고 지방조직 수의 상한선이 있다는 점(2/3점), 지방정부가 중앙정부로부터 위임된 권한으로 경제정책, 문화-교육정책, 복지정책 등을 집행할 책임을 지고 있다는 점(3/4점), 세율조정에 있어 제한된 권한만 가지고 있다는 점(1/4점), 지방채 차입에서 중앙정부가 정한 한도 내에서 자율권을 가진다는 점(1/3점), 그리고 독립적인 입법부(지방의회)와 행정부(지방자치단체)를 가지고 있다는 점(4/4점)에서 많은 한계를 가지고 있다(총 11/18점). 다른 한편, 협치shared-rule의 기준에서는 국가의 입법과정에서 지역의 대표성이 없다는 점(0/2점), 개별 지방자치단체에는 인정되지 않지만, 지방자치단체의 전국적 협의체

26 자세한 내용은 청와대 홈페이지 참조(https://www1.president.go.kr/articles/2684).

27 자치(self-rule)와 협치(shared-rule)의 측정지표에 관한 자세한 내용은, RAI 프로젝트 codebook을 참고(https://www.arjanschakel.nl/data/RAI_region_scores_2015_codebook.pdf).

는 지방자치에 직접적으로 영향을 끼치는 법령 등에 관한 의견을 행정안전부 장관에게 제출하는 것이 허용되고(지방자치법 165조, 1/2점), 중앙정부의 정책에 의하여 지방자치단체에 비용이 발생할 경우 지방재정부담심의회(2011년 신설)를 통해 간접적으로 협의가 가능하다는 점(1/2점)에서 국가정책에 제한적으로만 참여가 가능하다. 또한 지방채 차입제한에 관하여 지방정부가 주기적으로 정부와 협상할 수 있는 위치에 있지 않다는 점(0/2점), 그리고 헌법개정 과정에 있어서 지역 대표가 참여할 수 있는 위치에 있지 않다는 점(0/2점)에서 협치적 측면에서도 지방정부의 역할은 매우 제한되어 있다는 것을 알 수 있다(2/10점).

공식적 제도 측면에 관심을 가진 RAI의 한계를 고려, 기반적 권력을 감안한 MLD 모형에 따라 해석해보면, 한국의 지방 민주주의는 프랑스, 이탈리아 등과 함께 지방-엘리트 모형에 가까우면서도 다른 모형과 특성을 함께 하는 하이브리드적 요소도 있는 것으로 보인다. 첫째, 〈표 3-3〉의 기준에 의하여 상위정부와의 상대적으로 낮은 수준의 유기적 통합정도를 고려하면, 한국의 중앙정부가 지방 수준에서의 정책결정이나 공공서비스 제공에 있어서 상당 부분을 감당하며, 중앙부처의 관료들은 1990년대 말 이후 지방정부의 성장을 경험하기는 했으나 여전히 수직적 관계와 감시·감독권, 재정적 통제를 통해서 지방을 효과적으로 통치하고 있다. 지방사무는 전체 사무의 30%선에 그치고 있으며, 그나마 지방사무의 상당수는 국가기관이 지방에 위임하여 집행하도록 하는 국가위임사무에 해당한다. 지방정부 조직권과 인사권은 중앙정부행정안전부의 승인이 요구되며, 도의 부지사, 시의 부시장은 중앙정부에서 임면권을 행사하고 있다. 또한, 지방자치법 155조부터 159

조까지의 규정은(9장 국가의 지도·감독) 상위정부의 장(행정안전부 장관, 시도지사)이 하위정부의 사무에 대하여 감사요구, 시정명령 등을 통해 자치행정권을 제한하는 규정으로써 중앙 - 지방의 수직적 관계를 드러내는 단면으로 볼 수 있다.[28] 그리고, 재정적 측면에서 지방의 재무를 상위정부에 보고할 의무는 물론 제한된 과세권으로 인해 재정적 자율성이 제약을 받고 있다. 특히 지방자치단체의 세수는 재산관련 과세가 절반을 넘어 국가의 부동산정책과 경기 연동성으로 인해 재산과세의 증감에 큰 영향을 주어왔으나, 지방의 의견은 실질적으로 반영되어왔다고 보기 힘들다(홍성익·김유찬, 2016). 또한, 지방정부의 재정건전화를 위해 세율조정이 제한적이나마 허용되지만, 지역시민들의 반발이 예상되고, 세율을 올릴 경우 중앙정부로부터의 보조금에 영향을 주기 때문에 선뜻 조정에 나서기가 힘든 구조적 제약조건을 가지고 있다. 마지막으로 앞서 지적한대로 지방 - 엘리트 모형의 특징인 중앙정부의 지방정부에 대한 신뢰수준 또한 매우 낮다(한국행정연구원, 2002).

지방수준에서의 국가 - 사회관계에 관한 수평적 네트워크는 지방자치제도 시행 이후 매우 활발해진 것은 사실이지만 '누가 지배하는가'에 관한 질문에 대하여는 지역 엘리트로 제한된 거버넌스 네트워크를 지적하지 않을 수 없다. 무엇보다도 지역 시민의 대표자로 이익을 대변해야 할 지방의회는 지방의 행정 - 입법부 관계에서 '극강'의 지방자치단체장에 종속되어 있다고 보아야 할 것이다(심대평, 2014). 정당이 최장집(2013: 130)의 표현대로 일반 시민들의 정치참여 기회를 제공하고, 사회의 균

28 심지어 시도 소관으로 이관된 119 사무의 경우 비상시 소방방재국장은 국가직인 관계로 도지사를 거치지 않고 중앙정부로 보고하는 예도 매우 흔하게 볼 수 있다는 것이다(인터뷰, 경기도청 공무원, 2015년 2월 15일).

열과 갈등을 대표하고 조직하여 선거에서의 승리를 통해 그들의 권익을 실현하는 민주주의의 핵심이라고 본다면 국가 수준뿐만 아니라 지방 수준에서도 낮은 수준의 조직력과 영향력을 지녔다고 볼 수밖에 없으며, 특히 지방은 중앙에서의 이익을 위해 동원되는 형태를 보인다(강재규, 2012: 111). 공천권이라는 지방의회 의원의 생사여탈권을 가진 전국정당은 지방의 이익을 대표하기에는 역부족이라는 것이다. 이 때문에 같은 지역에서 대표자로 뽑힌 국회의원과 지역 엘리트인 지방의회 의원이 개인적 후견관계를 형성하는 모습을 보여왔다. 서구 지방정치에서 중요한 역할을 해온 기업이익(Stone, 1989)과 토지이익(Logan and Molotch, 1987)의 경우 한국의 지방에서 연합적인 조직화를 통한 집단세력화를 이루지 못해왔으며, 오히려 개인적인 관계를 통해 강력한 시장의 지방 후견주의 네트워크에 통합되기를 원하는 모습을 보인다. 지방 후견주의에 기반한 시장은 중앙정부에서의 후원자의 지지를 확보하고 유대를 구축하는 것은 물론, 후견 네트워크 관리를 위해 지역의 기업과 토지소유 지역 유지의 이익을 확대할 수 있는 성장정치와 소비정치에 초점을 맞추어 왔다는 것이다(박종민, 2002). 지방자치제 이후 가장 많이 거론되는 부정적 평가에 공헌하는 지역 이기주의, 부패, 선심성 행정사업 등(김순은, 2015)은, 이러한 지방에서의 기형적으로 형성된 관주도적인 수평 네트워크에 기인한다고 볼 수 있다. 이 과정에서 일반 시민의 참여와 역할은 제도적 기회의 확대에도 불구하고 제한적일 수밖에 없었다.[29]

29 앞으로의 장에서 논의할 문제지만 주민참여의 부족이 제도와 시스템의 문제인가에 대해서는 논란의 여지가 있다. 지방주민들의 관심사도 지방보다 국가에 더 있는 경우가 흔하고, 참여의 기회가 있을 때도 정작 참여율이 낮은 경우도 많다. 예를 들면 지방의회에서 조례안에 대한 주민의견 청취를 하는 경우, 첨예한 의견대립을 보이

요약컨대, 중앙 – 지방 간 유기적인 정치와 정책의 통합정도가 약할 뿐 아니라, 아직도 수직적 지배구조 속에서 지방정부가 중앙정부에 의존하는 모습을 보이고 있으며, 국가와 사회 연결고리 역할을 하는 정당의 약한 지역 조직, 기업과 시민의 낮은 수준의 조직화 정도, 그리고 지역 엘리트의 지배 등 MLD 모형의 기준에 비추어도 지방 민주주의를 저해하는 요인이 상당히 많다고 볼 수 있다. 이에 따라 정책국가적 측면에서도 지방이 시민에게 직접적으로 서비스를 전달할 수 있는 역량이 충분하게 발전되었다고 보기 힘들다. 오히려 저출산, 저성장, 지방자치단체 공동화 위기 등을 고려했을 때 큰 위기에 처해있다고 해도 과언이 아니다.[30]

다층적, 다차원적 측면에서 살펴본 결과, 지난 20여 년간 많은 성과에도 불구하고 많은 지방 – 엘리트 모형의 개발도상국가들이 그러한 것처럼, 한국의 지방 민주주의에는 아직도 많은 중앙집권적 요소가 남아있음을 볼 수 있다. 오랫동안 중앙집권적인 체제 속에서 국가의 관료적 통치를 받아온 한국의 지방 민주주의는 지방정부에 의한 민주적 행정과 서비스 전달이 그 과정이나(엘리트 중심적) 역량에서(제도적 제한) 중앙정부의 수준을 뛰어 넘기에는 많은 한계가 있다. 비슷한 과정을 거쳐온 일본의 경우 오히려 법정수탁사무, 기관위임사무의 성실한 수행과 상대적으로 많은 지방재정지출을 통하여 지방정부의 역량이 성장해

는 극소수의 안건을 제외하고는 평균적 주민의견 수렴실적은 사실상 '0'에 가깝다는 것이다. 오마이뉴스 2015년 10월 29일자, '무얼해도…사람들은 왜 지방자치에 관심이 없을까.'

30 비슷한 처지에 있는 일본의 경우, 2006년, 2010년 센서스는 약 75%의 지방자치단체에서 인구가 감소하는 추세를 보여주었으며, 인구가 적은 소규모 자치단체에서 인구감소현상이 더욱 두드러진 반면, 대도시에 오히려 집중되는 경향을 보였다.

온 반면, 앞서의 자료들에서 볼 수 있듯, 한국의 지방정부는 제도적으로나 민주주의 실현의 측면에서 정책국가로서의 역할을 하기에 부족하다고 볼 수밖에 없다는 것이다.

결론적으로 한국의 중앙집권적 전통에 의한 경로의존적 지방 민주주의는 두 가지 과제를 제시하고 있다고 볼 수 있다. 첫째, 경로의존적 중앙집권의 유산이 오늘날에도 한국의 지방 민주주의의 공고화에 걸림돌로 작용하고 있음은 부인할 수 없다. 그러나, 다른 한편으로는 급성장하고 있는 지방의 시민사회, 마을만들기와 같은 공동체성 회복운동, 지방의회의 성장과 전문성 증가 등 긍정적인 변화의 기류도 존재하고 있다. 또한 전자정부의 발달과 소셜미디어의 발달은 지역시민들의 보다 직접적인 참여를 가능하도록 하고 있고, 정보교환의 활성화는 주민들로 하여금 지방자치에 관한 지식으로 무장할 수 있도록 공헌하고 있다. 그렇다면 지방 민주주의의 발전 여부는 오랜 중앙집권적 전통을 끊어내고 경로의존에서 탈피하는 것에 달려있다고 해도 과언이 아니다. 강준만(2008)은 과거의 기득권을 타파하고 새로운 개혁을 시도하는 것이 경로의존성 때문에 어렵다고 지적하면서 중앙과 지방 모두 서로의 선의를 이해할 필요가 있다고 주장한다.

둘째, 지방자치는 지방 민주주의제도 도입과 주민참여 촉진을 통해서 얻어지는 인과적 종속변수라기보다는 그 나라와 사회의 특성과 전통을 반영하는 제도에 가깝다. 지방 민주주의 전통이 전무한 한국의 경우, 지방자치를 하나의 규범norm으로 생각하는 많이 학자들의 생각과 달리, 제도의 도입만으로는 지방자치의 활성화와 지방정부 역량확대를 기대하기 어렵다. 단순히 헌법으로 지방자치제도를 보장한다고 해서 하루아침에 지방자치가 성공적으로 운영될 것이라는 순진한 기대보다는 오히려 효과적인 지방정부 구축에 더 관심을 기울여야 한다는 것이다. 후쿠야마(Fukuyama, 2004)는 거버넌스를 새롭게 정의하면서 서구선진국은 그 범위와 정도에서 국가가 만Mann의 기반적 권력이 포함된 통치권력의 광범위한 사용으로 효과적인 정책목표를 달성해왔다고 주장한다. 이처럼, 지방자치의 목적이 지방 주민의 선호와 요구에 맞는 서비스 제공에 목적이 있다면, 지방 민주주의 제도의 도입뿐만 아니라, 오히려 중앙정부 및 시민사회와의 협력적인 관계를 정립하여 지방 수준에서의 다양한 요구에 부응할 수 있도록 역량을 강화할 수 있어야 한다. 특히 국가균형발전과 같은 정책적 과제의 경우, 오히려 중앙정부의 적극적 개입과 지원을 필요로 할 수밖에 없고, 오늘날 고령화사회와 지방공동화 현상과 같은 지방정부가 실제로 처한 현실은 중앙과 지방정부, 그리고 시민사회가 유기적으로 협력하는 다층적인 지방 민주주의의 활성화를 생각지 않고는 그 해결이 요원할 수밖에 없다는 것이다. 이처럼, 어떤 지방 민주주의를 할 것인가를 고민해보아야 하는 기로에 와있다.

다음 장에서는 대개의 개발도상국가들과 유사하게 지방 – 엘리트형 지방 민주주의에 가까운 한국이 조선시대와 일제시대, 그리고 권위주의 정부하의 중앙집권형 통치를 경험하면서 물려받게된 유산의 원천을 살펴보고, 그 경로의존성이 어떻게 현재 지방 민주화를 제약하고 있는지 분석한다. 또한, 2000년대 초반 지방분권개혁의 정치를 매우 구체적인 정치과정에 대한 이해를 통해 어떻게 지방분권의 아이디어가 강력한 반분권적 중앙정치 세력의 저항을 뚫고 개혁입법을 통과시킬 수 있었는지 아이디어 확산 메커니즘을 분석하고, 이후 각 정권을 거치며 어떻게 한계에 부딪치게 되었는지 과정추적을 통해 설명하고자 한다.

제4장

중앙집권의 전통과 불연속적 지방자치 : 경로의존성

"한국의 지방문제도 바로 이런 의제설정의 함정에 빠져있다. 지방을 포함한 전 국민의 눈과 귀를 서울 미디어들이 장악한 상황에서 지방의 독자적인 의제설정을 해나가는 게 매우 어렵다. 수도권 도시 주민들마저 서울에 지쳐 자신이 사는 지역에 대해 잘 알 길이 없는 게 우리의 현실이다."

– 강준만, 〈지방식민지 독립선언〉, 2015

"자치적 정부의 관습을 전적으로 포기한 사람들이 어떻게 자신들을 통치할 적합한 사람들을 선택하는 데 성공할 수 있는가는 매우 생각하기 힘든 일이다. 굴종적이던 사람들의 참정권 행사로 인해 자유주의적이고, 현명하며, 정력적인 정부가 선택될 수 있다고 믿는 사람은 없을 것이다."

– Alexis de Tocqueville, 〈Democracy in America〉, 1840

한국가의 정부간관계와 지방자치는 앞서 제3장에서 살펴보았듯이 시민혁명, 식민지배와 같은 특별한 경험이나 역사적 사건 혹은 계기가 없다면 역사적으로 '누적적인'cumulative 것일 수밖에 없다. 다양한 영토적 행정계층에서의 통치경험은, 서구 선진국의 예에서 살펴볼 때 근대국가 형성 과정에서 큰 역할을 하거나, 혹은 반대로 국가 형성의 근대적 산물로 탄생하였음을 알 수 있다.[1] 심지어 중세적인 전통까지도 영국, 미국, 유럽 등지에서는 정부간관계 형성에 중요한 의미를 지녀왔다. 그렇다면 한국은 역사적으로 어떠한 형태의 정부간관계를 경험해왔으며, 어떻게 현재의 중앙과 지방의 통치방식에 영향을 미쳐왔는가?

많은 서구국가에서 근대적 국가 형성과 헌법제정을 통한 국가 및 지방조직의 정비는 역사적 경험뿐만 아니라 지방 및 도시에서의 주민들과 정치행위자들의 삶의 양식을 반영한 결정체였다. 일상 생활양식으로서의 지방 공동체는 공공재의 공유 등을 통하여 그 지역의 필요를 오랫동안 효과적으로 충족시켜 왔기 때문에 근대국가 형성 과정에서 국가가 이를 완전히 대체할 수 없었다(Ostrom, 1990). 예를 들면, 프랑스의 정치사상가인 토크빌Tocqueville은 1835년과 1840년 잇따라 〈미국의 민주주의〉라는 저서를 내놓으며 미국민들이 신대륙에서 이루어가는 민주주의적 정치질서의 형성에 깊은 관심을 가지고 관찰하였다. 이

1 각 국가의 근대국가로의 전환과정 가운데 지방세력의 역할은 비교정치 연구에서 수없이 언급되었다. 예를 들면, 〈독재와 민주주의의 사회적 기원〉(Social Origins of Dictatorship and Democracy)을 저술한 베링턴 무어(Barrington Moore, 1966)는 미국, 영국, 프랑스, 일본, 독일, 그리고 러시아의 근대국가로의 전환과정에서 나타난 계급투쟁적 정치과정에 주목하면서 특히 도시 거주 부르주아 계급의 역할을 강조하였다.

당시 프랑스에서는 신생 미국의 모델이 프랑스의 현실에 맞는지 적실성에 대한 논란이 일어났는데, 그 논란에 참여했던 토크빌의 초기저작에 따르면 미국인들이 자치적 정치질서를 얼마나 사랑하고 그들의 마을(타운) 공동체의 일에 얼마나 몰입했으며, 자신들이 거주하는 지역공동체의 행정에 자발적으로 참여해왔는지 이상적으로 묘사하였다. 그가 관찰한 미국 뉴잉글랜드New England 타운의 사람들은 그들의 공동의 선善과 이익을 증진할 수 있는 효과적이고 상시적인 통로를 구축할 수 있었던 사람들이었다(Crautu and Jennings, 2004). 1840년 〈미국의 민주주의〉 두 번째 저서와 그 후 미국에 있는 친구와 교환한 서신들에 따르면 미국 민주주의의 미래에 대해 — 특히 흑인들의 운명에 대해 — 우려를 표명하기도 하였지만, 적어도 지방의 자치적 전통이 미국 민주주의의 핵심이라는 데 대하여 토크빌은 매우 단호한 입장을 취하였다. 그는 뉴잉글랜드 타운을 지켜보면서 자치적 지역공동체의 모형을 찾고자 하였는데, 특히 직접민주제적 요소에 주목하였다. 당시 뉴잉글랜드 타운십은 필요시 타운미팅을 소집할 수 있는 권한을 가지고 있었던 '도시행정위원회'committee of selectmen에 의하여 운영되었는데, 이는 오늘날 미국에서 볼 수 있는 타운미팅처럼 주민들이 청원을 넣고 공동체의 문제에 대하여 토론을 하지만 궁극적으로는 선출직 공무원에 의하여 정책이 결정되는 형태가 아니었다. 매일의 타운미팅이 당일의 행정과 정책을 이끌어나가는 직접민주제적 요소였던 것이다. 만약 도시행정위원이 중요한 일을 하고자 하면 그들이 타운미팅을 소집하고 투표에 부치며, 그 투표결과가 최종적 결정에 해당하였다. 반대로 주민이 미팅을 소집한 경우도 마찬가지였다. 도시행정위원은 매년 선출되었으며, 이는 단지 위원들에 대한 견제의 의미만 존재하는 것이 아니라 주민들의 지방행정에 대한 끝없는 참여의 의미가 더 컸다. 뿐만 아니라 18세기 미국 타운 내의 여러 부서 구성원들, 예를 들면 세무관료, 경찰, 현금출납관 등 많은 직책이 매년 선출되었다. 이러한 관찰에 기반하여 토크빌은 미국의 헌법이 단지 국가의 정치적 질서와 제도에 관한 최종적 문서에 불과한 것이 아니라, 미국 정치질서의 살아있는 전통living tradition으로 생각하였다. 미국 헌법의 제정과정을 지켜봐도 아래로부터의 압력이 큰 영향을 미쳤고, 지금도 그 헌법적 원리가 유효하다.

다른 한편, 근대 메이지유신明治維新 헌법을 제정하는 데 있어서 프로이센과 영국의 모형에 영향을 받은 일본의 경우, 비록 국가 차원의 헌법제정과 제도정비는 서구의 모형에 많은 영향을 받았으나 전후 일본 헌법상 중앙-지방관계 규정의 기원이 되는 메이지시대에 왜 매우 중앙집권적인 제도가 도입되었고, 왜 지방정부가 정치적 기능이 사라진 행정적인 도구에 머무르게 되었는지에 대하여 역사적인 분석과 이해가 뒷받침되어야 한다. 요약하면, 메이지시대에 자유민권운동의 영향으로 인해 중앙정치권에서 국회가 설립되고 정쟁이 심화하면서, 이같은 운동이 지방에까지 확산되어 정국이 불안정하게 되는 것을 우려한 메이지정부가 지방자치제도를 정비하며 자연촌적 공동체 질서 위에 지방관을 파견함으로써, 공동체의 일체성을 중시하는, 또 정치적 기능보다는 행정적 기능우위의 관료적 성격을 지닌 지방자치제로 발전을 해오게 되었다는 것이다(阿部·新藤, 1997). 1949년 샤우프C. Shoup 권고에 따라 자치적 요소가 결국 도입되었지만, 여전히 자연촌적 질서의 유산이 일본 지방자치단체에 남아있게 되었다.[2] 이렇게 볼 때, 일본의 경우는 그 자연촌적 질서에도 불구하고, 중앙에서 하향식으로 근대 헌법제정을 통해 중세적 질서를 대체한 유형으로 볼 수 있으며, 지방정부는 중앙정부가 영토를 효과적으로 다스리기 위하여 행정적으로 동원되는 구조로 발전되어왔다(Horie, 1996: 49).

이처럼 근대에서 현대로 이행하며 국가기구와 정치 및 행정체계가 만들어지기 시작하는 가운데, 각 국가의 헌법 설계자들은 효과적인 영토통치를 위하여 지방과 도시를 공식적인 국가구성체로 헌법질서에 반영하기 시작하였다. 그러나 이러한 영토적 근대화는 중앙수준에서의 정치·행정체제가 각 국가마다 다양하게 형성되었듯이, 지방 및 도시정부의 공식제도로의 편입과정과 결과도 매우 다양하였다. 예를 들면, 프랑스, 네덜란드, 스위스 등 오랜 전통의 유럽국가에서는 시대와 정치체제, 국가형성과정과 상관없이 오랫동안 지방 및 도시들이 생존해왔으며 수 세기에 걸친 변화에도 살아남아 오히려 현대국가 등장에 있어서 중요한 공동체적 기반이 되었다(정하윤, 2016). 이들 국가에서는 헌법의 아버지들의 의도대로 프랑스 꼬뮌(commune, 12세기)처럼 오랫동안 존재해왔던 비공식적 공동체 형태를 근대 헌법적 질서로 편입하였다. 반면, 일본의 도도부현都道府県과 같이 위에서부터 아래로의 근대적 전환과 개혁의 결과로 만들어진 지방정부의 형태도 존재한다. 어느 경우이건 근대국가 형성기의 지방정부는 그 후에 현대국가로 넘어오는 과

2 이밖에도 메이지정부에서의 개혁을 통해 막부시대의 중세적 유산을 청산하고 지방지도자들을 중앙에서 임명한 관료들로 대체함으로써 전 국가를 통일하는 도도부현과 시정촌(市町村)으로 대표되는 지방제도를 정비하게 된다(Norman, 2000: 12).

정 속에서 정치발전과 시민사회의 성장, 민주화, 그리고 정책국가의 탄생에 영향을 미치게 되었다. 유럽, 미국, 일본 등의 경우 중세봉건적 계급과 지위가 전체사회에 강하게 반영되어 있었으므로 누가 근대국가 초기국가적 질서에 유기적으로 통합되고 혹은 배제되었는가에 매우 중요한 영향을 미쳤다고 볼 수 있다. 예컨대 무어(Moore, 1966)가 제시한 근대국가 형성과정에서 민주주의로 발전한 국가들은 도시 부르주아 계급의 역할이 매우 중요했으며, 후일 이들이 결국 의회민주주의 질서로 편입되는 결과로 나타났다.

후쿠야마(Fukuyama, 2004)는 현대국가의 효과적 거버넌스가 두가지 요소 즉, 국가의 개입정도를 나타내는 범위scope와 정책의 효과적 수행정도를 나타내는 국가의 힘strength에 의존한다고 주장한다. 국가개입의 범위는 결국 역사적·문화적으로 형성되어 온 각 국가의 정부역할과 기반적 권력에 대한 지배적 시각을 반영하는 것이다. 중세적 질서를 반영한 근대국가 형성기에 지방의 국가질서로의 편입은 현대 정부간관계의 특성과 기반적 권력에 근거한 국가의 지방에로의 효과적 침투범위의 경로의존적 과정을 보여준다. 다른 한편, 효과적인 국가정책의 집행을 고민하는 국가 설계자의 시각에서 헌법질서의 정비과정은 피치못하게 통치자의 관점에서 바라본 지방을 반영할 수밖에 없었다.[3] 그러나 근대국가의 형성이 하나의 '과정'이라면, 아래에서의 사회적 힘이 국가 혹은 상위정부로 연계되어가는 과정도 무시할 수 없다. 왜냐하

3 비슷한 서구, 유럽국가라 해도 결과적으로 근대 이후 지방정부의 지위와 정부간관계는 다양한 모습을 보여주고 있으나, 절대왕정 이후 근대 민족국가 형성기에는 일정 수준 중앙집권을 추구할 수밖에 없었다. 국가기능의 확대는 지방이라는 행정적 자원의 동원이 필요했기 때문이다(Lipset and Rokkan, 1967).

면, 결국은 퍼트남(Putnam, 1993)이 남·북 이탈리아의 정부성과를 사회적 자본social capital이라는 정치문화적 가치에서 바라본 것처럼, 지방에서의 시민적 요소가 현대 민주주의와 정부성과를 이끌어나가는 중추적 역할을 해오고 있기 때문이다. 지방의 근대질서로의 편입은 각 국가의 현대적 중앙 – 지방 관계의 경로의존적 과정을 인지할 수 있는 동시에, 현대 정책국가의 효과적 국가통치를 위한 기반적 권력의 기원을 살펴볼 기회를 제공하기도 한다는 것이다.

근대국가 형성기에 제국주의 열강들의 영향을 받고 일제 식민지를 경험하였으며, 한국전쟁이라는 역사적 재난을 맞아 새롭게 현대국가를 만들어야 했던 한국의 상황은 서구국가들과 일본의 경우와 달리 상대적으로 더 복잡한 양상을 띠고 있다고 해도 과언이 아니다. 무엇보다도 삼국시대 – 통일신라 – 고려 – 조선을 거치며 하나의 일관된 정치철학으로 정부간관계가 형성되어 왔다고 보기 힘들고, 그 성격에 대한 해석도 천양지차이기 때문이다. 예를 들면, 삼국시대에서 조선시대에 이르는 동안 소위 지방호족세력 혹은 지방 엘리트 계층이 어느 정도 자율권을 가지고 각 지방을 통치했다는 것을 근거로 한국역사에 지방자치의 전통이 존재하였다는 주장이 있는 한편(예컨대, 권내현, 2005; 안성호, 1993; 엄태석, 2016; 정우열, 2016), 반대의 견해도 다수 존재한다(예컨대, 손재식, 1983; 이홍구, 1984; 한국역사연구회, 2003).

이 장에서 이러한 다양한 역사적 견해에 대하여 사료에 대한 해석을 근거로 반박, 혹은 옹호하는 것이 주요 목적은 아니다. 다만, 고려시대에 이르기까지 지방의 호족이 매우 강성하였고, 고려 말 지방제도를 정비할 때까지 완전한 중앙집권체제를 이루었다고 보기 힘들다는 점, 고려시대 왕족 자체가 특정 지역(송악)을 대표하는 호족세력이었다는 점, 모든 지방이 동등한 지위를 가지고 지배된 것이 아니라 신분에 따라 차등적인 지위를 가졌다는 면에서 특별한 근대적 요소를 찾기 힘들다는 점, 그리고 역성혁명易姓革命을 하며 이전의 국가와는 완전히 다른 정치적 질서를 건설하고자 했던 조선이 일원적 지방지배력을 가지고 500년 넘게 통치하였던 점을 고려하여, 본 장에서는 조선시대 이후 중앙－지방관계를 중심으로 분석하고자 한다. 서구국가들의 중세시대와 비교하여 조선이라는 국가는 유교적 질서에 기반하여 매우 발전된 수준의 법적, 제도적 체제를 구축하였으며, 중앙의 왕권과 관료적 정치질서가 지방을 피지배자처럼 통치하여왔다. 그와 동시에 소수의 중앙관료와 권력자가 국가 전체를 효과적으로 통치하기는 사실상 어렵기 때문에 기반적 권력의 필요성 측면에서 지방에 대한 역사적 뿌리와 유산을 찾아보는 것은 매우 중요하다고 볼 수 있다. 또한 일제강점기, 제국주의적 일본정부가 한반도의 효과적 통치를 위해 지방제도의 개편을 시도한 것 또한 중앙에서 지방으로의 하향식 권력확장이라는 측면에서 현대 한국의 정부간관계의 분석에 중요한 의미를 지닌다. 본 장에서는 앞서의 서구국가와 일본의 경우와 같이 어떠한 유산이 한국의 현대적 국가질서에 경로의존적으로 작용하고 있는지 살펴보고자 한다.

I. 근대 이전 한국의 중앙집권 전통과 유산

앞서 소개한 대로, 2세기에 걸쳐 서구 선진국과 일본 등의 국가에서는 시장에서의 경제적 혁명, 산업기술의 발달, 문화, 정치의 변화가 이들 사회를 바꾸어 놓았다. 국가민주화나 행정국가의 등장, 그리고 정책의 확장 또한 근대사회로의 사회적 이행과정을 촉진시켰다. 근대국가 형성기 동안 국가기구와 조직체계가 만들어지기 시작하였고, 대부분 지방자치단체(지방정부)와 도시, 지역공동체와 같은 영토를 통치하기 위한 정부단위로서의 지방정부도 구성하기 시작하였다. 그 과정에서 미국과 같이 지방과 시민사회가 핵심적 역할을 한 국가도 있지만, 절대왕정을 경험한 상당수 유럽국가들에서는 중앙의 지방에 대한 계층적 권위를 강조하였고, 중앙과 지방사회의 엘리트들이 지속적인 후견주의적 혹은 권력분점적 네트워크를 공고화하며, 결국 근대 이후에도 지방거버넌스에 있어서 유력한 행위자로 등장하게 되었다. 앞서 3장에서 논의한 지방 엘리트 모형이 이 경우에 해당하는데, 농업이 지배적 경제수단이었던 이들 절대왕정하의 질서에서 사회 아래계층을 형성하는 대부분의 소작농peasant들은 토지사용권을 지주로부터 받아 경작하며 경제활동을 해왔으며, 그 댓가로 권력에 대한 충성과 각종 의무수행을 요구받음으로써, 대부분의 시기동안 복종적인 계층으로 남아있게 되었다. 이런 국가들의 경우 대부분 지방이 근대적 헌법질서로 편입되면서 계층제적인 행정체계를 구축하는 모습으로 발전하여왔다. 립셋(Lipset, 1959)과 같은 근대화론자들은 이러한 중세적 질서에서 근대국가로의 전환과정이 각 국가마다 상당 부문 유사할 것으로 생각하였다. 그러나 이런 근대화과정의 확산은 각 국가에서의 자체적으로 일어나는 내생적 전환endogenous transformation에 대한 차이를 선명하게 보여주지 못하며, 근대화과정의 결과 또한 다양하다는 것에 대해 충분한 설명을 제공하지 않는다.

사실 지방자치제도 시행 이후 20여 년 동안 지방 민주주의가 지향하는 이념인 자율성 증대와 시민의 성장, 주민의 민주적 참정권에 대한 인식 등 지방 수준에서의 민주적 제도의 도입과 절차 확립 등을 생각할 때, 우리나라도 조금씩 지방자치의 본질적 가치에 접근하고 있다. 또한 고대 – 중세 – 근대를 거치며 단지 일방적 지배와 통제의 대상에 가까웠던 지방의 지위와 분권적 성격도 높아지기 시작하였고, '소통령' 이라고 불리던 서울시장을 굳이 거론하지 않더라도 일부 지방자치단체장의 명성과 정치적 위상은 꽤 높아졌다고 볼 수 있다. 그렇다고 해서, 지방의 급속한 성장에 힘입어 국가가 이전의 정치력과 행정통제 방식으로는 도저히 지방을 통제할 수 없어 어쩔수 없이 지방 민주주의와 분권을 논의하게 된 것도 아니다. 여전히 국가로부터의 시혜施惠적 성격이 존재한다. 아래에서는 한국의 중앙집권적 전통의 기원과 영향에 대해서 특히 조선시대 이후의 과정에 초점을 맞추어 살펴본다.

1. 조선시대 수립 이전에 나타난 중앙집권적 전통

고대국가의 수립 이전에는 씨족 혹은 부족의 형태로 군락을 이루어 부족연합체적 성격을 가지기 때문에 따로 중앙과 지방을 논의하는 것이 큰 의미가 없지만, 이러한 연합성격을 벗어나 법치적 질서에 기반한 고대국가의 수립은 각 부족을 중앙 귀족세력으로 흡수하고, 왕을 중심으로 관료적 성격의 중앙정부가 수립됨을 의미한다. 이 때문에 초창기 부족연맹을 모태로 고대국가적 모습을 갖추기 시작한 삼국시대에는 고구려, 신라, 백제 모두 중앙의 왕권이 안정되기 시작하면서 공통적으로 지방제도를 먼저 정비하였다. 소규모의 부락촌이 아닌 이상 중앙에서 지방관을 파견하여 계층적으로 지방을 통치하려고 하였으며, 계속된 정복전쟁과 영토변경으로 인하여 고대국가에서는 지방을 통한 조세수취, 군역부담, 그리고 새로 복속된 주민들에 대한 교화 및 통제가 핵심적인 목표였다고 할 수 있다(엄태석, 2016).

그러나, 이처럼 효과적인 영토통치를 위한 지속적인 지방제도 정비에도 불구하고, 당시 교통과 통신의 발달수준으로 짐작건대, 모든 영토에 대한 완전한 통치는 사실상 불가능에 가까웠다고 볼 수 있다. 미처 지방관이 파견되지 못한 곳도 다수 존재하였고, 통치력이 미치지 못하는 지방이 많았다. 원래 부족 간 연맹으로 출발한 고대국가이기 때문에 통치력이 미치지 못한 지역에서의 자율적 통치를 두고 고대국가에 '지방자치의 전통'이 있었던 것으로 해석하는 견해들도 있으나, 오히려 이는 중앙정부의 부족한 행정력으로 인해 부족과 촌락의 제한된 자율성을 눈감아준 '용인된 수준의 자율적 지배'라고 보는 것이 타당하다. 중앙정부로써는 국가전체가 왕권의 쇠퇴 혹은 위기상황이 아니라면 언제든지 무력으로 통치하고 다스릴 가능성은 충분히 있었기 때문이다.[4]

4 고석규(2018: 63)는 이러한 수준의 자율적 통치를 '방임적 자율'로 표현하고 있다.

다만, 삼국시대에서 통일신라, 고려로 이어지는 가운데 주목할만한 발전은 군현제郡縣制의 확립이라고 볼 수 있다. 군현제는 중국 춘추전국시대에 시작되어 전국을 통일한 진나라秦에서 본격적으로 시행된 지방제도로써, 지방을 군과 현이라는 단위로 나누어 중국 황제가 직접 파견한 관리를 통해서 다스리는 제도이며, 국왕을 중앙의 축으로 하여 중앙은 전문 관료집단이 통치하고 지방은 국왕의 명으로 파견된 지방행정관이 일원적으로 다스리는 제도를 일반적으로 이야기한다. 5부제, 5방제 등 각기 명칭은 달랐으나 군현제의 형태를 통하여 삼국시대와 통일신라의 중앙정부는 조세와 군역을 지우고 영토를 관리하는 중앙집권적 국가형태로 발전될 수 있었다는 것이다(고석규, 2018). 고려와 조선에도 이어진 이 군현제는 부족사회, 신분체제 등 부족국가 전통과 분리되기 시작한 가장 오랫동안 지속된 중앙집권적 지방제도였다고 볼 수 있다.[5]

그럼에도 불구하고, 삼국시대의 지방제도는 계속적인 정복전쟁으로 인하여 고구려의 욕살 등 그 수령의 직책에서 볼 수 있듯이 군사적 성격이 매우 강하였다. 반면 통일신라의 경우 매우 귀족적인 국가로써 관료제 자체가 골품제라는 신분제에 기반하였고, 중앙과 지방 간의 차별로 인해 정부 간 소통도 쉽지 않았다. 또한 정복전쟁으로 새로운 영토로 복속된 지역 또한 일률적이지 않았으며, 중앙의 지배력이 미치는

5 엄태석(2016: 63)은 통일신라 화백제도를 왕권의 미약과 지방부족권력의 힘을 상징하는 증거로 보고 있으나, 화백제도는 사실 지방의 부족들이 그들의 대표를 중앙으로 파견하여 중앙에 존재하는 만장일치제 기관으로써, 진골귀족 이상의 신분만 참여가 가능했다는 점에서 지방의 자치적 지배와는 거리가 있는 증거로 보아야 할 것이다(정우열, 2016: 196).

범위 또한 다양하였다. 따라서, 비록 삼국시대와 통일신라시대의 중앙집권적 전통은 남아있을지라도 일원적인 중앙집권적 통치가 일관되게 이루어졌다고 보기는 어렵다고 볼 수 있다.

고려시대의 경우, 10세기 초 태조 왕건이 후삼국을 통일하면서 개국하였으나, 초기에는 지방 호족세력과의 연합을 통하여 개국하였으므로 호족세력들이 어느 정도 자율성을 갖고 있었다고 볼 수 있으며, 왕권을 안정시키고 국가를 정비하면서 중앙집권적 국가로 발전하기 시작하였다. 고려 초기의 지배세력들은 대부분 통일신라의 골품제도에서 배제되거나, 후삼국의 유민 출신으로써, 골품제 기반의 폐쇄적 체제를 완전히 개편하고 새로운 질서를 확립하고자 하였다. 특히 지방제도를 재편하는 과정에서 통일신라의 지역공동체를 중앙집권적 질서로 편입시키기 위하여 공동체를 해체하는 대신 성씨와 본관을 주고 다스리게 되었으며, 이로 인해 군현제보다 많은 수의 지역공동체가 지방제도 안으로 편입되게 되었다. 6대 임금 성종 때 와서야 비로소 4도호부, 8목과 주군현제 등을 설치하고 전국통치를 위한 기반을 만들고, 군·현에 지방관을 파견하였다(최창호, 2006). 그러나 모든 군현에 지방관을 파견하지는 못했으며, 이의 보완을 위해 복수의 지방관(속관)을 파견하기도 하였으나 수령의 지배력이 기본적으로 강하지 못하였고, 부곡部曲과 같은 지방행정 단위는 여전히 차등적·신분적으로 관리함으로써 부곡민의 반발이 잦은 편이었다(고석규, 2018). 이처럼 고려시대는 폐쇄적 신분질서 위주의 지방 관리에서 벗어나 군현제 중심의 국가통치의 기초를 닦았고, 초기를 제외한 나머지 기간 동안 왕권을 위시한 중앙집권적 구심력이 강화됐다고 볼 수 있으나, 여전히 많은 한계를 가지고 있었

[그림 4-1] 고려시대의 기본 지방제도

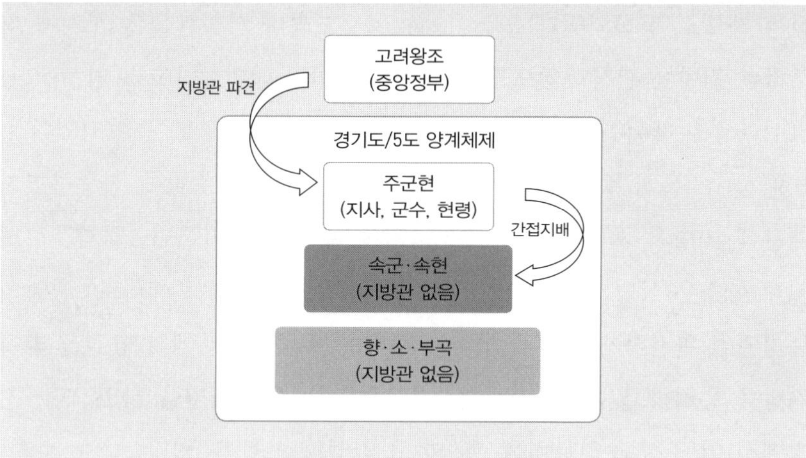

다. 고려 후기로 갈수록 지방사회의 모순이 심화되자 공양왕 때에서야 군현제 운용에 있어서 수령이 파견되지 않은 속현에까지 감찰관감무을 파견하여 속현을 주군현처럼 운영하려고 시도하였으며, 수령의 역할을 강화하며 자질향상을 꾀함으로써 모순을 타파하고자 하였으나, 그마저도 완전히 새로운 시도였다고 보기 어렵다.

다만, 고려시대 중앙-지방 관계에 있어 주목할만한 점은 사심관事審官제도의 운영과 향직鄕職의 존재이다. 첫째, 사심관제도는 중앙의 고위공직자에게 사심관이 되어 자신의 출신지를 다스리도록 임명한 특수관직으로서, 지방에서의 말단 행정의 책임자 역할을 하던 향직인 호장戶長을 추천하고 부호장 이하의 향리를 임명할 수 있는 권한을 부여받았으며, 그 지방의 풍속교정, 공무조달, 치안에 대한 연대책임에 대한 임무를 부여받아 935년 태조 왕건에 항복한 신라 경순왕을 경주 사심관으로 삼은 것을 시작으로 언뜻 보기에 지방을 자치적으로 다스리게 하는 제도로 정착되었다(엄태석, 2016: 65). 그러나 사심관들은 개경에 거주하며 지방을 관장하였으므로 지방의 민의를 대변한다고 보기 어려웠으며, 성종 때는 지방통제업무를 관장하는 관료기구로 통합되었다(안성호, 1993). 특히 주민의 참여나 전달보다는 착취와 수탈에 집중하였기 때문에 지방자치의 전통이라고 하기에는 무리가 따른다. 둘째, 고려시대 향직은 상당 부분 지방호족 내지는 토호세력의 후예들로, 중앙의 통치권이 완전하게 미치지 못하는 상황에서 중앙정부에서 향직을 받아 지방을 통치하고 중앙 – 지방 간 가교역할을 하는 역할을 하였으며, 지방에서 어느 정도 영향력을 행사하고 있었다고 볼 수 있다(고석규, 2018).

결론적으로 고려시대는 건국 당시 지방 호족세력과의 연합을 통해 전국을 통일하였고, 이후에도 중앙이 지방관 파견과 감찰을 통해 완전하게 통치하였다고 볼 수 없으므로 지방관(수령)을 통한 중앙지배와 향직을 중심으로 한 향촌자치가 어느 정도 공존하고 있었던 시기라고 볼 수 있다. 그러나 고려후기로 갈수록 문벌화와 개경집중 현상이 두드러졌으며, 관료들로써도 지방관으로 파견되기보다는 중앙정부에 남는 것을 지위유지를 위해 더 선호하게 됨으로써 중앙정부와 지방정부의 연결고리는 점차 약화되었다. 또한 향직에 의한 지방통치 자체도 피지배층인 백성의 안위와 복지보다는 지배층을 위한 수탈체제에 가까웠으므로 이를 두고 지방자치적 전통이 있었다고 보기에는 많은 무리가 있다고 본다.

2. 중세적 전통과 조선시대 중앙집권의 유산

조선 이전의 시기에서 지방자치의 전통을 찾을 수 있더라도 조선의 통치기간이 5백년이 넘기 때문에 서구국가나 일본의 경우와 같이 중세적 전통과 유산을 찾기 위해서는 조선시대의 정부간관계를 심도 있게 분석하는 것이 오히려 타당할 것이다. 또한 조선시대의 성리학적 기본질서에 기반한 중앙의 지방에 대한 통치에 대하여 많은 학자들의 견해가 충돌하고 있기도 하다. 그러나 기본적으로 조선시대는 비교정치적 측면에서 다음과 같은 특징이 있다고 볼 수 있다. 첫째, 조선은 다른 개발도상국가들의 역사와 비교할 때, 매우 정교하게 규정된 법체제와 정치적 질서를 가지고 있었다는 점이다. 이는 성리학적 신분질서와 연계되어 지방사회에서 유교적 엘리트들의 정치사회적 공간을 확장시켜주는 역할을 해왔다. 둘째, 예컨대 비교적 전쟁의 위협으로부터 자유로웠던 라틴아메리카 등의 중세 국가지도자들은 전쟁준비를 위한 세금수취와 물자징수를 위한 매우 통제적인 영토통치기구를 조직할 필요성이 상대적으로 적었던 반면, 조선시대는 외세의 위협과 안보의 문제로 지방제도의 정비는 항상 군사적 필요성과 연관되었다는 점이다. 관찰사나 수령 모두 군사권을 일정 수준 보유하고 있었던 것에서 짐작할 수 있다.

1) 조선의 중앙집권적 성격에 대한 논쟁

1980년대 이후 역사학계는 물론 행정학계에서는 조선시대의 국가가 전제적 권력을 가지고 통치한 중앙집권적 국가인가에 대한 논란이 있어왔다. 이전의 다수적 견해는, 우리나라 역사 가운데 지방자치적 전통이 존재하지 않았다는 것이었다. 손재식(1983)과 이홍구(1984) 등의 표현에 따르면 '지방자치의 흔적'을 거의 찾을 수 없거나, 우리나라는 유사 이래로 중앙집권체제를 유지해왔다는 것이다. 이홍구(1984: 11-2)는 다음과 같이 표현하고 있다.

> "한국은 역사적으로 지방자치의 전통을 가지고 있지 않다. 일본이나 이탈리아 등 유럽국가의 경우, 근대국가의 확립과정은 분산되어있는 권력들을 한데 묶어 중앙집권화하는 것이었다."

실제로 조선시대는 많은 부분에서 매우 강력한 국왕 중심의 중앙집권적인 성격을 가지고 있다고 해도 과언이 아니다. 유럽이나 일본과 달리 르네상스나, 강력한 종교(교회)권력, 봉건제도, 혹은 산업혁명과 같은 사회경제적 변혁이 상대적으로 적었기 때문에 더욱 오랜기간을 거치며 중앙집권적 권력을 구축할 수 있었다. 또한 많은 호족들과 지방세력의 반란, 민란 등이 잦았던 고려시대와 달리 조선은 건국 초기 의정부와 육조체제를 위시한 법치적 질서를 갖추고, 영토통치 및 통제를 위한 개혁을 시작하였다는 것이다.

지방통치를 위한 조선조의 개혁은 태종 13년에 지방제도를 정비하며 시작되었다. 전국의 편제가 경기도를 포함, 5도와 양계로 나누어져 3원적 지배구조를 이루고 있던 고려시대와 달리, [그림 4-2]와 같이 태종대에 영토를 8도로 나누고, 그 아래에 신분제에 따른 질서가 아닌 '토지'를 기준으로 6개의 부(광역시에 해당)와 작은 성읍에 해당하는 도호부·목·군·현으로 정비하였으며(1413년), 모든 지역에 중앙정부에서 임명된 지방관들을 파견하려고 노력하였다(고석규, 2018). 이 지방제도는 무려 500년이 넘도록 큰 변화 없이 시행되어 19세기 말 갑오개혁(甲午改革, 1894) 때까지 유지되었다. 파견된 수령들은 지방민들을 감시 및 통제하고, 세금수취, 각종 부역징발, 농업촉진, 사법권 및 치안 등 중앙정부의 6조에서 지시를 받아 국왕에 책임을 지는 구조로 개편되었다. 지역에서 국왕을 대행하여 국정을 수행하는 수령들은 향리 영향력을 통제하고 그 지위와 권한을 가급적 보장받음으로써 지방에서 안정적인 통치가 가능하였다. 다른 한편, 지방세력과의 연합과 수령의 부조리를 방지하기 위하여 친족 및 통속관계에 있는 지역에의 파견을 금지하는 상피제相避制, 임기제, 암행어사 또는 관찰사와 같은 수단을 사용하여 수령을 중앙에서 통제하는 장치를 마련하였다. 이처럼 조선 건국 초기 국가형성과정에서의 관료체제 및 지방제도 개혁과 정비는 국왕의 권위와 위엄, 그리고 정통성 강화에 집중되었다고 볼 수 있다.

[그림 4-2] 조선시대의 기본적 지방통치제도[6]

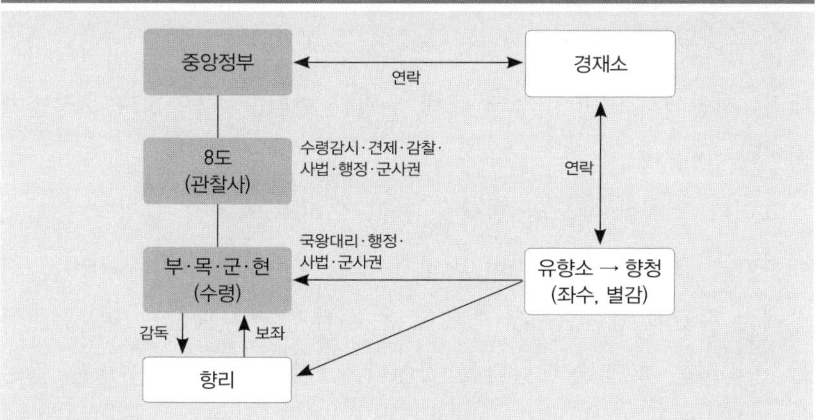

6 수도 한양에서 유향소를 통제하던 경재소는 선조 36년(1603년) 폐지되었다.

조선 초기 국가 정비과정에서 공고화된 중앙집권적 특성을 뒷받침하는 또 다른 특성은, 중앙관과 외관(外官, 지방관)을 순환적으로 임용함으로써 중앙의 관료체제가 지방에 한정되어 거주하던 전체 사족士族 계층을 대표할 수 있도록 하였다는 것이다. 즉, 조선은 건국 후 수령의 품계를 높이고 자질을 향상시킴과 동시에 수령이라는 외관직을 매개로 지방에서 지배층 역할을 하던 사족들을 중앙집권적 질서에 포섭하는 동시에, 중앙과 지방 간의 인적순환을 통해 중앙정부 내의 소수특권층이 형성되는 것을 방지하고자 하였다(고석규, 2018: 81). 이는 조선이 국왕 중심 중앙정부의 배타적 지배를 강화하기 위하여 지방에 설치한

등을 통해 성리학 중심의 국정철학을 보급하고, 과거제를 통해 동일한 내용을 학습한 지방의 사족계층이 중앙에 진출하도록 함으로써 같은 통치철학을 나눌 수 있는 '공론의 장'이 만들어졌고, 이러한 중앙－지방 간 인적교류가 더욱 수월해졌다는 것이다(한국역사연구회, 2003). 이로써 조선시대 이전까지 지방의 실질적 지배세력으로 군림했던 토지소유 귀족과 토호세력들은 국왕 중심의 중앙집권적 질서를 받아들이는 대신, 지방에서 일반 백성에 대해 우월한 지위를 어느 정도 보장받게 되었다(김병준, 2003).

그러나 동일한 제도와 현상을 놓고 오히려 자치적 질서의 증거로 해석하는 견해도 있다. 특히 16세기 이후 성리학적 소양을 가지고 지방에서 자율적 향촌질서를 형성해 온 사대부들이 완전한 중앙집권화를 저지하는 역할을 해왔다는 것이다. 첫째, 관찰사와 수령은 짧은 임기와 지방에 대한 지식의 부족으로 인해 말단 행정을 담당하던 이서(吏胥, 토착 향리층)와 향청을 구성하는 지방 재지사족에 상당 부분 의

지할 수밖에 없었다. 이와 관련하여 김운태(1987: 131)는 향청의 역할에 대하여 수령과 이서들을 견제하고 지방의 이익을 도모하였으며, 민심을 살펴 관청에 조세와 부역에 대한 백성들의 이해관계 사안에 대하여 자문을 해온 자치적 기능을 가진 지방의회와 같았다고 묘사하고 있다. 향청은 각 지방에서 양반 계층 중 좌수(座首, 수장)와 별감(別監, 보좌역)을 선출하여 풍속교정과 수령자문 등의 기능을 수행하였다(이석희, 1987).

둘째, 제도상의 모습과 달리 지방에 대한 통제가 완전하지 못한 관계로, 국왕을 대리해야 할 지방관(수령)의 권한이 매우 컸으며, 조선왕조에서 시행한 단임제, 친족상피제, 암행어사제 등은 사실상 실효성이 별로 없었을뿐더러 오히려 이들 제도의 존재가 지방관의 막강한 권한을 반증하는 것이라고 주장하는 학자들도 있다(안성호, 1993; 엄태석, 2016).

셋째, 이석희(1987)에 따르면, 가장 말단 행정단위인 면·리는 사실상 중앙정부의 통제력이 미치지 않아 지방관을 파견하지 못하였으며, 오히려 향청의 추천으로 면장이 뽑히기도 하였고, 중앙의 지시사항은 수령을 통하여 간접적으로 전달되었다는 것이다.[7] 이와 마찬가지로 수령 이하의 이서계층에 대해서는 중앙정부의 인사권이 관여하지 못하였다.

넷째, 토지를 소유한 지방 양반계층은 정치력을 발휘하여 국가의 조세징수와 부역징발 권한을 축소시켰으며, 특히 이러한 현상은 군현 이하의 중앙정부의 통제력이 미치지 않는 말단 행정구역에서 향촌을 장악한 토지소유 사족이나 양반들이 이서들에게 압력을 가하거나 서로

7 이를 두고 이석희(1987)는 중앙정부의 통치력이 미치지 못한 말단 행정조직인 면·동·리는 '주민'(住民) 스스로 조직하였다고 주장한다.

협력하여왔다는 것이다(Cumings, 2005: 55).

조선조 건국 초기 국가의 통치기반 확립을 위해 지배계급의 사적 영역(권문세가)을 축소하고 국가의 공적 지배영역을 확장시킴으로써 국왕 중심의 합리적인 통치기반을 마련하려 한 것은 사실이었다. 그러나 조선 건국의 주체들인 훈구세력들은 토호 등 기존 지배계급의 국가질서로의 편입을 요구하면서도, 체제유지를 위해 지배계급의 물적 토대(토지)를 어느 정도 인정할 수밖에 없었다. 신흥사대부 세력들은 고려시대와 같은 권문세족의 출현을 방지하기 위해 훈구세력과 함께 중앙집권적 왕조를 지향하는 데 동참하였으나, 그들의 중소지주적 기반을 유지하고 성리학적 이상을 펼치기 위해 16세기 이후 사림파가 정권을 장악함과 함께 향촌으로 깊숙이 침투, 성리학적 향촌질서를 구축하고자 하였다(한국역사연구회, 2003). 전체주의 국가가 아닌 다음에야 중앙정부가 지방 전체를 완벽하게 통제한다는 것은 불가능에 가깝고, 수령의 지방 통제권도 어느 정도 한계가 있으므로 '자치적 전통'이 존재했으며, 중앙집권적 제도와 향촌의 자율적 자치가 묵시적으로 결합한 것이 조선의 통치방식이라는 의견도 어느 정도 타당하다고 볼 수 있다. 결국 조선 초에서 중기에 이르는 동안 개국 세력은 '수령 중심'의 관치적 지방통치체제 구축을 목표로 하였으나, 현실적으로 지방의 향촌에서 어느 정도 사족과 타협을 할 수밖에 없었고, 지방 엘리트 계층으로 등장한 성리학적 교양을 갖춘 사족들은 과거를 통해 중앙에 진출하게 되었으며, 관료충원 방식이 사실상 중앙과 지방의 정치통합을 이루어가는 방향으로 발전되었다는 것이다.

그러나 다른 한편, 위에 제시된 조선시대의 자치적 성격을 뒷받침하는 다양한 증거들이 오히려 조선의 중앙집권적 성격을 드러내어 주는 반증일 가능성도 있다. 즉, 중앙정부가 지방 사족들의 특권을 어느 정도 인정해주며 그들을 통치질서로 편입하려고 한 것은 사실이지만, 태종대 개혁에서 볼 수 있듯이, 왕권강화를 위해 가급적 사족들의 정치 참여를 방지하고자 하였다. 특히 토호세력인 품관品官들이 관권의 일방적인 개입에 종종 반발하였고, 지방에서 자신들의 권익을 창출하려다 수령을 능멸하게 되는 경우가 상당히 빈번하였기 때문에, 국왕에 대한 도전을 의미하는 토호양반과 품관들의 발호에 중앙정부는 1406년 유향소(후에 향청)를 혁파하는 것으로 반응하였다(한국역사연구회, 2003).[8] 이후 중앙정부가 방지책을 마련하고 성종대에 다시 부활하기도 하였지만, 이번에는 수령과 협력하여 백성을 탐하는 등 수탈기구로 전락하게 되어 관권과 적절한 조화에 실패한 채 설치와 폐지를 반복하였다. 결국, 양반계급에 의한 향촌자치는 중앙의 정치논리에 의해 쉽게 제약당하게 되었던 것이다(권내현, 2005).[9]

둘째, 향청이 지방에서 수령에 자문역할을 한 것은 사실이지만, 의결권이 없었고 지역사회에서 양반특권층만 대표하였기 때문에 양반의 대표기구이지 지방자치적 기구로 보기는 어렵다는 것이다(김병준, 2003). 권내현(2005)은 우리나라에 자치적 전통이 있었다고 주장하면서도, "다

8 품관은 당장 관직은 없으나 재지사족으로써 향촌사회에서 경제적 기반을 가지고 언제든지 중앙정부에 진출이 가능했던 양반이었다(한국학중앙연구원, 〈한국민족대백과사전〉 참조).

9 성종대 유향소가 부활하였으나 자치적 기능은 대폭 축소된 반면, 지방에서의 향음주례(鄕飮酒禮)를 주관하는 등 예절기관화 경향을 보였다. 즉, 유향소 등을 통해 불효, 불충과 같은 성리학적 가르침에 어긋나는 생활습관 등을 규율하는 등의 역할로 축소되었다는 것이다(권내현, 2005).

만, 엄격한 신분제 사회에서 지역민 모두가 참여하는 현대적 의미가 시행된 것이 아닐 따름이었다."라고 표현하고 있다. 물론 중세시대에 오늘날과 같은 현대적 지방자치제를 시행한 국가를 찾기란 어렵지만, 조선의 향청은 지방에서 군역 등 부역을 면제받으며 각종 도덕적 규약으로 강력한 영향력을 행사한 지배계층의 특권유지 및 수탈을 위한 수단으로 변질되어갔다는 것이다. 특히 조선시대 노비가 적게는 전체 인구의 30%, 많게는 17세기 60%에 이르렀다는 점을 감안하면, 향청의 지방지배는 결국 일반 농민이나 노비층의 의사는 배제된 사족 엘리트들만의 자치기구로 봐야할 것이다.[10]

셋째, 조선 후기 향청이 쇠퇴하며 양반들이 더욱 역점을 둔 향약鄕約은 잘 알려진 대로 지방의 양반과 유학을 숭상하는 유림 가운데 좋은 것과 선행은 서로 권하고, 어려운 것은 서로 돕자는 취지로 만들게 된 하나의 도덕규약으로써, 상벌체제가 있고, 시행을 위한 조직이 있었으므로 이를 자치적 요소로 해석하는 학자들도 있어왔다. 사실 그 운영은 양반계층이 주도하고, 향촌에 상하질서가 엄격하게 지켜졌으며, 이 규약을 통해 교화라는 명분으로 양반의 향촌민에 대한 통제가 가능하게 함으로써 양반의 향촌사회 지배적 영역을 확장하였다. 그러나 지방통치질서에 편입되었다기보다는 향촌의 신분제적 질서를 위한 자발적 규약이었고, 다산茶山 정약용이 〈목민심서〉牧民心書에서 비판하고 있

10 조선시대 노비에 대한 정확한 통계는 존재하지 않을 뿐 아니라, 연구자마다 기존 자료에 대한 해석 또한 다양하나, 조선을 '노예제 사회'로 표현한 제임스 팔레(Palais, 1998)나 황경문(Hwang, 2017)에 의하면 평균 전 국민의 30% 정도로 보고 있고, 17세기에는 60%에 이르렀다는 해석도 존재한다. 태종대에 공노비만 36만 명에 달했다는 기록도 있어, 이러한 숫자는 어느 정도 타당한 것으로 보인다.

듯이 점차 곡식을 불법적으로 징수하거나, 술을 토색하거나, 혹은 뇌물을 받는 등 권면을 핑계로 백성을 억압하는 수단으로 변질되었으며, 특히 조선 후기에 와서는 양반의 지위가 추락하고 양반 내부의 사회경제적 분화가 심화됨에 따라 오히려 수령의 주도 하에서 향약이 실시되었다(권내현, 2005).[11]

마지막으로, 과거제의 시행과 향교 등을 통한 성리학적 질서 및 국가 통치철학의 전파는 결국 조선이라는 국가의 정체성을 확립하는 기회가 되었고(함재봉, 2017), 과거를 통해 지방 양반 엘리트가 중앙에 진출하여 중앙과 지방을 연결하는 고리 역할을 하였으며, 이로 인해 중앙과 지방은 권력배분에 있어 영합零合적인 관계가 아닌, 어느 정도 서로 의존하는 관계로 발전해왔다. 즉, 지방의 사족양반이 향촌을 지배하면서 자치권을 행사하게 된 것은 그들의 지위와 통치력의 근원이 바로 출사出仕하여 국왕을 보필하겠다는 명목으로 중앙에 진출한 사족계층과의 연계linkage 때문이라는 것이다(고석규, 2018: 84). 이는 중앙의 지방에 대한 지배력을 단편적으로 보여주는 동시에, 오늘날까지도 이어져 오는 중앙과 지방 엘리트 사이의 후견적 네트워크의 존재를 함축하고 있다. 또한 조선이 강력한 중앙집권국가지만 이와 같이 국가－향촌－이서 간 공존적 관계에 상호의존하고 있었음을 보여준다고 볼 수 있다.

---

11 한국역사연구회(2003: 110-11)는 향약이 기본적으로 향촌에서 상하신분질서를 유지하고, 부역을 조정하는 데 기본목적이 있었다고 주장한다. 재지사족이 부세운영을 통해 관권과의 불필요한 마찰을 피하고 안정적으로 향촌사회를 지배하고자 하였다는 것이다.

2) 조선 후기의 사회경제적 변화와 관주도 중앙집권의 강화

16~17세기에 걸쳐 사림파가 중앙권력을 장악하며 지방에서도 꽃피웠던 성리학적 향촌질서 및 중앙 – 지방관계는 임진왜란과 병자호란이라는 양대 전란 이후, 급격한 사회경제적, 정치적 변화를 맞이하게 되었다. 특히 양반 중심의 전통적 신분제가 동요하면서 관주도의 중앙집권화가 더욱 심화되는 결과를 가져오게 되었다. 즉, 양란兩亂 이후 국가질서를 복구하고 피폐해진 민생을 회복하며, 이를 기반으로 국가재정의 안정적 확보를 위해 중앙정부가 더욱 적극적으로 직접적 통치에 나서게 되었다는 것이다.

무엇보다도 조선 후기에 나타난 상공업의 발달, 농업기술 혁신 및 대동법大同法 실시에 따른 화폐경제의 발달로 인해 토지와 노비라는 물적 토대를 바탕으로 지방 향촌사회에서 성리학적 향촌질서를 구축해온 양반 중심의 신분질서가 무너지기 시작하였다. 이는 사족이 향촌지배를 하는 데 있어 물적 토대인 토지와 노비 소유에서의 중대한 변화를 의미하였기 때문이다(한국역사연구회, 2003: 288). 사족에 의한 향촌질서는 유향소의 향임을 맡을 수 있는 지역의 명사와 품관들의 명단으로서 곧 지방지배 엘리트의 네트워크를 의미하는 향안鄕案에 기반을 두어왔으나, 조선 후기 재물을 가진 백성이나 노비들이 공명첩 혹은 족보 취득을 통해 양반신분을 사거나 부역을 면제받는 면역권免役權을 얻는 등 비리가 만연하였다. 더 나아가 아예 향안에 이름을 올려 향직을 얻어 농민을 착취하려는 경우까지 나타났다.[12] 이로써 사족 양반들의 향촌에서의 지

12 강만길(1994: 134)에 따르면 18~19세기 부농층의 향촌에서의 성장을 목격한 일부 실학자들이 실질적으로 행정참여의 길을 열어주기 위해 권농관(勸農官) 등의 설치를 주장하였다.

배력은 급격하게 줄어들게 되었으며, 재력으로 양반 신분을 취득한 새로운 향촌지배층은 기존의 지배층이 추구했던 유교적 향촌질서에 대한 관심보다는 수령과 결탁하여 향직이 주는 특권에 몰두하는 모습을 보여주었다. 이는 곧 백성에 대한 불법적 침탈의 증가를 의미하였으며, 조선 말기 대규모 농민항쟁의 배경이 되었다는 것이다(권내현, 2005).

또 다른 중요한 사회경제적 변화는 17세기 이후 지속적인 인구 및 인구이동의 증가, 그리고 도시의 발달을 꼽을 수 있다. 〈표 4-1〉의 인구증가율은 조선 후기 행정력의 강화로 그동안 정부 통계에서 누락된 인구가 편입되며 폭발적으로 증가한 측면도 있으나, 전체적으로 자연증가폭이 더 컸다고 볼 수 있다(강만길, 1994). 특히 농경지의 대부분이 한강 이남에 집중되어 있었기 때문에 충청, 전라, 경상도의 인구가 증가하면서 인구 절반 이상이 삼남지방에 거주하게 되었다. 또한 양대 전란 이후 막대한 재산과 토지의 손실이 있었고, 수탈에 따라 자신들에 집중되기 시작된 각종 부역과 공역부담을 기피하거나, 각종 유행병, 흉년으로 인해 유랑하는 농민과 노비들이 도시로 몰려들기 시작한 것도 원인 중의 하나였다. 18세기 무렵 한양인구는 20만 명에 가까웠으며, 지방에도 개성, 평양과 같이 2만 명 이상 인구를 가진 도시가 상업과 교역의 발달에 따라 증가하기 시작하였고, 이러한 도시인구는 비슷한 시기의 서구사회와 비교해도 결코 적은 숫자로 볼 수 없었다(손정목, 1988: 216). 이런 사회경제적 배경 가운데 도고都賈와 같은 자율적 상업세력들이 등장하여 상품의 매점매석을 통해 대외 무역지구와 도시에서 자본을 축적하였고, 보부상들이 집단세력화하기도 하였다. 반대로 이와 같은 자본 세력의 등장은 곧 도시빈민층의 증가를 의미하기도 하

〈표 4-1〉 조선 후기의 인구증가

	인조 26년(1658)	숙종 43년(1717)	증감율
경중오부(京中五部)	95,559	238,119	149.2%
경기도	81,244	561,044	590.6%
충청도	174,051	974,380	459.8%
전라도	431,837	1,109,556	156.9%
경상도	424,572	1,628,754	283.6%
황해도	54,927	457,717	733.3%
강원도	54,003	282,241	422.6%
평안도	145,812	1,078,406	639.6%
함경도	69,343	509,554	634.8%
합계	1,531,348	6,839,771	346.7%

출처: 김운태(1987: 278)

였다. 그러나, 농본 위주의 유교질서에 기반한 국가는 상업에 대한 편견을 버리지 못하고 각종 규제로 시장발전을 저해하였으며, 폐쇄적 무역체제로 국제무대와 단절된 채 세계의 근대화 물결에 합류하지 못하고 한말韓末 농민항쟁의 발호와 일제강점기를 맞이하게 되었다.

전란 이후 국가를 정비하고 왕권을 강화하려는 시도는 위와 같은 사회경제적 상황과 맞물려 국가가 농업생산을 독려하고, 조세수취를 강화하며, 국가통치의 기반이 되는 향촌조직을 새롭게 정비하려는 시도로 나타났다. 이는 국가가 〈여지도서〉(輿地圖書, 1757년)와 〈호구총수〉(戶口總數, 1789년) 등의 지도와 통계를 편찬하여 좀 더 유기적인 지방침투가 가능하게 되었으며, 곡창지대인 소위 삼남三南지방의 양전量田사업 통해 농업생산을 독려하고, 호구조사를 통해 부역 가능인구를 파악하는 등 가장 기본적인 행정단위인 면·리까지 영향력의 확대를 꾀하였다는 것이다. 특히 18세기 중앙정부가 각종 부세 운영에서 일종의 공동체 책임제인 총액제(總額制, 공동납제)를 도입함에 따라 조선 전기 국가의 통치력이 미치지 못하던 면·리는 국가에 대해 각종 부역의 공동납을 책임지고 수령 중심의 지방 지배체제 공고화에 중요한 역할을 하게 되었다(한국역사연구회, 2003).

정치적으로는 양대 전란 이후 의정부와 육조 중심의 중앙정치체제가 조선 후기 행정·사법·군사 등 모든 국가기능을 총괄하는 최고 국가기구로 등장한 비변사備邊司 체제로 넘어가게 되면서, 18세기 초반부터 비변사의 당상관들에게 지방의 수령지배권을 주고 감독하도록 한 팔도구관당상제八道句管堂上制를 통해 지역을 효과적으로 파악하게 되고, 지방을 비변사의 직접적 통제하에 둘 수 있게 되었다. 이는 기존의 중앙에서 파견된 도지사격인 감사(監司, 관찰사)와 함께 중앙이 지방을 이중적으로 감시할 수 있게 된 것을 의미한다.

결론적으로 조선 후기는 양대 전란 이후 근대사회로 갈 수 있는 유리한 조건에 있었음에도 불구하고, 오히려 관주도의 중앙집권화가 다양한 방법과 경로를 통해 이중적으로 강화되었다. 지방사회는 16~17세기 성리학적 향촌질서를 구축해가던 사족체제가 한계를 드러내고 오히려 수령과 향임 중심으로 지배질서가 바뀌면서 근대사회로의 전환기에 중심적 역할을 해야할 농민과 노비, 부르주아 계급은 그 역할에 한계를 절감할 수밖에 없었다. 한편으로는 향촌에서의 수탈이 점차 심화되고, 국왕 중심의 통치체제의 모순이 더욱 커지게 되었기 때문이다.[13]

13 이와 같은 조선 후기의 모순은 조선시대의 통치철학인 왕도정치(王道政治)의 이상과 어긋난다고 볼 수 있다. 왕도정치는 국왕을 포함한 지배계층이 솔선수범하여 근

정약용은 〈목민심서〉에서 조선 후기 국가를 대행한 외관과 지방관에 주목, 그들이 국가–민의를 연결하는 통치체제 중심축임에도 불구하고 각종 폐단의 주체로 전락하고 말았다고 비판하고 있다(이진형, 2014).

또 다른 한편, 조선 후기 많은 사회경제적 변화와 위기에도 불구하고 여전히 국가의 목표는 왕권 중심 집권체제의 굳건한 유지였다. 이 때문에, 서구국가와 일본이 근대국가화하면서 추구했던 부국강병富国強兵이라는 목표는 상공업과 외국과의 교역을 통해 국부를 먼저 축적해야 함에도 불구하고, 조선 후기 도시성장과 상공업의 발달이라는 조건을 가지고도 그 이상의 부국강병책을 추구하지 않은 위정척사파衛正斥邪派와 중앙 엘리트들에 의하여 내부적 혁명을 이루지 못한 채 19세기 말 외세의 압력으로 문호를 열게 되었다(함재봉, 2017).[14] 논쟁의 여지에도 불구하고, 조선이라는 국가가 오랫동안 무너지지 않고 버틴 것은 결국 이러한 중앙집권적 성향 때문이기도 하였으나,[15] 반대로 이 중앙집권체제와

검절약하고, 농업을 권장하며, 부족한 것은 상부상조하며 살아가는 사회였으나, 부역을 회피하거나 아래 계층에 넘기는 지방 사족들의 행태와 수령과 향리층에 의한 이중적 수탈은 왕도정치와 거리가 멀었다는 것이다(함재봉, 2017).

14 커밍스(Cumings, 2005: 80-1)는 조선을 동아시아에서 가장 상업발달이 되지 않은 국가로 평가하면서, 19세기에도 이름을 거론할 만한 가치가 있는 상업도시나 상업인이 존재하지 않았고, 기껏해야 중앙관료들과 후견적으로 연계된 상인들이 독점권을 받아 발전한 정도로 기술하고 있다. 이는 본인 스스로 강만길, 김용섭 등의 국내학자의 반대견해를 소개한 바와 같이, 조선 후기 상업발달을 과소평가한 것으로 생각된다.

15 경제학자인 김재호(2011)는 조선왕조의 장기 지속의 원천을 경제적인 관점에서 분석하면서, 국가가 지방 양반 엘리트로 대표되는 지배연합 세력에게 토지 기반의 이익을 보장해주고 과거를 통해 등용의 길을 열어줌으로써 지지를 받을 수 있었고, 그 토지이익의 근간이 되는 농민에게는 상공업을 배제한 채 국가재정을 통해 공공재를 제공하여줌으로써 상호의존적인 관계로 500년 이상 체제유지를 할 수 있었다고 주장한다. 매우 중요한 연구성과임에도 불구하고, 한편으로는 지나치게 경제적 이익

중앙 및 지방의 엘리트 계층은 조선이 근대국가로 나아가는 데 장애요소로 작용하게 되었다. 요약하면, 조선시대를 통해 나타난 중세적 특징은, 강력한 중앙집권적 체제, 사족 양반으로 대표되는 물적 기반의 지방 엘리트, 그리고 중앙-지방의 후견주의적 네트워크로 볼 수 있다.

II. 한말韓末 이후 지방제도 개혁과 유산: 변화와 지속

조선시대의 말기적 현상, 즉 사회경제적, 제도적 모순은 더욱 심화되는 가운데, 세계열강들은 영역을 확장해가며 결국은 한반도의 문호까지 두드리게 되었다. 이러한 상황 가운데서도 국가는 중앙과 지방의 교류가 점차 줄어드는 가운데 소위 서울·경기 지방에 거주하는 일부 유력가문에 의해 권력이 독점되었고, 그들은 자신의 기득권에 집착하는 데 급급하였으며, 조선 후기 들어 공고화된 국가-수령-이서로 이어지는 일원적 지배체제는 지방에서의 수탈을 더욱 가속화하였다. 심지어 정약용도 유배 중 자식들에게 보낸 편지에서 어떻게든 서울 근교에 자리를 잡을 것을 권면하고 있을 정도였다(노주석, 2014). 일제강점기에도 명목상 지방자치제를 일정 부분 실시하였으나, 사실상 일본 제국주의 정부의 효과적인 식민지 통치를 위한 기반적 권력 다지기에 불과한 개혁이었다.

중심의 인센티브 구조에 초점을 맞추고 있다고 판단된다. 성리학적 향촌질서에 대한 이상이라는 이념이 무시되고 있기 때문이다.

1. 구한말 사회경제적 상황과 국제정세 속 중앙집권성 강화

국가의 일원적 지배가 강화되는 가운데, 지방은 중앙의 수탈 대상으로 여겨질 뿐 지방 향촌의 민의는 전달되지 않는 일방적 관계가 한말의 동향이라고 볼 수있다. 조선 후기의 특징인 국왕 – 수령 – 이서로 이어지는 관주도적 중앙집권체제의 유지는 특권지배층이 지난 500여 년간 익숙해진 것으로써, 그것만이 양반지배층의 지배권과 기득권을 유지해 준다고 믿었기 때문에 면·리 단위에 이르기까지 통치권을 확장하고자 지속적으로 노력하였다(한국역사연구회, 2003). 심지어 최하위의 행정단위인 리里를 다섯 개의 호戶로 묶어 호구戶口를 파악하고 조세수취, 부역동원 가능인원을 파악하기 위해 도입된 오가작통법五家作統法은 오히려 수령 – 이향의 지배체제 하에서 면·리 단위의 향촌까지 국가가 침투하고 민심 이반을 단속하는 방법으로 사용될 정도였다(고석규, 2018: 88). 이에 대하여 던컨(Duncan, 2000)은 〈조선왕조의 기원〉The Origin of the Chosun Dynasty에서 중앙집권적 관료체제의 구축을 위한 노력은 고려시대 전기부터 몇 세기에 걸쳐 지속하여온 현상이라고 주장하고 있다.

그러나, 중앙집권적 정부와 토지 기반 지배층이 지방을 수탈 대상으로만 간주하고 학정을 지속하자 지방의 자율성은 현저히 약화되었다. 조선 말기 전정田政·군정軍政·환정還政 등 소위 삼정의 문란은 오히려 극에 치닫게 되었다. 이 때문에 농민의 반란, 민란이 점차 다발적으로 일어나기 시작하였고, 이것은 곧 강압적 권력의 한계를 의미하였다. 이러한 농민들의 봉기는 초창기에는 화적, 도적의 증가 등 음성적 형태, 혹은 향청을 통한 공식적 항의의 형태로 나타났으나 뜻을 이루지 못하자 결국 주로 농민을 중심으로 19세기 이후 집중적으로 일어나게 되었다. 홍경래의 난(1811)이나 진주민란(1862)처럼 대규모 항쟁뿐 아니라 소규모의 봉기도 여러 차례 일어났다. 그때마다 중앙정부에서 선무사宣撫使, 안핵사按覈使, 암행어사 등을 파견하거나 삼정이정청三政釐整廳을 설치하여 문제를 해결하려고 시도하자 점차 농민봉기가 줄어들기는 하였으나 근본적인 문제해결을 하지 못했으며 결국 갑오년 농민항쟁에 이르게 되었다.

특히 농민봉기가 일어난 지역에 나타난 일반 백성들의 자치적 행정기구들의 존재에 주목할 만하다. 예를 들면, 민회民會는 일반 백성들의 모임으로 농민들과 백성들의 의견을 다양하게 수렴하고, 삼정문란과 같은 문제들에 대하여 수령 및 관청에 적절한 대응을 요구하였으며, 요구가 관철되지 않을 시 봉기하여 그 지역에 자치적인 행정기구를 수립한 것이었다(김병준, 2003). 이를 두고 김인걸(2017)은, 〈조선 후기 공론정치의 새로운 전개〉라는 저서에서 기존의 학계가 지나치게 중앙정부와 지배계층의 관점에서 근대성장기 조선 대중이 민중으로 성장하는 것을 저평가해왔다고 주장하면서, 기존 주장대로 19세기 들어 세도정치로 인해 조선의 공론의 정치 명맥이 끊긴 것이 아니라 지방에서의 향회와 민회를 통해 새로운 공론의 장이 열렸다고 주장한다. 동학농민혁명 시기에는 전라도 53개 군현에 자치행정기관인 집강소執綱所를 설치하고 자발적 농민조직으로서 행정권을 행사할 정도로 발전적인 모습을 보였다. 즉, 일부 민회에서는 지도자를 투표로 선출하였으며, 김인걸(2017)이 지적한대로 조선 후기 각종 부세의 공동납제는 오히려 지방사회의 공동책임제로서 지역민들의 일정 수준 동의 내지는 납득을 얻을 수밖에 없는 구조였으므로 대민(大民, 대개 양반지배층)과 소민(小民, 역을 부담하는 백성)들 간 나름대로의 합리적 의사소통 과정을 거치고 있었다는 것이다.

이러한 배경 하에서, 개화파 정권은 갑오개혁(1894)을 추진하면서 농민군의 요구를 일부 받아들여 전국을 23부 336개 군으로 개편하고, 향회鄕會를 도입, 면·리 단위의 자치를 추구하였다. 이는 사실상 역사적으로 처음 있는 일이었다.[16] 향회는 군회·면회·리회로 나뉘어 한 가구당 한 명씩 참여할 수 있었으며, 행정책임자를 선출하고 주민대표를 뽑는 등 자치적 행정의 모습을 보였다. 이 자치기구에는 재지사족 중심의 향청과 달리 신분차별이 없었고, 교육, 호적, 지적, 위생, 납세 등의 문제를 민의를 존중하는 상향식 방법으로 결정해 나갔다는 것이다. 대한제국기에는 좀 더 나아가 군주를 개혁주체로 설정하고 군주–농민의 직접적 연계를 추구하며, 민권을 한정적으로 인정함으로서 제도적 근대화 가능성을 보였다.

이처럼 조선 후기–말기에 걸쳐 체제의 모순이 심화되는 가운데 민회, 집강소의 존재, 그리고 나아가 근대적 정치제도 및 민권의 인정은 아래로부터의 근대화 가능성을 보여주며, 지방영역에서의 자치적 전통 수립에 긍정적인 영향을 주었던 것은 어느 정도 사실이었다. 또한 사상적으로 18세기경부터 실학파, 북학파 학자들이 지속적으로 해외통상론을 주장하고, 문호개방을 요구하며 담론을 제공하여 왔으며, 1876년 일본에 의해 강제적 문호개방을 한 후 일부 세력이 근대적 정치체

16 고석규는 갑오개혁파 정권이 참정권의 인정, 신분제 부정, 평민의 정책건의권 인정 등 근대적 요소가 존재하고 있었음을 인정하고 있다(고석규, 2018: 89).

제를 도입하고 합리적 경제체제 구축을 주장하며 개화파로 등장하였다. 이들은 문벌타파, 청나라에의 종속에서 탈피, 토지와 세금개혁, 인재등용, 탐관오리 처벌 등을 정강정책으로 내세우고, 군사, 재정, 차관을 통한 근대화개혁을 시도하며 일본식 부국강병을 추구하였다.[17]

그럼에도 불구하고, 국가권력에 의한 강압적 지배와 통제를 종식하고, 새로운 국가 및 지방질서를 민의에 따라 구축하기에는 500여 년 지속된 중앙집권체제와 신분질서의 벽이 너무도 높았다. 강압적인 외세의 문호개방 압력과 농민전쟁, 개화기에도 유력 지배층과 성리학적 지배질서의 완성을 꿈꾼 위정척사파 등의 세력은 조선의 전제주의적 정치체제와 중세적 지주 전호제 경제체제를 옹호하며 양반신분제 유지를 선호하였고, 이는 전근대적이고 반시대적인 운동이었다. 특히 문호개방 후 개화정책은 정권유지의 목적이었을 뿐, 실질적으로 근대사회로 나아가지 못했다. 오히려 이 시기 교통과 통신의 발달 등을 통해 중앙의 지배수준이 정교하게 높아졌으며, 갑오개혁과 광무개혁을 거치며 더욱 중앙집권제가 공고화되었다는 것이다(엄태석, 2016). 농민혁명기 민회와 향회 등을 통한 농민과 일반 백성들의 자발적 행정참여와 자치는 그 의미에도 불구하고, 국가법질서의 틀에 편입된 것도 아니고, 국가가 공식적으로 인정한 제도도 아니었기 때문에 자치적 전통이 있었다고 보기에는 한계가 있었다(김병준, 2003). 오히려 갑오개혁파는 관주도로 새로운 향회를 통한 지방통제를 지향하였고, 지배계층은 원

17 그러나 사실 일본식 부국강병책은 서구 제국열강의 침탈에 대한 두려움에 의하여 시작된 것으로, 강력한 중앙집권을 바탕으로 근대화를 추구한다는 점에서 지방의 자율성 강화와는 거리가 있었다.

래 외세침략을 위해 결성된 자위부대인 민보군民堡軍을 향약을 통해 적절히 조직, 동학농민군 진압을 위해 참여하는 모습까지 보였다. 심지어 향회와 민회를 통한 조선 공론정치의 연속성을 주장한 김인걸(2017)도 대민과 소민을 연결하는 공론정치의 성공은 결국 지도층인 수령에 달려 있었다고 인정하고 있다. 향회와 민회에서 민의를 반영하는 결정은 하나의 '원칙'에 더 가까웠다는 것이다. 이처럼 한말에 많은 사회경제적, 정치적 변화를 겪으며 조선시대는 근대사회로 나아갈 수 있는 물적 토대를 조금씩 축적해 나가고 있었음에도 불구하고, 개혁과 개방에 대한 기득권층의 저항과 일본에 의하여 그 결실을 보지 못하고 말았다.

2. 일제강점기의 중앙집권성: 조선의 유산인가 일제의 유산인가?

일본 제국주의 정부는 강화도조약(1876)으로 조선의 문호를 강제적으로 개방한 후 지속적으로 조선의 중앙–지방 행정체계를 개혁하기 위하여 노력해왔다. 그 주요 목적은 식민통치를 효율적으로 하기 위한 것이었다. 이 목적을 위해 두 가지 제도개선에 중점을 두어왔는데, 첫째는 조선의 정부간관계의 중심이었던 군현제를 약화시키고, 둘째는 일본인 혹은 친일적인 인사들을 지방관으로 파견하여 식민지 행정에 있어서 좀 더 깊숙이 지방으로 침투할 수 있도록 하는 것이었다. 물론 일제강점기 하에서 지방자치적인 요소가 전혀 없었던 것은 아니었으며, '지방행정제도의 근대화'라는 그럴듯한 명분하에 시행되었으나, 이러한 일제의 노력은 손정목(1983a)의 표현대로 한반도 침탈을 위한 행위 그 이상도 그 이하도 아니었다.

1905년 을사조약 체결 후 조선의 중앙과 지방정부의 행정제도를 개혁하기 시작한 일제는 먼저 행정구역을 대폭적으로 개편하고 '행정경비 절감'이라는 명목 아래 도道와 군郡의 숫자를 줄여 전통적인 중앙-지방관계, 즉 관찰사와 수령으로 이어지는 국왕 중심적 정부간관계를 개편함으로써 수령과 향리, 그리고 양반사족들의 지방사회에 대한 영향력을 줄이고자 하였다. 이미 갑오개혁, 광무개혁 이후 군현제 중심의 지방제도를 일정 수준 유지하면서도 향리와 사족세력의 영향력을 줄여나가기 시작하였고, 수령으로부터 치안권과 재판에 대한 권한이 분리되기 시작하였으나, 1910년 이전까지는 일본 통감부統監府의 이러한 시도에 대해 반감을 보이는 지방세력의 반발로 인해 유야무야되고 말았다. 비록 기존 지방세력과 향리층의 반대로 군郡을 합병하는 계획은 실행에 옮기지 못했으나 친일적 인사를 군수에 지속적으로 임명함으로써 식민지 기반을 다져나갔다(홍순권, 1995). 통감부는 일단 지방의 경찰력을 확충하고, 재무서(財務署, 1906년)를 설치, 지방관의 징세권을 박탈하였으며, 명목상의 지방위원회를 설치하여 향회를 대신케 하는 등 식민통치를 위한 정지작업을 실시하였다. 따라서, 설혹 지방자치적 요소가 있었다고 해도, 그것은 이미 1888년 이후 메이지정부의 지방정부 개혁을 경험한 재한 일본인인 거류민居留民들의 요구에 응한 것에 불과한 것이었고, 이는 실질적으로 삼국시대부터 이어져 온 군현제의 종말을 의미하였다.

그러나 초창기에 의도한 대대적인 지방제도 개편에 성공하지 못한 일본 제국주의 정부는 1910년을 전후로 하여 강제적 문호개방과 식민지화에 반대하는 의병봉기와 애국계몽운동 등을 무력으로 탄압하기 위하여 군사, 정치, 문화 등 일체의 활동을 금지하고 공포 분위기를 조성하며, 다방면에 걸쳐 식민지체제를 구축해 나가기 시작하였다. 특히 1910~1920년대의 기간은 소위 '무단통치'武斷統治의 시기로 헌병경찰의 감시하에 한반도가 점령당한 암흑의 시기였다고 볼 수 있으며, 정부간관계와 관련해서는 일본 메이지정부가 지방자치제도를 정비하기 시작한 19세기 후반의 영향을 받았다고 볼 수 있다. 즉, 정치색을 배제한 채 철저하게 행정기능 위주의 지방정부를 설립함으로써 관료적 지방자치제도를 추구했던 일본은 메이지시대 이후 줄곧 행정국가였고, 1880~1890년대 지방제도의 재편도 지방 명망가에 의한 자치를 인정하면서 동시에 부현지사를 중앙에서 파견하는 등 집권성을 유지하였다. 식민지에서도 동질적 체제를 구현하고자 하였던 것이다.

특히 1914년의 지방제도개혁은 대한민국 정부수립 초창기까지 이어져 중요한 의미를 가지고 있었다. 한동안 13도 12부 317군 체제를 유지하면서 기회를 엿보던 총독부는, 1914년 대대적 개편으로 지방체제를 13도 12부 220군으로 통폐합하였으며, 4,322개의 면面도 2,521개로 줄였다. 이는 식민통치에 반감을 가지거나 무능한 수령을 퇴진시켜 기존 세력의 백성에 대한 영향력을 반감시키는 대신, 면을 말단행정단위로 강화시켜 직접적으로 식민통치를 강화하려고 시도한 것이었다(김병준, 2003). 또한, 관찰사를 도장관道長官으로 명칭을 바꾸고(1910년), 비록 실권은 많지 않았으나 주로 일본인을 도장관으로 임명하였으며, 총독부가 식민지 정부 정책의 가장 말단까지 이르도록 의도한 면 단위에 가서야 비로소 친일적 성향의 조선인을 임명하였다. 경제적으로는, 일단 합방 초기부터 실시되어 1918년 완성된 토지조사사업이나 회사령 등을 통하여 일본 및 조선인 대지주와 자본가들에게 큰 이득을 가져다 주면서 소규모 영세농민들로부터는 토지를 수탈하고 경작권을 탈취, 많은 농민들이 유랑의 길을 떠나거나 화전을 개척, 또는 도피를 하게 되는 상황이 발생하였다(손정목, 1983a).

이와 같은 지방행정 개편을 통해 일본 총독부의 숨은 의도들이 곳곳에 잘 나타나 있었다. 예컨대, 한성부는 경기도 소속의 경성부京城府로 격하되었으며, 부府와 군은 도장관의 감독하에 두고, 그 관내에 면을 두었다. 세력이 급격히 약화된 군의 장長인 군수는 모두 조선인이 임명된 반면, 일본 거류민들의 자치기구인 거류민단居留民团을 영역 내에 보유한 부의 장長인 부윤府尹은 모두 일본인으로 임명하였다(손정목, 1983b). 한편 면은 식민지 정책의 말단까지 침투를 효율화하기 위한 수단이었고, 면장은 친일적인 인사들로 채워졌다.[18] 또한, 1914년 종래의 부군제를 폐지하고, 부를 도시행정의 기본단위로 하였으며, 일본거류민단과 각국 공동조계共同租界를 폐지하여 일원화시켰다.[19] 특히 일본거류민단이 가진 수익성 있는 재산은 일본인 교육을 위한 학교조합에 승계하는 대신, 부채는 부에 승계함으로써 조선인에게 부담을 증가하는 치밀함을 보였다. 1910년대 이후 추진된 대대적인 지방제도 개혁은 결

18 이외에도 도청 등의 관아명을 모두 '청'(庁)으로 통일하였고, 지방행정관의 독단을 방지한다는 명목으로 민간인 참사(參事)들로 이루어진 참사자문회를 두었으나, 자문역할에 그쳤으며, 형식적이었다(손정목, 1983b).

19 부(府)는 1910년의 12부제와 달리 관할하에 면을 두지 않는 지방행정 기초단위이며, 도시지역을 대표하였다. 면적도 매우 작은 자치행정을 표방하는 공법인(公法人)이었다. 이는 1888년 메이지정부가 도입한 시정촌(市町村)제도에서 시에 해당하는 것으로 주로 도시지역을 관할하였고, 학교조합이 처리하는 일본인 교육제도를 제외한 일반공공사무를 맡았다. 부윤은 1914년부터 총독에 의하여 임명되었으며, 도장관의 지휘감독을 받는 국가관리였다(손정목, 1993b).

[그림 4-3] 일제강점기 중앙-지방공무원 비율(%)

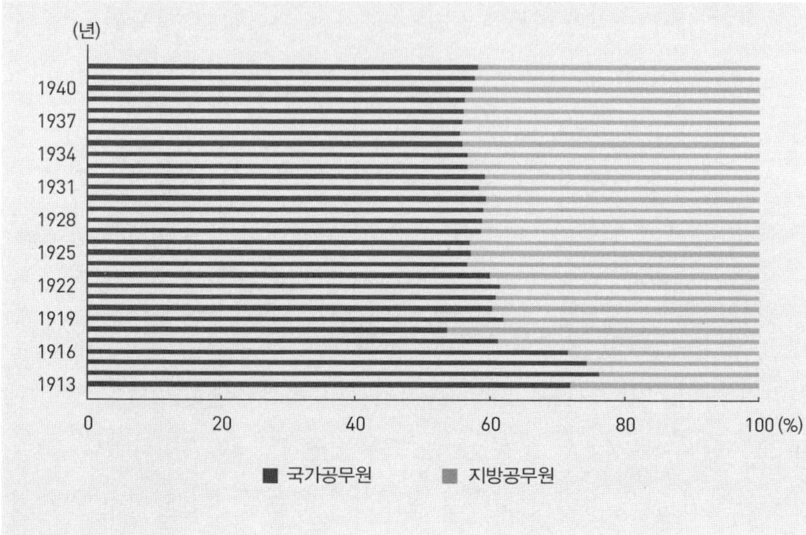

출처: 김낙년 외(2018), 〈한국의 장기통계〉

국 식민체제의 기반을 마련하고 중앙의 총독부가 최상위부터 최하위에 이르는 행정까지 일원적으로 지배하게 되는 결과로 나타났으며, [그림 4-3]에서 보는 바와 같이 1920년대 이전까지 중앙공무원이 전체 공무원의 70% 이상을 차지하게 되었다.

1914년 개혁으로 인해 비로소 조선인과 일본인을 동일한 제도하에 통치할 수 있는 기반이 마련되었다(同治同化 朝日融合). 그러나 이는 당시 도시제도의 편제와 지리 등을 무시한 제도개편이었으며, 총독부의 식민지 정책을 강화하고 합리화하기 위한 제도에 불과하였다. 또한 이 시기 자치의회에 해당하는 부협의회라는 것도 두었으나, 협의회원은 총독의 인가를 받아 도장관이 2년 임기의 회원을 임명하였고, 부윤이

의장을 맡은 자문기구에 불과하였다. 일본인이 많이 가주하던 부는 주민복리에 있어서 혜택이 많이 있었으나, 훨씬 인구가 많은 도시지역인 수원, 함흥, 전주, 광주, 진주 등은 일본인 거주자 수가 적다는 이유로 부로 승격되지 못하였다. 심지어 이들 지역에는 토목공사가 필요치 않다는 핑계로 토목담당관을 파견하지 않거나, 재정운용에 자율성을 부여하지 않는 등 차별적으로 대우하였다(손정목, 1983b).

1920~1930년대에는 대규모 지방개편은 없었지만, 일부 행정구역 개편이 있는 정도였고, 3.1 운동 이후 문화정책으로 전환한 일본 총독부는 지방자치제도를 명목상 모방한 제도를 시행하면서 기만적으로 지방행정을 운영하였다. 헌병경찰제를 없애는 대신 총독부 산하 경찰국을 설립하여 각 도의 경찰이 도지사를 보좌하여 경찰 및 위생사무를 보게 되었으며, 참사제도나, 각종 협의회제도 등을 통해 조선인을 지방정치에 참여시켜 지방자치제를 강화하는 듯 선전하였으나, 일정한 재력이 있는 인사에게 제한적 선거권을 부여하거나 임명제를 유지함으로서, 중앙집권적이면서도 면 등을 통해 지방 깊숙이까지 권력행사를 하는 모습을 보였다.

오히려 면민대회, 도민대회 등 민회 스타일의 대회와 농민조합 등이 자치적 성격을 지녔다고 볼 수 있으나, 이들에게는 공권력을 행사할 수 있는 권한이 없었다(김병준, 2003). 1930년대에 도, 부, 면에 설치된 자문기관에 의결권을 부여하면서 또다시 기만적 지방자치를 시행하려 하였으나 결과적으로 1940년대 태평양전쟁으로 전 국토가 전시 동원되면서 지방행정도 동원되었으며, 그나마 재력 있는 친일인사들이 자문위원회에 진출할 수 있도록 함으로써 사회경제적 엘리트 계층이 지

방정치에 형식적으로나마 참여할 수 있는 길을 열어놓았다(행정안전부, 2015).[20]

Ⅲ. 제한된 지방자치 개혁: 미군정의 통치와 대한민국 수립

1. 미군정청의 행정중심적 통치

일본이 원자폭탄 투하와 소련군 참전 등에 의해 세계대전에서 패망한 후 국내에서는 독립운동에 몰두하던 좌익, 중도, 그리고 우익세력들이 저마다 해방 후 국가체제에 대한 비전을 갖고 자치적인 활동을 시작하였다. 조선총독부로부터 해방 직전 치안 등 행정권의 이양교섭을 받은 여운형을 중심으로 설립된 건국준비위원회(건준, 1945년 8월 15일)는 치안확보, 식량대책, 경제안정, 정치범 석방 등 여러 문제에 대한 해결을 위하여 중앙조직을 확대하는 한편, 지방에 인민위원회를 설치하여 각 지방 지부 또한 확장하였다. 이에 따라 보름이 채 안되어 이미 각 지방에서 자체적으로 만들어져 활동하던 인민위원회를 흡수, 단기간에 145개소에 이르는 지방조직 체계를 갖추게 되었다(강만길, 1994).[21]

20 1922년에 세워진 행정강습소는 6개월의 훈련고정을 통해 식민통치에 적합한 친일적 행정인력을 양성하였다. 물론 일제강점기에 중앙뿐만 아니라 지방행정에 참여할 수 있는 기회는 매우 적었고, 조선인은 대부분 실권이 없는 직분에 다수 임용되었다. 지방의회가 임기 4년의 의결기관으로 변화한 후에는 유권자 자격을 '5원 이상 세금 납부자' 등으로 제한함으로써 사실상 재력 있는 친일적 명망가에게만 정계진출의 길을 열어주었다(동선희, 2006).

21 임혁백(2014: 186)은 커밍스(Cumings)의 자료를 근거로 하여 기존에 알려진 145개보다 더 많았을 것으로 추정하고 있다.

그리고 같은 해 9월 6일 조선인민공화국 수립을 발표하고 건국준비위원회는 스스로 해체하였다. 이 당시 생겨난 자치조직들은 준비가 잘된 조직도 있었으나, 대부분 급조한 탓에 여러 문제점, 즉 대표성과 역량부족으로 인해 많은 어려움을 겪었다. 결정적으로 9월 8일 미군이 서울로 진출하여 군정청을 설치하고, 조선인민공화국을 인정하지 않음으로써 스스로 유일한 합법정부임을 발표하였으며(1945년 10월 10일), 이에 따라 기존 자치조직과 인민위원회는 물론 중경 대한민국 임시정부도 정통성을 인정받지 못하고 말았다.[22]

잠시 동안의 자치적 활동들을 청산하고 유일한 남한의 합법정부로 들어선 미군 군정청은 해방 후 한반도에서 현대적 국가와 제도형성에 큰 영향을 미친 중요한 행위자로 등장할 수밖에 없었다. 좌우의 극심한 대립 속에서, 군정청은 그 나름대로의 입장과 방법으로 국가체계를 정비해 나가기 시작하였으며, 현대사와 가장 가까운 시기인 만큼 대한민국 제도의 직접적 기원이라고 볼 수 있다. 조선총독부의 통치체제를 활용하는 것을 효율적이라고 판단한 군정청은 1946년 3월까지는 일단 군정 초기 일제강점기의 지방행정제도를 그대로 유지하려고 하였으나 해방군으로서의 미군을 기대한 한국인들의 반발로 군정청을 설립하고, 그 이후 조선총독부의 지방과를 폐지하였으며, 새롭게 지방행정조직을 관리할 인사들을 임명해 나가기 시작하였다(김석준, 1996). 1946년 일제강점기의 도회, 부회, 읍회, 면협의회 등을 폐지하고, 군정청장이 도지

---

22 8.15 해방 당시 한반도에는 조선총독부 이외에는 국제사회로부터 승인받은 조선인 정권은 없었으며, 여운형 등에게 행정권을 이양하려는 듯한 제스처를 취했던 조선총독부가 포고령을 통해 다시 직접 통치가능성을 내비치는 바람에 미군이 한반도에 들어오게 되었다(강만길, 1994).

사를 임명하였으며, 각 지방정부의 장이 군정청장의 명을 받아 지방사무를 처리하게 되었다. 한편, 도, 부, 군에 자문기관인 고문회를 설치하여 각급 지방정부 수장에 대한 주요 간부 추천 및 기구 개편에 있어서 자문 등을 할 수 있도록 하였다.

3년이라는 짧은 기간 동안 미국식 자본주의와 민주주의 제도의 이식을 추진한 미군정청 정부는 점차 일제 조선총독부의 관료적 통치를 지양하고 전문화, 분권화된 지방행정체제의 도입을 시도하였으며, 몇 가지 개혁에 있어서는 상당히 자치적 요소를 띠고 있기도 하였다. 예를 들면, 제주도를 전라도에서 분리하여 독립시킨 것과(1946년 7월) 미국 도시에서 볼 수 있는 자치헌장charter과 비슷한 형태의 서울특별시 헌장을 도입(1946년 8월)하여 경기도 소속으로 격하되었던 경성부를 다시 승격시키는 등 지방자치적 행보를 보였다. 비록 시행은 되지 못했으나 1946년 11월 지방의 관리들과 의회의원을 뽑는 지방자치선거를 계획하기도 하였다. 이는 보통, 비밀선거 등의 민주적 요소를 가진 매우 발전된 형태의 지방선거 계획이었다(엄태석, 2016). 미군정청의 통치는 이처럼 독립국가 출범의 준비적 성격이 있었다.

그러나 3년간의 미군정은 결국 제한적일 수밖에 없었고, 점차 중앙부처의 부서는 급격히 늘어나게 되었으며, 사실상 서울특별시 헌장과 지방선거 등은 실시되지 않았다. 오히려 중앙의 지방행정 관련부서는 폐지되면서 미군정청의 중앙집권적 경향이 더욱 두드러지게 나타났으며, 지방의 관청은 군정청의 지역사무소 역할밖에는 수행하지 못하였다(김정해, 2008). 결과적으로 군정청하의 지방자치제도는 알맹이 없는 공허한 계획에 불과하였고, 오히려 지방관리의 임명에서 친일적 행각을 한 세력들이 지방정치에 진출하게 되었다. 이러한 결과가 나타난 원인은 미국식 자본주의와 민주주의 제도 등의 제도 자체와 그것을 집행해야 하는 주체가 일치하지 않은 연유도 있으나, 해방 후 극도로 혼란스러운 사회적 갈등과, 이데올로기를 둘러싼 의견대립, 국가 자체의 역량부족으로 인해 군정청에 의한 타율적 개혁으로 흘러갈 수밖에 없었고(김정해, 2008), 해방 후 통치기능 수행 및 신생국가기구의 형성, 그리고 일본인의 귀속재산 관리 등의 업무처리를 위해 중앙정부의 행정기관의 수가 급격히 증가하여 중앙정부 기구가 팽창하게 되었다는 것이다(민준기 외, 2008). 그레고리 핸더슨은 경제, 종교, 정책, 이데올로기 등의 갈등양상에서 중간지대가 없이 극심한 대립만이 있었던 상황을 중앙집중현상의 원인으로 보았으며, 국민들과 이익집단들은 이 질서에 순응하는 것이 합리적인 선택이었음을 이미 조선과 일제강점기를 통해 경험적으로 알고 있었다는 것이다.[23] 결과적으로 임시로 한반도를 통치하기 위해 남한을 점령한 미군정청은 큰 정치적, 행정적 변화는 추구하지 않은 채, 많은 부분에서 조선총독부로부터 내려온 제도들을 그대로 답습하려 하여 한국인들과 충돌을 일으켰다. 또한, 소련이라는 존재를 지역에서 의식할 수밖에 없었던 미국으로써는 큰 변화보다는 오히려 현상유지를 하며 사회주의자들의 성장을 저지하려 하였으며, 결과적으로 중앙집권적, 행정중심적 통치 경향을 유지하고 기존의 조선총독부 제도의 유지에 많은 부분 집착할 수밖에 없었다.

---

23 민준기 외(2008)에서 재인용.

2. 대한민국의 건국과 중앙집권의 지속

우여곡절 끝에 1948년 5월 10일 국회의원선거를 시작으로 대한민국은 현대적 독립국가로서 첫발을 내딛으며 국가형성의 과정을 겪게 되었다. 이미 미군정청 시절부터 미국의 임시통치가 끝나면 어떤 주체가, 어떤 방향으로 어떤 방식의 현대적 국가를 건설할 것인가에 대한 많은 고민이 있어왔으며, 초대 헌법과 국가질서는 미·소 공동위원회뿐만 아니라, 한국민주당, 이승만 등 해외파 독립세력, 제헌국회, 유진오와 같은 명망가 등 많은 이해관계자들은 대한민국 수립 이전부터 헌법적 질서에 대해서 고민하기 시작하였다.

해방 후, 각 정파에서는 새로운 헌법질서에 대해서 각자의 의견을 내놓기 시작했는데 대표적으로 헌법제정에 큰 영향을 미친 유진오의 개인적인 사안私案, 권승렬안, 행정위원회안 등 여러 헌법제정안들이 나타나기 시작하였으나 이성적인 토론이 있었다고 보기 힘들다(신용옥, 2008). 치열한 이념적 대립 속에 남한의 단독정부 수립이 가시화되자 이승만과 한국민주당, 일제 관료 출신 계열이 지지해 온 자유민주주의가 제헌헌법의 기본적인 지향으로 확정되었으며, 행정과 사법이 융합된 강력한 대통령제 체제를 갖추게 되었다. 헌법 및 정부조직법을 기초한 위원들도 일본과 미군정의 행정법 체계에 매우 익숙하였기 때문에 정부조직법 같은 경우 일제강점기와 미군정청의 조직을 토대로 제정된 것은 매우 자연스러운 일이었다(강혜경, 1998).

정부 수립 당시만 해도 중앙의 정부조직은 그 정비가 지체되거나 특별한 인사 및 조직 원칙이 부재하였기에 매우 혼란스러운 상황이었다.

특히 일제강점기와 미군정청 하에서 시행된 지방행정체제가 지속되고 있었으므로 지방행정에관한임시조치법을 공포하고 임시로 지방행정을 꾸려나갈 수밖에 없었으며, 제헌국회가 개원하고서야 비로소 자유민주주의의 모양새를 갖추기 위해 지방자치단체를 명문화한 헌법과 최초의 지방자치단체법을 공포하게 되었다(1949년 7월).[24] 이는 사실상 일제가 식민통치를 위해 수립해 놓은 중앙집권적 행정체제의 기반 위에 지방의회 및 지방자치단체장 선거 혹은 임명에 관한 부분만 새롭게 규정한 명목상의 지방자치제에 불과하였다. 예를 들면, 당시 지방자치법은 서울특별시와 도·시·읍·면 등의 지방자치단체의 종류를 규정하고 지방의회의원들은 직접선거에 의하여 선출하도록 규정한 반면, 서울시장과 도지사는 대통령이 직접 임명하고, 시·읍·면의 장은 직접 선출된 시·읍·면 의회에서 간접적으로 선출하는 등 불완전한 지방자치였다. 특히 지방자치법은 4.19 혁명 후 민주당 정권이 집권하기까지 4차에 걸쳐 개정되었는데 모두 이승만 정권이 국회 무력화를 시도하거나, 야당인사들의 당선가능성을 낮추려는 의도 등 중앙정치권의 정치수단으로 전락하였다. 그나마 1956년 12월의 지방자치법 개정에서는 지방자치단체장의 인사권이 공정하지 않고 선심성 정책이 만연하며, 지방재정이 충분치 않다는 이유로 다시 단체장 임명제로 전환하고 말았다.[25]

24 건국 초기 국방비와 치안에 대한 막대한 투자는 중앙정부로 하여금 정책지침을 지방행정기관에 제대로 전달하는 것을 저해하였으며 행정집행력 또한 혼란스럽기 그지없었다(강혜경, 1998).

25 1949년 12월의 1차 개정은 법제정을 보완하는 수준에 그쳤고, 1956년 2차 개정에서는 시·읍·면장 직선제를 도입, 자치단체장에 대한 지방의회의 불신임의결과 단체장의 의회해산권 폐지, 임기단축, 소집일수 제안 등을 개정하였다. 같은 해 7월에는 대통령선거를 앞두고 시·읍·면장 및 의회의원 임기 4년 그대로 인정하는 것과 선거

이 과정에서 중앙정부를 견제해야 할 지방의회의원들은 대통령을 노골적으로 지지하고 오히려 국회를 공격하는 등 모순적 모습도 보였다(민준기 외, 2008).

제2공화국이 수립되고 나서야 비로소 지방자치에 가까운 전면 직선제가 도입되었으나, 반년이 채 못되어 발발한 5.16 군사쿠데타로 인하여 짧은 경험은 역사의 뒤안길로 사라지고 말았다. 민주당 정권은 1960년 11월 서울시장, 도의회, 시·읍·면장을 직선으로 선출하는 역사상 최초의 지방자치선거를 도입하는 등 근본적인 지방자치법 수정노력을 하였다. 시·읍·면장 투표율이 80% 가까이 나오는 등 관심도 뜨거운 편이었으나, 4차례나 이어진 지방선거에 점차 참여율은 떨어졌고, 실제 지방자치제 운영에 있어서 경험과 의식부족으로 인해 단체장 - 의회의 불화도 심한 편이었으며, 국가직 지방공무원과 선출직 단체장과의 갈등도 꽤 잦았다(엄태석, 2016). 무엇보다도 매우 짧은 실제적 운영기간과 포괄적이고 추상적인 지방자치법은 여전히 완전한 형태의 지방자치라고 보기에는 힘들었다고 볼 수 있다.

이러한 가운데, 국가 - 시민 간 연결고리 역할을 해야 할 정당은 그 기반이 매우 취약하였고, 정치인의 사당私黨에 가까운 역할을 하였다. 이승만 초대 대통령의 경우 자유당을 기반으로 하여 권력을 획득한 것이 아니라 대통령이 된 이후 권력기반의 강화를 위해 자유당을 창당한 것이었다. 또한 일제강점기와 미군정기를 거쳐 이승만 정권에서도 주

구 책정 등 중앙의 이해관계에 따라 지방자치의 본질과 관계없는 수준의 개정에 그쳤고, 1958년 12월 4차 개정은 시·읍·면장을 임명제로 하는 개정으로 다시 중앙집권성을 강화하였다.

요 고위직을 장악한 세력들이 주축을 이룬 행정부가 이승만 정권의 주요 권력기반이었기 때문에 정당의 역할은 부차적인 것에 불과하였고, 시민들의 요구를 정치에 전달하는 역할은 매우 제한적일 수밖에 없었다. 또한 한홍구(2006)와 김주완(2005) 등이 평가한 것처럼, 이 당시의 지방자치제는 중앙의 권력기반을 강화하고 국회세력을 약화시킬 의도로 지방 토호들이 족보에 벼슬을 기록할 수 있도록 '하사'下賜한 것 이상의 의미를 찾아보기 힘들었다. 이는 지방사회에서는 오직 관, 자유당, 그리고 어용조직만이 존립 가능할 수밖에 없었다는 것을 의미한다(강준만, 2004).[26]

IV. 결론: 중앙집권성과 경로의존성

적어도 한국의 중앙-지방 간 관계에서의 역사적 경험은 두 가지 측면에서 매우 두드러진 특성을 가지고 있다고 볼 수 있다. 첫째, 삼국에서 대한민국 초대 공화국에 이르기까지 통치권자의 주요 관심은 기반적 권력의 강화와 왕권중심체제의 공고화를 위한 지방의 동원mobilization이었으며, 이는 역사 속에서 군현제의 도입과 강화, 중앙의 인적자원을 이용한 지방의 감시 및 통제, 그리고 철저하게 중앙에서 지방으

26 일제강점기까지도 살아남은 지방의 지주들은 해방 이후 달라진 정치경제적 환경에 제대로 적응하지 못한 채, 이승만이 정치적 라이벌이던 한국민주당 주요 지지기반인 대지주 세력을 견제하고 북한과 경쟁에서 우위를 점하기 위해 매우 진보적인 농지개혁을 단행함으로써 그 세력을 잃게 되었다(임혁백, 2014: 220).

로의 하향식 권력확장이었다. 물론, 교통·통신 발달 및 통제에 관한 물리적 한계로 인해 전체주의적 체제와 같은 지방통치를 할 수는 없었을지라도, 한국의 역사 속에서 일관되게 발견되는 것은 이러한 중앙집권적 특성이라는 것이다. 중앙집권체제 구축을 위한 노력이 심지어 고려때부터 조선에 이르기까지 수 세기에 걸쳐 이어져왔다는 던컨(Duncan, 2000)의 주장은 비록 형태와 구성원은 다를지라도 현대까지 이어지고 있는지도 모른다.

둘째, 이 장에서 비록 제도주의자들이 사용하는 경로의존의 의미를 심각하게 적용하고 있는 것은 아닐지라도 한국의 중앙집권의 역사는 놀라울 정도로 경로의존성을 가지고 있다. 즉, 좁게는 일제강점기, 넓게는 삼국시대까지 확장하여 볼 때, 한국의 역사 가운데 지방이 성장할 수 있었던 계기가 여러 차례 있었음에도 불구하고 다시금 중앙집권적 형태로 돌아오거나 더욱 강화되는 모습을 보여주었다. 경로의존성 논의에서 제도의 지속성 혹은 재생산을 설명하는 개념인 수확체증increasing returns, 부정적 환류negative feedback의 개념으로 한국 정부간관계를 관찰했을 때, 조선 초기 주자학적 국정철학을 가지고 사족 중심의 향촌질서를 구축하고자 했던 사림파 학자들의 득세와, 양대 전란 이후의 상공업 발달과 도시의 성장, 한말 근대성의 성장과 동학 등 민중운동의 등장은 아래로부터의 질서를 구축할 수 있는 중요한 전환점이 될 수 있었으나, 오히려 조선 후기 신분질서의 붕괴로 수령 중심의 체제가 강화되어 지방사족들도 수령 - 향리 중심의 질서에 동참하여 중앙집권적 경향을 더욱 강화하는 결과를 낳고 말았다.

일본 제국주의 정부의 한반도 지방통치에 대하여 매우 강력한 중앙집권적 성격을 부인하는 연구는 없으나, 앞서의 조선왕조의 중앙-지방 관계의 성격논쟁과 관련하여 외세에 의한 중앙집권성의 '외삽'外揷으로 보아야 하는지, 아니면 한국역사에서 지속적으로 있어왔던 전통적 유산인지에 대하여는 해석이 일치하지 않는다. 앞서 논의하였듯이, 팔레(Palais, 1975)나 커밍스(Cummings, 2005), 함재봉(2017) 등의 학자들은 조선의 중앙정부를 약한 국가로 정의하며, 성리학에 기반한 양반층이 국왕을 충분히 견제하면서 향촌에서 자신들이 이상으로 꿈꾸던 주자학적 질서를 구축할 수 있었다고 보았다. 이 견해에 따르면 대한민국 정부 수립 이후의 중앙집권적 성격은 일제 식민지 경험에서 유래한 것으로 해석할 수밖에 없다. 그러나, 저자를 포함하여 많은 학자들은 일본의 식민지배가 매우 중앙집권적이었음을 인정하면서도(진덕규, 2000), 식민지 이전에도 중앙정부가 강제력으로 동원할 수 있는 구조였음을 밝힌 바 있다. 특히 조선시대의 지방의 양반은 다른 국가들의 지주 혹은 영주에 비해 배타적인 경제권이나 정치권력을 소유하지 못했고, 특히 양란 이후 관주도 수령 중심의 지방지배체제가 공고화되면서 이 제도적 전통은 일제 식민지 정부가 적은 비용으로 매우 빠르고 손쉽게 지방통치질서를 정비할 수 있는 제도적 기반이 되었다. 농업 중심의 지주에서 잉여농산물을 기반으로 한 상업적 세력으로 전환해 나가던 지주들은 식민정부와의 결탁을 통해서만 자신들의 부와 권력을 유지할 수 있음을 인지하고 협력하였으며(최장집, 1997), 이들과 같은 재력가들이 결국 일본의 기만적인 지방의회 등에 진출한 세력이 되었다.[27]

27 손정목(1983b)의 글에서 나타난 지방의회 진출 조선인 명망가들은 대개 대지주 혹은 자본가였다. 이들은 미군정에서도 고스란히 고위 직책을 맡으며 엘리트의 명맥을 이어갔다.

이러한 권력집중은 단지 일제 총독부와 미군정에서 기인한 것으로는 보기 힘들며, 한국의 역사를 통틀어 이어져 내려온 집권적인 전통으로 보아야 할 것이다(민준기 외, 2008). 끊임없이 중앙집권의 경로에서 벗어나려는 움직임이 있었으나 결국 다시 본래의 경로로 돌아와 대한민국 건국 이후에도 지속적으로 중앙집권적인 형태를 유지하게 되었다. 이승만 정권의 농지개혁은 매우 진보적인 정책으로 지방 대지주 계급의 몰락과 함께 자영농민의 성장을 가져오는 기회였으나 제3공화국 이후 국가주의적 경제질서는 지방을 보호해야 할 대상으로만 보게 되었으며, 지방은 자치적인 역량을 향상시키지 못했다. 기반적 권력의 확장이라는 측면에서, 일반 시민을 비롯한 사회세력은 권력과의 관계에서 소외되어 있었고, 중간조직인 정당은 집권적 성격의 정치권력을 보좌하는 역할에 불과하였으며, 지방 인민위원회와 같은 자치조직도 정치사회와 시민을 연결하는 역할을 할 정도로 성숙하거나 지속되지 못하였다. 결론적으로 국가 수준의 경제발전과 민주화, 세계화의 물결은 지방의 중요성을 더욱 촉구하고 있었음에도 불구하고 한국의 지방정부와 시민사회는 이러한 흐름에 발맞추어 가지 못한 채 1990년대를 맞이하게 되었다.

제 5 장

경로의존성의 탈피와 지방분권의 정치

"20세기 말 탈냉전, 세계화와 IT혁명으로 신유목주의가 등장하였고 21세기 한국은 신유목주의라는 탈근대의 시간에 들어서게 되었다. 그러나 탈근대의 시간에도 전근대 시간의 찌꺼기는 잔존하고 있고 근대의 시간은 과거 시간으로 기억되지 않고 현재 산업화 시간을 이끈 주역들과 자손들이 탈근대의 대한민국을 이끄는 역사적 시간의 역진(逆進)을 목격하고 있다."

– 임혁백, 〈비동시성의 동시성〉, 2014

한국의 중앙집권적 성격이 하나의 제도적인 관성interia이라면, 그 관성에서 벗어나는 것은 특별한 계기가 아니고서는 매우 어렵다. 동일한 제도나 정책, 과정이 지속 혹은 재생산된다는 것은 그것을 유지하고자 하는 경로가 계속 존재한다는 것이다. 이러한 경로의존적인 성격이 일단 생성되면 균형화 혹은 안정화되는 과정을 거치게 되며, 제도에 연관된 이해관계자stakeholders와 이익을 형성하게 되고, 거래비용 발생 또는 익숙함이 주는 편안함으로 인해 그 제도의 편의성 및 능률성 여부와 관계없이 지속하게 된다. 정부간관계의 경우, 앞의 장에서 살펴본 바와 같이 오랫동안 형성되고 강화된 중앙과 지방의 엘리트 중심의 정부간관계는 현대 민주주의 시대에도 뚜렷이 관찰되고 있다.

그러나 경로의존성으로 인해 어떤 제도나 정책이 영구적으로 지속되는 것은 아니다. 가루드와 카모에(Garud and Kamoe, 2001)의 표현처럼 '과거라는 폭군으로부터의 자유'escape from the tyranny of the past를 쟁취할 기회의 창(Kingdon and Thurber, 1984)이나 패러다임의 전환을 가져오는 위기(Campbell, 2004), 혹은 짧은 기간 지속되는 근본적 변화의 폭발적인 등장으로 과거와 단절되는 단절적 균형(punctuated equilibrium, Pierson, 2004) 등과 같은 특별한 대전환의 계기를 통해 제도변화가 올 수 있다는 것이다. 특히 한국과 같이 정치·경제적 격동의 시기를 경험한 국가에서는 급격한 변화로 인해 제도변화가 일어나는 것을 관찰하기란 어렵지 않다. 이처럼 그동안 제도변화에 대한 일반적 의견은 제도가 특정한 방향을 향해 경로의존적으로 지속하게 되며, 초기에 우연한 중대 전환점critical juncture을 맞아 근본적인 변화를 겪게 되고, 그 이후 인과적인 패턴이나 관성을 지니게 된다는 것이었다.

그러나 단절적 균형모형의 시각과 같이 한번 경로가 우연한 기회에 정해지게 되면 특정 방향으로 갈 수밖에 없는 결정론적인 견해는 촉발기제나 초점사건focusing event 등 우연한 외부적 충격에 의한 제도적 재배열rearrangement을 가져오게 되지만, 제도 내부에서 일어나는 정치적 갈등과 균열, 이해관계 등에 의한 변화, 그리고 점진적인 변화에 대해서는 침묵할 수밖에 없다(Mahony and Thelen, 2010). 세계화와 같은 패러다임의 전환이나, 신기술 개발, 신자유주의 같은 새로운 이념의 등장과 같은 사회경제적, 이념적 조건도 중요하지만, 때로는 지배적 세력의 정치적 균열과 이질성, 또는 정치행위자들의 조직과 광범위한 사회네트워크에의 불완전한 적응은 경로의존적 질서가 지속되리라는 믿음이 결과적으로 지배적 정치행위자 가운데서 흔들리게 되는 결과를 가져오게 된다(Garud and Kamoe, 2001). 예를 들면, 1990~2000년대는 한국의 정치행위자들에게 매우 혼란스러운 시기였다. 권위주의 정권이 종식되고 정치적 민주화를 경험했으나, 구 정치세력은 새로운 민주적 질서에 적응해 나가야 했으며, IMF의 위기와 진정한 의미의 정권교체, 신자유주의 경제개혁 등은 기존의 질서를 흔들고도 남음이 있었다. 이에 대하여 임혁백(2014)은 에른스트 블로흐Ernst Bloch의 개념을 응용·발전하여, 후발 산업국가지만 압축적 성장과 민주화를 이룩한 한국에 다양한 시간성과 전근대 및 근대, 구시대적·신시대적 질서와 규칙이 공존하는 '비동시성의 동시성'simultaneity of non-simultaneous의 개념으로 설명하였다. 이처럼 외부적 충격에 의한 제도변화를 설명하는 이론은 내부적인 정치적 균열과 갈등 가능성에 의한 제도변화 가능성에 대해 침묵할 수밖에 없다.

이 때문에 제도의 지속과정과 변화과정이 사실상 분리된 경로의존 모형을 극복하고, 제도적 변화의 외부적 요인뿐만 아니라 내부적 요인을 같이 고려하기 위한 노력이 지속되어 왔다. 뗄렌(Thelen, 2004)의 설명과 같이 그동안의 외부적 충격에 초점을 둔 제도변화 이론만으로는 제도의 진화institutional evolution 혹은 적응adaptation, 점진적 변혁gradual transformation 등의 완만하지만 근본적인 변화를 설명하기 어렵다는 것이다.[1] 오히려 경로의존에 갇혀lock-in버리는 제도변화는 드문 편이며, 최근의 연구들은 모두 외부적 충격뿐 아니라 행위자들의 이해관계와 정치과정, 그리고 제도변화의 속도까지 고려하는 이론적 발전을 보여왔다. 마호니와 뗄렌(Mahony and Thelen, 2010: 2)는 다음과 같이 최근의 연구경향에 대해 요약하고 있다.

> "헌법, 사회공여체제, 사유재산권의 확립 등은 등장했다 사라지기도 하지만, 다른 한편 진화하거나 좀 더 시간을 두고 미묘하게 변화하기도 한다. 이러한 점진적 변화들은, 보통 제도연구에서 연구대상으로 관심의 대상이 되지 못했다."

진화적인, 완만한 제도변화의 가능성을 열어준 최근의 연구 성과는 제도변화의 외부적·내부적 요인과 시간적인 측면에 관심을 기울이면서도 외부적 충격과 제도를 둘러싼 정치적 과정을 연결해주는 아이디

1 변화의 속도가 외부적 충격에 의한 제도변화 과정보다 완만하거나 보수적이라고 해서 우리 사회에 대한 영향력이 떨어지는 것은 아니다. 오히려 완만하지만 누적적인 성격은 특정 정책의 환경과 제도 자신의 자산(properties)의 상호작용으로 더욱 근본적인 변화를 가져올 수 있다는 것이다(Manhony and Thelen, 2010).

어의 활용에 더욱 힘을 실어주고 있다. 이 장에서는 아이디어를 중심으로 현대 한국의 정부간관계를 설명하고자 한다. 비동시성의 동시성의 상존하는 한국의 현실에서 역사적으로 장기간 지속된 중앙집권성이라는 경로의존은 어떻게 탈피할 수 있는가? 특히 탄핵정국 이전의 노무현 정부 지방분권 개혁과정을 중심으로, 이 장에서는 노무현 정부가 불리한 정치적 조건에도 불구하고 어떻게 지방분권특별법을 통과시키고, 분권개혁을 진행시킬 수 있었는지, 또한 어떻게 중앙집권적 정치인과 관료들의 저항을 극복할 수 있었는지, 그리고 왜 이후의 정권에서는 초창기 지방분권의 노력이 희미해졌는지를 제2장에서 설명한 아이디어 메커니즘을 중심으로 설명하고자 한다.

I. 국가주의, 발전국가, 그리고 중앙집권의 지속

1. 지방세력의 환원과 국가주의, 그리고 발전국가

해방정국에서 남한 단독의 유일한 합법적 국가를 건설하기로 마음먹은 이승만을 위시한 해외파 독립운동 세력과, 자본가계급, 특히 지주계급의 이익을 대변하는 한민당 세력은 서로 연합하여 김규식, 김구 등의 중도파와 좌익세력을 억압하고 내각제적 요소를 가진 자유민주주의적 대통령제를 건설하였다. 이들은 한국전쟁 시기까지도 연합정권적 성격을 유지하였으나, 이승만이 초대 대통령에 취임하고 한민당과의 내각분할 약속을 저버리자 한민당은 야당세력과 협력하여 민주국민당이라는 정당을 만들고 다시 내각제 개헌을 추진하게 되었다. 국회에서 간접선거를 통해 재선을 노리던 이승만은 이에 위협을 느끼고 1951년 자유당을 창당하였으며, 자신의 정치적 기반을 원내, 원외에서 강화함과 동시에 한민당 계열의 자금줄과 지지기반을 붕괴시키기 위하여 매우 진보적인 농지개혁을 단행함으로써, 지방 지주세력의 지지를 받던 한민당의 물적 토대를 끊어버리고 말았다. 이에 아무 준비 없이 해방과 건국을 맞은 전통적 농촌 지주세력은 몰락의 길을 걷게 되었다.[2]

그러나, 정권의 영속적 유지를 꾀한 이승만은 '국부'로 불리며 전통적인 가족주의를 부활시키며 마치 왕과 같은 통치스타일을 유지하였고, 이는 곧 농촌사회에서의 재 전통화로 이어졌다. 즉, 한국전쟁 이후 해체되었던 농촌사회에 이승만 정권이 지방자치제를 선물하면서 근대로의 발전을 저해하는 가족주의적 가치관을 주입하고, 중앙집권적 권력을 지지하는 전통적 세력을 부활시키는 반동적인 경향인 농촌의 '재 전통화' 현상이 나타났다는 것이다.[3]

---

2 무상분배 방식의 북한보다 혁명적인 것은 아니었으나 당시 필리핀이나 남베트남 등 반공적인 국가에서 성공적인 농지개혁이 이루어지지 못한 것과 비교하면 이승만의 농지개혁은 매우 진보적, 성공적인 편이었다. 토지를 매수당한 전통 지주계급은 법정보상의 지연으로 인플레이션에 의한 손실을 입었고, 미미한 실보상가로 인해 헐값으로 토지를 빼앗긴 것이나 다름없었다. 일제강점기부터 크고 작은 소작농들의 저항과 농지개혁으로 지주들은 지속적으로 약화되었다(Shin, 1996). 농지개혁은 1960~1970년대 산업화의 기반을 마련하였으며, 근대적 자본주의체제로 발전하는 기반이 되었다(장상환, 1999).

3 강인철(1999: 282-290), 임혁백(2014: 325-7)에서 재인용. 농지개혁으로 자영농으로 상승한 농민들도 다시 소작농으로 전락하고, 머슴도 1960년까지 존재하는 등, 농촌사회에서는 전근대와 근대가 뒤섞인 반동적 질서가 잔존하고 있었다. 이는 보수적 근대화로 이어지게 되었다.

| 지방자치 중단기 전국지방장관회의 모습(1964년)
출처: 서울특별시 사진아카이브(1964년 11월 10일)[4]

민주당 정권의 짧았던 지방자치 경험은 채 반년도 가지 못하고 1961년 군사쿠데타와 함께 군사혁명위원회가 내린 포고령에 따라 미처 꽃피지 못한 전국의 지방의회가 해산되었다. 다음 해 4월 공포된 지방자치에관한임시조치법에 의하여 군 이하의 읍·면은 도의 하급행정기관으로 전락하였으며, 2차 개정(1963년 6월)에 의거, 지방자치단체장은 국가공무원의 신분으로 임명함으로써 지방자치제는 사실상 후퇴하게 되었다. '지방자치 중단기'에 해당하는 이 시기 군사정부는 지방선거를 둘러싼 금품매수와 정파 간 대립, 이권청탁 등 예산낭비와 비효율이

4 서울 사진아카이브, http://photoarchives.seoul.go.kr/photo/view/633442?ca_id=101&page=24에서 다운로드.

극에 달했다고 보고, 민주성보다는 효율성을 명분으로 하는 지방행정을 지향하였다. 특히 제3공화국 헌법에는 지방자치단체 조항을 삽입하고 법률에 위임하였으나 법제정 자체를 하지 않았으며, 유신헌법(1972)은 부칙 10조에 지방의회를 조국통일 때까지 구성하지 않겠다고 규정, 논의조차 포기하였다. 제5공화국 역시 헌법에 지방자치에 관한 조항을 두면서도 부칙으로 지방자치단체의 재정자립도를 고려하여 그 구성시기를 법률로 정하도록 함으로써 그 시기를 분명하게 규정하지 않았다. 이는 실질적으로 지방자치를 시행할 의사가 없으면서도 여러 가지 명분을 들어 실시하지 않으려는 권위주의 정부의 치밀한 전략이었다(김병준, 2003). 지방정부는 중앙정부의 사실상의 지방행정기관 역할을 하였으며, 전국지방장관시장구청장회의뿐만 아니라 내무부 등 중앙정부의 지침 등을 통하여 지방행정을 통제하였다.[5]

권위주의 정부 하에서 소위 발전국가developmental state로 대변되는 국가 주도의 경제개발과 성장은 지방자치 중단기의 중앙집권적 경향을 더욱 공고화하였다. 국가가 경제·사회 전반에 우월적인 정치조직으로서 일정 부분 개입하여 통제를 할 수 있다는 신념인 국가주의statism는 1960년대 이후 경제개발 시기를 거치며 동아시아 경제 기적의 특징인 발전국가의 형태로 나타나게 되었으며, 국가의 사회 및 경제에 대한 적극적 개입은 필연적으로 중앙집권화된 체제를 요구하게 되었다.[6] 가

5 예컨대 새마을운동도 1970년 박정희 대통령이 전국지방장관회의를 통해 하달한 것에서 시작하였다.

6 이는 동아시아의 국가들이 정부가 특히, 경제성장에 필요한 많은 것에 통제권을 취고 자본을 축적, 조달하였으며, 다년간의 국가경제개발계획을 시행, 희소자원에 대한 사적인 접근의 허용, 개별 기업의 이해관계 조정 및 특정 산업 프로젝트를 목표로 자원을 동원할 수 있었기 때문이다. 또한 소비자, 노조활동을 통제하면서 민주화

장 대표적인 예는 드골de Gaulle 치하의 프랑스 제5공화국으로써, 상대적으로 이익집단과 같은 중간조직intermediary organization은 전반적인 저신뢰 경향으로 정책결정과정에서 대체로 소외되었으나, 행정부는 의회의 통제를 넘어서 강력한 행정권을 행사하였으며, 1970년대 이후 집권적 체제에 대한 개혁압력이 점증하는 가운데서도 한동안 지속되었다(Levy, 1999). 1960년대 초 세계에서 가장 가난한 25개 국가 중 하나였던 한국은, 발전국가에서 이야기하는 국가 주도의 경제, 사회세력에서 배태된 국가자율성embedded autonomy, 중앙정부 엘리트 관료(특히, 군부 엘리트)의 역할을 통해 중앙정부가 많은 경제분야에 대한 통제권을 가지고 적극적 개입을 함으로써 자본을 축적 및 조달하였으며, 다년간에 걸친 중장기적 국가경제개발계획을 실행할 수 있었다(Amsden, 1989; Evans, 1995; Pempel, 1999).[7] 이러한 환경에서 지방은 사실상 효율적인 국가목표의 달성을 위한 국가주의의 도구로 쓰일 수밖에 없었다. 또한, 앞서 제2장에서 설명한 바와 같이 국가 주도의 발전전략은 짧은 시간 동안 유례없는 성장을 이루었으나, 불균형성장과 모든 것이 서울 및 수도권으로 집중되는 소용돌이의 정치를 경험하게 되었다.

에 대한 요구를 잠재울 수 있었기에 필연적으로 정부부문(국가)의 힘이 강할 수밖에 없었다는 것이다(Pempel, 1999). 물론 일본과 동아시아의 호랑이들 각 개별국가에서는 그 특징이 조금씩 다르지만, 중앙정부의 책임이 큰 것은 사실이었다(Evans, 1995).

7 최장집(2009)은 박정희 정권의 핵심으로 등장한 군부 엘리트는 당시 한국 사회의 문제, 특히 경제문제를 중점 과제로 삼고, 이를 해결하면서 경제적 성장을 위해 모든 사회적 자원을 동원하였으며, 경제기획원과 안보기구를 양대 축으로 하여 안보와 경제정책을 기능적으로 통합함으로써 국가가 더욱 강력하게 시장에 개입할 수 있는 능력을 갖추게 되었다고 평가한다. 이런 측면에서 존슨(Johnson, 1982) 등이 모형화한 일본 통산성(Ministry of International Trade and Industry, MITI) 경제관료 주도의 발전국가 모형과도 어느 정도 차이가 있다고 볼 수 있다.

2. 민주화 이후의 지방자치의 정치

1980년대 들어와 경제발전의 가시적 성과가 나타나기 시작하고 냉전체제의 완화로 인한 국가안보 부담의 경감, 그리고 시민의식이 성장하면서, 군사쿠데타를 통해 새로 집권한 전두환 정권에서는 중앙집권적인 경향의 지속성에도 불구하고 아래로부터의 민주화에 대한 열망은 점차 힘을 얻게 되었다. 제5공화국 헌법도 반민주적인 독재체제에 지나지 않았으나, 1980년 광주민주화운동 이후 어떠한 형태의 정치적 기회도 허락하지 않았던 유신정권보다는 좀 더 소프트한 통치전략을 사용함으로써 반대당 정치opposition politics와 학생운동, 재야운동이 훨씬 더 조직화되고, 시민사회가 성장할 수 있는 길이 열리게 되었다.[8] 또한, 아이러니하게도 전두환 정권이 1985년 지방자치제 시행을 염두에 두고 연구회를 구성하여 각국 사례 검토 및 지방자치법 개정을 고려한 것은 오히려 그 진의에도 불구하고 긍정적인 측면이 있었다. 더구나, 1985년 2월 총선에서 신한민주당(신민당)이 선전하며 제1야당으로 부상하면서 김영삼, 김대중 등 야권 정치인들을 중심으로 민주적 헌법개정을 위한 투쟁에 나설 수 있게 되었다.

점차 격화되는 대학생 데모, 시민과 야당의 민주화 요구 가운데, 1987년 민주정의당 대표인 노태우가 6.29 선언으로 대통령직선제 개헌 요구를 받아들이면서 민주화의 물꼬를 틀 수 있게 되었고, 제13대 대통령 선거운동 과정에서 지방의회의 재설치 문제가 대두되며 선거공약

8 최장집(2009: 118-9)은 전두환 정권의 학생운동 자율화정책의 결과로 야당정치와 재야운동이 활성화된 것이라기보다는 지속적인 학생운동의 능동적인 결과로 정치적 기회가 창출된 것으로 보아야 한다고 주장한다.

의 하나로 등장하였다. 그러나 거듭된 여야 간 협상에도 불구하고 실제로 지방자치제를 시행할 의지가 없었던 정부 여당으로 인해 합의에 도달할 수 없었으며, 1988년 지방자치법과 지방의회의원선거법을 민정당이 단독으로 처리하면서 지방의회를 구성하기로 하였으나 이 또한 지켜지지 않았다. 1989년 12월 새로운 지방자치법 개정안에 여야가 합의하면서 출구를 찾는 듯하였으나, 다음 해 1월에는 유례없는 민정당, 통일민주당, 신민주공화당의 3당 합당이 이루어지고 거대 여당으로 탄생한 민주자유당이 지방자치제 재검토를 선언하여 결과적으로 지방자치제는 중앙정치권의 정치적 목적달성을 위한 도구로 사용되고 말았다(유재원, 1994). 이후에도 1990년 지방자치법 개정, 1992년 노태우 대통령의 일방적 지방자치제 연기선언, 그리고 김대중 야당 대표의 13일간의 단식 등 우여곡절을 겪으며, 지방자치제 전면실시를 선거공약으로 내세운 김영삼 정부에 가서야 비로소 지방자치단체장과 지방의회를 모두 직접선거로 구성하는 통합적 지방자치법을 통과시키고(1994년), 1995년 6월 27일 역사적인 첫 통합 민선 지방자치제(전국동시지방선거)를 실시하였다. 당시 1991년 지방의회선거 이후 드러난 지방의회의 부조리와 여러 문제로 인하여 지방자치제 실시가 이른 것이 아니냐는 우려를 무릅쓰고 첫 민선 지방자치제가 실시되었다는 데 큰 의미가 있었다.

김영삼 정부에서 실시된 첫 지방선거는 1987년 체제에서 국가적 수준의 민주화에 이어 지방 민주주의의 확립에 중요한 전환점이 되었다. 특히, 미약하나마 1991년 지방의회의원 선거와 1995년 지방자치단체장과 지방의회의원 동시선출이라는 경험은 여전히 중앙집권적인 상황에서 지방정치의 공간을 열어주었다는 의미가 있다는 것이다. 5개 지방도시의 정치적 특징을 연구한 박종민 외(1999)는 1995년 선거 이후 3년이라는 짧은 시간 동안 지방에서의 정치적 관계와 역동성을 관찰한 결과, 비록 중앙집권적, 수직적 구조라는 제약에도 불구하고 사회조직 및 시민의 정치적 성장 가능성을 보여주었지만, 전체적으로는 대통령을 정점으로 한 행정부 중심의 지배적 통치가 지방에서도 그대로 나타나는 것을 알 수 있었다(〈표 5-1〉 참조). 배유일과 셀러스(Bae and Sellers, 2007)의 연구에서도 정부간관계에서 여전히 중앙집권적 성격이 제도적 제약요인으로 작용하지만, 조금이나마 열린 지방정치의 공간에서 지방정치 행위자들의 성장 가능성은 점증적으로 커져왔다고 주장한다. 그러나 결론적으로, 지방정치의 공간에서 사회조직과 시민사회의 미성숙, 상대적으로 약한 기업권력, 국가-사회를 연결하는 지방의회의원들의 지방자치단체장에의 종속 등은 중앙정치의 축소판microcosm과 같은 한국적 지방정치의 특징으로 묘사되었다(박종민 외, 1999).

〈표 5-1〉 초창기 민선 지방자치의 특징

지방정치행위자	지방정치에서의 특징
시장	강시장제, 미약한 제도적 견제, 관료조직을 이용한 정보독점, 권력자원의 다양성
관료사회	통제된 권력, 시장의 통치 및 인사권에 종속
시의회	시 행정부에 종속, 시장과의 후견적 관계, 정당과 연계 내지 종속
기업이익	약한 기업권력, 낮은 조직화 수준(예, 지방 상공회의소), 공식적 정부에 종속된 관계, 지방정부의 기업에 대한 상대적으로 낮은 의존
토지이익	농지개혁 후 이전의 지주적 권력은 부재, 부동산 관련 이익은 존재하나 성장정치를 추구하기에는 공식기구에 종속, 후견인-고객관계
사회단체	전체적으로 미약, 관변단체의 연결고리 역할, 시민단체 영향력 증대, 혈연-지연관계 기반의 사회단체 성장
주민	약한 조직화 수준, 개별적, 비정치적 정치참여, 공식정부에 의한 동원 가능성

출처: 박종민 외(1999) 요약.

민선 지방자치가 실시되면서 지방자치가 활성화된 것은 학자들 사이에서 어느 정도 공감대를 형성할 수 있는 중요한 발전이었다. 비록 중앙집권적인 통치구조의 제약으로 인해 지방정부의 자율성이 상당 부분 제약되어있는 가운데, 지방정부에 의한 최소한의 서비스와 공공재의 권위적 배분이 이루어져 왔다는 것이다. 그러나 앞의 장에서도 언급했듯이, 중앙의 모순을 해결하기 위하여 도입된 지방자치제는 아래로부터의 도전이 거의 없는 상태에서 중앙정치권의 '밀실 합의'의 결과로 시행되었다고 볼 수 있으므로, 직선제에 의한 지방자치제 시행이라는 의미 외에는 제한적 수준의 정치적 분권화로 볼 수밖에 없었다(이종수, 2002). 행정적 권한이양의 측면에서도 1991년 이후 행정기능 재분배를 위해 기초자료를 분석하는 역할을 한 지방이양합동심의회를 통하여 기능이양을 추구하였으나 추진기구의 법적 모호성과 중앙부처의 지속적인 반발 등으로 인하여 중앙정부의 편의 위주로 진행되고 말았다(김순은, 2003).[9]

9 지방이양합동심의회는 1991년 국무총리 훈령으로 총무처 산하에 설치되어 지방자치단체에 이양 가능한 기능을 심의 및 발굴하는 기구였으나, 연 1회 소집되는 비상설기구였으며, 지방분권에 대한 인식 자체가 미흡하였기 때문에 큰 성과를 거두지 못하였다(한국지방행정연구원, 1999).

II. 참여정부의 지방분권의 정치: 아이디어 메커니즘

최유성과 라이트(Choi and Wright, 2004)는 실질적인 민선 지방자치제가 시행된 1995년부터 김대중 정부의 말기(2003)까지를 한국의 중앙-지방 관계에서 두드러진 성장을 경험한 기간으로 분류하고 있다. OECD(2001)의 한국 관련 보고서 역시 지방정부가 점차 지방의 수요와 문제를 해결할 수 있는 정책을 결정할 수 있는 권한을 강화하고 있으며, 비록 제한적이지만 재정적 자율성도 완만하게 확대되고 있다고 보고하였다. 그러나 지방자치와 관련하여 문민정부와 국민의 정부에 걸었던 기대에 비하면 성과는 미약하였다고 볼 수 있다. 특히, 김대중 정부에서는 경제위기의 해결과 신자유주의에 영향을 받은 '작은정부'로의 정부구조 재편이라는 문제가 중요한 국정과제로 떠오르게 되면서, 과제의 추진수단의 하나로 지방분권을 고려하게 되었다. 예를 들면, 1999년 중앙행정권한의지방이양촉진등에관한법률에 의거, 같은 해 지방이양추진위원회가 구성되어 중앙행정권한의 지방이양을 위한 기능을 발굴하고 혁신을 추진하고자 하였다. 이는 1991년에 설치된 지방이양합동심의회와 달리 법적 근거가 모법에 확실히 규정되어 있고, 대통령 직속으로 설치되었으며, 국무총리와 민간 전문가를 공동으로 위원장으로 두고 민간 의견을 수렴하는 한편, 심의 및 의결권을 가졌다는 점에서 상당 부분 추진력을 가졌다고 볼 수 있었다. 그러나, 중앙 관료들의 무관심과 저항은 지방분권에 매우 적극적이었던 김대중 정권이었음에도 꽤 심각하였고, 포괄적 이양이 아닌 행정사무 단위별로 협상을 하였기에 시간도 오래 걸렸을 뿐 아니라 정치적 지지도 미약하였다(김순은, 2003).

야당의 유력정치인 시절부터 지방분권과 자치에 대하여 큰 관심을 가져온 '분권지향적' 대통령이었기에 더욱 기대가 컸으나, 김대중 정부에서도 전통적 중앙–지방 관계를 뒤엎을만한 개혁은 이루어지지 못하였다. 대통령 공약인 '국정개혁 100대 과제'에 중앙 행정권한의 지방이양, 지방정부의 행정적 자율성을 제약하는 특별행정기관의 정비 등을 내세웠으나, 주로 행정적 권한의 이양에 그쳤다는 점, 중앙관료뿐만 아니라 시민의 관심이 크지 않았다는 점은 과제로 남게 되었다(정정길 외, 2007). 특히 1997년 IMF 위기를 극복하기 위한 체제로 출범한 김대중 정부는 과거 발전국가의 모습에서 볼 수 있던 중앙집중형 거버넌스에서 탈피, '작고 효율적인 정부'를 내세워 과감한 지방이양을 약속하였으나 성공적인 개혁이 이루어졌다고 보기에는 힘들다는 것이다. 오히려 빠르고 효율적인 국가경제의 회복을 추구할 수밖에 없었던 김대중 정부에서는 그 목적 달성을 위해 어떤 측면에서는 중앙집중이 더 심화된 부분도 있었다(국가균형발전위원회, 2004: 37).[10]

결과적으로 김대중 정부에서는 지방으로 사무이양이 이전에 비해 가속화되기는 하였지만, 관료 위주의 발전주의적 모델의 관성은 벗어나지 못했고, 사무이양 기준이 중앙정부에 달려있었다는 것, 지방자치

10 오랫동안 지방분권 업무를 담당한 이 고위공무원과의 인터뷰에 의하면, 중앙–지방 관계에서 오랫동안 불균형적 관계를 유지하였기 때문에 지방자치단체에 대한 형평성의 측면에서 지방분권이 고려되어야 함에도, 개혁 프로그램의 효율적 집행에 강조점을 두었던 김대중 정권 하에서 오히려 중앙관료들은 효율성이라는 명분으로 지방에 권한을 이양하는 것에 저항하였다.

단체는 동일한 협상 파트너로 취급받지 못했다는 것이 한계로 남았다. 특히 제2장에서 지방분권 아이디어의 구성요소가 시간이 지남에 따라 바뀔 수 있음을 지적하였듯이, 아직 지방 정치무대의 민주적 성숙도가 낮은 상황에서 1997년 외환위기로 인한 IMF 구제금융 신청과 국가개혁 노력은 지방자치에서 '효율성' 위주로 관심이 전환되고, 지방정치가 중앙정치 논리에 포획되는 결과로 나타났다. 심지어 2000년 일부 의원들이 발의한 것처럼 지방자치단체장의 임명제로의 전환 등 반동적인 분위기가 고개를 들게 되었다.[11] 이는 결국, 한국에서 지방자치제의 발전에도 불구하고, 중앙 정치권이 다른 목적의 달성을 위해 동원한 수단에 불과하였다는 것을 짐작케 한다(유재원, 2002).

결론적으로 김영삼 정부 이후의 민선 지방자치제 시행과 지방분권화는 거시적인 흐름으로 볼 때 지방자치의 강화, 정치적 지방분권의 획기적 도입이라는 의의가 있으나 중앙정부의 통제력은 크게 달라지지 않았다. 즉, 지방분권화의 영향을 최소화하고자 하는 노력이 제도 곳곳에 존재하도록 하였다는 것이다. 지방 민주주의를 위한 개혁은 여전히 진행형이고, 지방자치단체의 의사결정은 제약된 채 중앙정부의 재정에 여전히 크게 의존하고 있는 것이 현실이었다. 제3장에서 논의한 한국의 지방분권과 지방 민주주의 관련 지표들은 일부 서유럽국가 및

11 2000년 11월 29일 한나라당 임인배를 비롯한 여야의원 42명이 기초자치단체장을 직선제에서 임명제로 전환하는 법안을 발의하였다. 당시 고양시의 러브호텔 난립, 용인시 난개발 및 감사원의 감사실태에서 드러난 지방자치단체의 선심성 사업과 방만재정, 기초자치단체장의 제왕적 통치 등을 배경으로 이러한 문제점을 고치겠다고 발의한 것이나, 실상은 지방자치 시대에 지역에서의 라이벌인 지방자치단체장을 길들이기 위한 국회의원들의 속셈도 존재하였다(신동아 2001년 1월호). 이와 같이 지방자치단체를 견제하려는 시도는 민선 지방자치시대에도 계속 존재하였다.

일본과의 격차가 크게 나타나지는 않지만, 실제로 아래로부터의 정치적 성숙도, 참여, 그리고 역량은 매우 낮은 수준에 머물러 있었다.

그러나 여전히 1997년 이후 경제위기와 신자유주의의 물결, 김대중·노무현 정부로의 진정한 정권교체 등은 좀 더 파격적인 지방분권 개혁 추진을 위한 유리한 환경이었다. 특히 노무현 대통령은 과거 지방분권개혁의 실패를 반면교사反面教師로 삼고 지방분권, 분산, 균형발전을 삼대 축으로 하여 개혁을 실행할 것을 천명하며 집권하였다. 노무현 정부는 '동북아 경제중심 국가건설'과 '지방분권과 국가균형발전'을 2대 과제로 제시하며, 이를 구체화하기 위해 대통령직 인수위원회 활동 시기부터 다양한 이해관계자들과 숙의하였고, 그 결과물로 생산된 지방분권계획과 소위 '로드맵'을 제시하며 개혁수행의 강한 의지를 보였다(2003년 7월). 특히 지방4대협의회 및 시민단체까지 참여함으로써 좀 더 포용적인 개혁을 위한 의지를 엿보게 하였다.

물론, 노무현 정부에서의 지방분권개혁, 즉 지방분권특별법의 통과, 정부혁신지방분권위원회를 통한 각종 개혁적 성과, 제주도 특별자치도 지정, 지방재정 개혁 등 여러 결과물이 온전히 성공을 거둔 것은 아니며, 여러 측면에서 불완전한 개혁으로 평가받을 수도 있는 개혁이었다. 지방자치단체와 시민단체에서는 좀 더 과감한 행정적·재정적 분권을 원하였으나 그들에 기대수준에도 미치지 못했다고 볼 수 있다. 그럼에도 불구하고, 지방분권의 방향성과 의지, 추진전략은 매우 적절했다고 볼 수 있으며(이승종, 2005), 당시 국회의원들의 무관심 혹은 수동적 반발, 재정경제부 등 관료 그룹의 조직적 저항 등 이전 정권들과 다름없는 중앙집권 친화적 조건들이 상존하고 있었음에도 꽤 개혁적인 입법과 정책들을 시행하였다는 데 큰 의미가 있다고 볼 수 있다. 특히 2003년 12월 초까지도 지방분권특별법의 통과가 불투명하였으나, 대통령을 비롯, 지방분권전문위원회, 행정자치부의 활약으로 여소야대의 여건 속에서도 개혁입법을 할 수 있었다. 이 법은 지방분권에 대한 정책적 과제뿐만 아니라 추진하기 위한 기구와 정부 간 역할분담에 대하여 규정함으로써 일본이 지방분권촉진법(1995)에서 한 것처럼 정부기구에 법적으로 지방분권을 시행할 것을 강제할 수 있는 중요한 법안이었다. 그렇다면, 어떻게 노무현 정부 초기 개혁적 지방분권법안과 정책들이 통과되고 추진될 수 있었는가? 어떻게 중앙의 이해관계자와 반분권적 세력의 반대를 극복할 수 있었는가? 아래에서는 노무현 정부에서의 지방분권개혁의 정치를 아이디어를 중심으로 기술한다.

1. 지방분권 아이디어와 정치적 리더십

앞의 역사적 사건과 전개는, 개혁정치에 있어서 중앙정치인, 관료, 넓게는 집중화된 체제에서 이득을 보는 기업들까지 '정치적 기득권'political gridlock으로 종종 묘사되는 집단의 강력한 역할에 대하여 보여주고 있다(Mo, 2001). 그러나, 다른 한편으로는 중앙–지방의 관계에 있어서 대통령의 강력한 리더십과 의지를 무시하기는 어렵다. 야당의 정치인으로서는 지방자치, 지방 민주주의 아이디어를 권위주의 정부와 중앙집권적 권력의 신뢰를 떨어뜨리는 전략으로 사용해왔으나, 집권 이후에는 정치 및 경제·사회적 전환기에 지방분권을 국가 과제의 우선순위에 두게 되었다. 특히, 새로운 아이디어의 가치를 실제로 적용하고 선전propagandizing하는 과정에서 최고 정책결정자의 역할은 매우 중요하였다(Béland, 2009; Cartensen, 2010). 그들은 지방분권을 증진하고 중요한 시점에 중요 직위에 핵심 인사를 임명하거나 관료 혹은 부처 간 분쟁을 조정하는 등의 역할로 개혁과정이 계속 진행될 수 있도록 독려한다는 것이다.

첫째, 개혁정치에 있어서 대통령의 인사권은 매우 중요한 역할을 할 수밖에 없었다. 김대중 대통령과 마찬가지로 노무현 대통령은 특히, 야당과 매스컴으로부터 '코드인사', '정실인사'라는 비난까지 받아가면서 분권형 국가를 만들기 위한 인사들을 장관과 정부위원회 위원장 등 중요 직위에 임명하였다. 행정학자이자 지방자치로 학계에서 명성을 얻은 김병준 교수를 정책기획위원회(후일 정부혁신지방분권위원회) 위원장으로 임명하여 국정개혁 의제의 우선순위를 설계하도록 하고 부처 간 개혁안건을 조정하도록 하였다. 또한, 당시 남해군수로 재직하며 지방거버넌스의 롤모델로 떠오른 김두관을 행정자치부 장관으로, 후일 윤성식 교수를 정부혁신지방분권위원회 위원장으로, 성경륭 교수를 국가균형발전위원회 위원장으로 임명하면서 지방분권과 국가균형발전을 국가개혁을 위한 최우선과제로 내세운 최초의 정부가 되었다. 언뜻 보기에 다른 정부와 차이가 큰 것 같지 않은 인사일 수 있으나 노무현 대통령이 얼마나 '같은 아이디어'를 가진 인사들을 중요시하였는가를 알 수 있다. 예컨대, 그는 공개적으로 단순히 작은 정부가 아닌 효율적 정부를 위해 문화 자체를 바꾸어야 한다고 주장한 윤성식의 저서, 〈정부개혁의 비전과 전략〉(2002)을 당선자 시절에 읽고 큰 영향을 받았다고 고백하였으며, 저서의 내용을 여러 차례 각종 강연과 연설에서 인용하였다.[12] 이처럼 주요 직위에 임명된 '분권론자'들은 정부 내에서 비공식적 지방분권연합을 형성하며 지방분권개혁 아이디어가 계속 진전될 수 있도록 지지하고 추진하는 중요한 정치적 받침대였다.[13]

둘째, 이러한 임명권의 행사는 최고 정치지도자 자신이 분권론자였기에 가능하였다. 제도개혁을 위한 특정 아이디어 선택에 있어서, 그 아이디어를 채택, 추구하는 개척자는 보통 특권적 위치에 있는 정치인이다(Cartensen, 2010: 851). 이미 여러 차례 언급했듯이 김대중 대통령은 야당 소속일 때부터 권위주의 정부 하에서 지방자치를 주장하였다. 노무현 대통령은 심지어 주목받는 정치인이 되기 이전부터 지방분권의 아이디어에 영향을 받았으며, 그 스스로 1993년 지방자치실무연구소라는 것을 설립하고 현역 자치단체장은 물론 지방의회의원, 정치인 등에게 지방자치에 대한 교육을 실시하고 자료를 제공하며, 전국 순회강연을 하는 등 지방자치의 중요성을 일찌감치 깨닫고 실천에 나섰다.[14] 당시 김병준의 증언은 다음과 같다.

> "지방자치에 관해서 이야기를 하는데 그 당시로서는 상당히 놀라운 이야기를 하는 거야. 정치인이 이렇게까지 이야기할 수 있다는 게 놀랍다, 왜

12 동아일보 2003년 6월 17일자.

13 인사(人事)가 만사(萬事)라는 것은 2005년 10월에 필자가 수행한 지방자치단체 관료들과 시민단체 활동가들과의 인터뷰에서도 드러난다. 공통적으로 인터뷰 대상자들은 대통령의 분권에 대한 의지 여부를 임명권 행사에서 찾았다. 특히 김두관 행정자치부 장관이 2003년 9월 사임한 후 지방분권과 큰 관련이 없던 오영교 전 산업통상자원부 차관이 임명되자, 대통령의 분권에 대한 의지를 걱정하였다. 물론 임명권과 크게 관계없다는 소수의견도 있다.

14 지방자치실무연구소에 관한 노무현의 설명은 2005년 3월 22일 담화(대통령 기록연구실, http://pa.go.kr/research/contents/speech/index.jsp?spMode=view &artid=1309693&catid=c_pa02062) 참조.

냐하면 우리가 보통 정치인하면 그냥 피상적인 이야기나 하고 뭐 그런 걸로 알았는데 지방자치 이야기를 하는데 이 양반, 공동체 이야기를 하는 거예요, 공동체 이야기를. 깜짝 놀랬거든. 지금도 지방자치 하자는 사람들이 보면 공동체 개념이 지방자치에서 왜 중요한지를 잘 몰라요. 근데 뭐라 그러는가 하면 '중앙집권체제 가지고는 앞으로 우리 국가 안됩니다' 자긴 그렇게 생각한다 이거에요, 대통령이. 그러면서 왜 그러냐 하면 중앙집권체제가 들어있는 바람에 한국의, 한국사회 공동체를 다 붕괴시켜버렸다는 거예요. 국민을 전부 피지배자, 피치자(被治者)로 만들어놨다는 거예요. 내가 바로 그 이야기를 하고 다닐 때거든(요)."[15]

이와 같은 생각은 중앙의 정치인으로서는 상당히 파격적인 관점이 아닐 수 없었다. 대통령이 국정관리 능력을 구축하는 데 있어서 다양한 기술들을 사용할 수 있으나, 노무현 대통령은 청와대의 정책수석들을 중앙부처 장관 및 관료들과 연결하는 가교역할로 사용하였고, 지방분권개혁을 청와대의 중점 개혁방안의 바스켓에 지속적으로 놓기 위하여 개혁적 지방분권법안 통과전략을 개발하는 한편, 정책수석들은 중앙부처 고위공직자들과 수시로 회의를 개최하여 대통령의 어젠다를 전달하고 강조하였다. 비록 권위주의 정권 시절과 같은 제왕적 대통령제의 권력은 민주화 이후 약화되었다고 볼 수 있으나, 아직도 대통령은 중요한 순간 개입할 수 있는 위치에 있었고, 적어도 2004년 탄핵사태 이전까지는 노무현 대통령이 지방분권과 균형발전을 우선과제로 유지하기 위하여 중앙부처 내 불협화음과 저항이 있을 때 직접 개입하여

15 김병준, 구술 인터뷰(http://archives.knowhow.or.kr/president/story/view/968?cId=912#).

갈등을 해결하려고 하였다.[16]

이처럼 분할정부divided government의 상황과 상존하는 중앙집권적 환경 속에서 노무현 대통령은 주어진 권위를 사용하여 개혁 초기 단계에서 정치인 출신 장관과 중앙부처 관료들 간의 갈등을 효과적으로 해결하고자 하였다. 물론 대통령이 이렇게 지방분권 아이디어에 기반한 개혁을 추진할 수 있었던 것은 외환위기 이후의 경제적 상황과 중앙정부의 비효율성 등 유리한 환경이었음을 부인할 수 없다. 그러나, 기본적으로 정치지도자가 지방분권과 민주주의라는 아이디어에 친화적인 리더십, 즉 분권론자의 여부는 일본과 프랑스의 지방분권 개혁과정에서도 보여주듯 매우 중요하였다는 것이다(Nakano, 2010).

2. 아이디어 중개자와 개혁기구, 그리고 실천적 권위

지방분권의 정치는 지금까지 강력한 중앙부처 관료와 정치인들이 그 정치과정에서 두드러진 역할을 함으로써 제한된 수준의 지방분권화만이 이루어졌을 뿐 실질적인 진전은 매우 더디게 진행됐음을 밝힌 바 있다(유재원, 1994; 이승종, 2005). 한편, 주요 '반분권적' 행위자들은 여전히 중앙에 존재하고 있으나, 각종 부패 스캔들과, 경제위기, 정책실패 등

16 행정자치부 공무원노조 위원장 인터뷰(2005년 10월 18일). 윤성식도 중앙부처 관료들의 저항이 많았으나, 일단 대통령의 방향이 정해지면 과업을 수행하는 특성이 한국의 관료들에게 있다고 증언하였다(인터뷰, 2005년 10월 19일). 이는 미국의 정치학자인 헤클로(Heclo, 1977)가 〈나그네들의 정부〉(Government of Strangers)에서 관료를 효과적으로 대할 준비가 되지 않은 정부조직 수장(political executives, 대개 장관을 의미)들이 불복종이나 사보타지(태업, 怠業)가 관료들의 진정한 파워가 아니라 서비스를 유보하는 것, 즉 짧은 임기의 장관들, 대통령이 바뀔 때까지 기다리는 것이 진정한 위협이라는 것을 인지하지 못하는 경우가 많다고 주장한 부분과 거리가 있다. 지방분권 정치에서 관료에 대한 후술을 참고할 것.

으로 예전과 같지 않은 평판을 얻게 된 것도 사실이다. 사실 니스카넨(Niskanen, 1971)이나 윌슨(Wilson, 1989)이 지적하듯이 일반적으로 관료와 정치인 집단은 개혁에 저항적인 태도를 보인다. 특히 일본과 마찬가지로 한국의 관료에게 법적인 '정년보장'이 주는 의미는 매우 중요하였고, 지방으로의 권한 이양은 결국 중앙정부 관료들에게 권한 및 권력의 축소를 의미하였기에 지방분권의 정치과정에서 그들의 이해관계와 역할을 살펴보는 것은 매우 중요하다고 볼 수 있다. 그러나, 이론과 일반적인 인식과 달리 지방분권특별법 통과와 여러 개혁과정의 정치에서 관료의 저항은 상대적으로 쉽게 관리될 수 있었고, 오히려 행정자치부 관료들의 경우 — 일부 반발을 제외하고 — 상당히 협조적이었다고 볼 수 있다.[17] 특히 이러한 배경에는 대통령이 주요 정부요직에 지방분권 친화적 인사를 기용한 것이 큰 역할을 하였고, 그들은 아이디어 중개자brokers의 역할을 하였다.

개혁정치에 있어서 아이디어의 전략적 역할은 아이디어 중개자나 특정 아이디어의 옹호자들이 기존의 제도를 둘러싼 기득권과 이해관계자vested interests들을 단순히 무시하는 것을 의미하지 않는다(Cartensen, 2011). 오히려 아이디어의 중개자들은 새로운 아이디어가 최우선 순위라는 것을 각인시키기 위하여 지속적으로 기득권적 이해관계자들과 교류하여야 한다. 노무현 정부의 지방분권개혁에서는 특히 기득권 세력에 의한 '내적 저항'의 조정에 관심을 가지고 중앙의 이해관계자들을

17 이는 일본의 경우 중앙정치인들이 적극적 역할을 한 것과 대조되는 것으로, 한국의 경우 정치권은 거의 무심하였던 반면, 지방분권과 업무적으로 직접적 관련이 있는 행정자치부는 꽤 협조적이었다(앞의 행정자치부 고위공무원 인터뷰, 2005년 10월 12일). 결국 어느 시점을 분석대상으로 삼느냐가 중요하다.

효과적으로 관리하려고 하였다.

1) 행정자치부의 역할과 한계

노무현 정부에서 행정자치부는 이전 정부에서와 마찬가지로 지방분권과 관련하여 중요한 개혁업무를 추진하는 중앙부처였다. 특히 행자부는 중앙정부의 사무와 권한을 조사하여 지방으로 이양 가능한 사무를 발굴하고, 지방분권과 관련된 법안을 작성하였으며, 민간전문가, 연구소뿐만 아니라 지방정부 및 시민사회의 의견을 청취하는 역할까지 담당하였다. 특히 정부혁신지방분권위원회가 거시적인 정책목표들을 개발하고 제시하였다면, 행정자치부는 〈표 5-2〉에서 제시하는 바와 같이 다른 부처들과 협의하여 그 목표들의 실천적 지침들을 마련하는 임무를 수행하였다.

2003년 행정자치부가 지방분권특별법안을 준비하는 과정에서 중앙집권적인 기득권 세력, 특히 같은 중앙행정기관의 동의를 받아내는 일은 도전에 가까웠다. 행정자치부의 관료들은 오랫동안 지방 관련 업무를 담당해왔기 때문에 나름대로 지방자치의 필요성을 인정하고 협조하는 편이었으나, 특히 재정 및 예산 관련 부서와의 협상은 큰 걸림돌이

〈표 5-2〉 지방분권개혁에서 행정자치부의 주요 역할

주요 업무와 과제	협력대상 부처
• 지방이양 가능한 중앙사무 발굴과 조사	• 정부혁신지방분권위원회·다른 중앙부처
• 지방이양에 관한 법안 준비	• 국회·정부혁신지방분권위원회·각 정당
• 지방자치경찰제를 위한 실천적 전략 개발	• 정부혁신지방분권위원회·국회
• 특별행정기관 폐지	• 정부혁신지방분권위원회·다른 중앙부처
• 지방분권수준의 측정을 위한 지표 개발	• 지방 4단체
• 지방교부세 개선	• 재정경제부·기획예산처

출처: 행정자치부·정부혁신지방분권위원회(2005: 15-60)

었다. 균형이 맞지 않는 지방재정을 보충하기 위해 행정자치부는 정부혁신지방분권위원회의 정책방향에 따라 재정경제부와 기획예산처로써는 민감한 이슈가 될 수밖에 없는 지방소비세, 지방소득세와 지방교부세율 조정 등을 협상해야 했다(김렬 외, 2004: 47). 이들 재정 관련 부처 공무원들은 표면적으로 전면적인 세원과 재정권의 이양이 가져올 문제와 부작용 때문에 난색을 보였으나, 그 기저基底에는 지방자치단체 공무원들의 재정관리에 대한 역량 자체를 불신하고 종합적인 감시체제를 구축해야 한다고 믿었기 때문이다.[18] 경제관련부처장관회의 등을 통해 갈등을 해결하려 하였으나 완전히 해결하지 못하였다.

다른 한편, 1989년 노태우 정부가 중앙부처의 지방사무소에 해당하는 특별지방행정기관을 지방자치단체에 이양하기로 한 이후 1996년과 1998년에 걸쳐 폐지가 논의되었으나, 그때마다 재정경제부, 산업자원부, 노동부, 환경부, 보건복지부 등 주요 정부부처의 반발로 해결되지 못하였다. 특별행정기관은 기능과 예산, 인력중복 등의 문제로 비효율성이 지적되어 왔기 때문에 지방분권로드맵의 과제와 지방분권특별법(10조)에도 규정하여 사실상 지방자치단체의 감시기관 역할을 수행한 특별행정기관의 폐지를 추진하였으나 이번에도 역시 중앙부처의 강력한 반발에 부딪치고 말았다. 환경부 산하 지방환경청과 같은 경우, 지방정치인들의 구유통 정치pork-barrel politics로 인한 난개발로 환경이 더욱 악화될 것이라는 논리를 폈고, 산업자원부 산하 지방중소기업청이나 보건복지부 산하 지방식약청 등도 마찬가지였다. 결국, 정부혁신지방분권위원회가 테스크 포스task force를 설치하며 행정자치부로부터 특

18 행정자치부 고위공무원 인터뷰(2005년 10월 18일).

별행정기관 문제를 넘겨받아(2004년 2월), 더욱 강하게 중앙부처 압박을 시도하게 되었다.[19]

이처럼 행정자치부 관료들의 역할이 매우 중요하였으나 몇몇 부처들의 저항은 지방분권특별법의 통과를 어렵게 만들고 교육자치와 자치경찰제 도입의 지연을 가져오게 되었으며, 아이디어는 기존 제도에 기생하는 기득권과 어느 정도 타협을 해야 했다. 또한 중앙 관료의 저항으로 인해 지방분권특별법에는 특별지방행정기관의 정비와 지방재정이양 관련 규정(10조, 11조)이 모호하게 처리될 수밖에 없었다.[20]

그럼에도 불구하고, 대통령의 리더십과 아이디어 중개자들은 실무 담당자들에게 힘을 실어주었고, 저항하는 부처들이 지방분권개혁안을 가급적 많이 수용할 수 있도록 기득권층의 저항을 완화·관리하는 역할을 담당하였다. 물론 당시 외환위기 이후 중앙부처의 개편과 공무원 해고를 경험한 후, 중앙관료들도 자신들의 지위가 더는 안전지대가 아님을 느끼게 된 요인도 있으나, 노무현 대통령이 주무부서인 행정자치부에 힘을 실어주고 다른 부처와의 협상 및 구체적 실천계획안까지 작성하도록 권한을 부여함으로써 지방분권특별법안 준비에 차질이 없도록 지지하는 역할을 하였다. 예컨대, 아이디어 중개자 중 하나인 김두

19 동아일보 2005년 12월 15일자. 전국시장군수구청장협의회 간부 인터뷰(2005년 10월 21일).

20 모호한 규정은 다른 시각에서 보면 개혁안의 후퇴로 볼 수도 있으나, 특별행정기관 정비와 재정이양의 의무에 대하여 모호하게 처리하지 않고 강제했다면 지방분권특별법 전체가 위험에 빠질 수 있었다(행정자치부 고위공무원, 2005년 10월 12일). 이전 정부에서는 보통 이런 경우 백지화 내지는 꽤 실질적인 개혁안의 후퇴를 경험했을 상황이었지만, 아이디어의 영향 하에서 기득권과의 협상으로 일부 규정을 모호하게 처리한 채 통과될 수 있었다.

관 행정자치부 장관의 경우, 비록 6개월 만에 사임하기는 하였으나 중앙 엘리트주의에 대항하며 지방분권 아이디어의 현실화에 의욕적으로 임하였다.[21]

2) 정부혁신지방분권위원회와 아이디어 중개자, 그리고 실천적 권위의 형성

노무현 정부에서 지방분권개혁은 행정자치부를 비롯하여, 국회, 시민단체, 지방자치단체, 지방4대협의체 등 여러 부처나 기관들에 의하여 추진되었지만, 가장 두드러진 역할을 부여받은 기관은 정부혁신지방분권위원회로써, 지방분권 추진과제의 종합적이고도 체계적인 추진에 관한 사항을 심의하기 위해 대통령 소속하에 설치되었다(지방분권특별법 17조). 2003년 4월에 설치된 이 기구의 주요 역할은 정부개혁과 지방분권에 관한 사항을 심의, 대통령에게 보고하는 것이다. 이러한 정부위원회는 독립행정위원회와 달리 주로 의결권, 처분권이 없는 자문위원회에 불과한 경우가 많다(Schwartz, 1998). 정부혁신지방분권위원회도 이와 마찬가지로 심의 및 자문위원회에 가까운 형태로 볼 수 있으나, 분권정책을 심의하고 추진상황에 대하여 대통령에게 국정과제회의를 통해 수시로 보고하였으며, 특히 작은 규모에서부터 실천적 정책실험을 수행하고, 시간이 지남에 따라 지방분권 로드맵과 같은 중간결과 intermediate outcomes를 내놓기 시작하였다. 또한, 지방분권과제를 매일 온라인으로 확인할 수 있도록 하였으며, 위원회에서 실제로 진행 상황

21 김두관 자신은 '지방의 시각'에서 지방분권을 확실히 추진하려고 노력했다며, 이런 확신이 있었기 때문에 중앙집권론자와 중앙엘리트들이 자신을 '이장 촌놈 출신'이라고 무시해도 묵묵히 일할 수 있었다고 자평하였다(폴리뉴스, 2003년 9월 17일자, polinews.co.kr/ezview/article_main.html?no=13184).

을 점검하고 관련 조직이나 기관들을 압박하는 방식으로 일관성 있게 추진하였다.[22]

또한 외부적으로는 정권의 아이디어 중개자이자 핵심인사들을 배치하여 중앙부처 내의 이견들을 조율할 수 있도록 하였고, 학술행사나 세미나 등에서 지적교환을 통해 지방분권의 세부 전략들을 개발·조율하였으며, 위원장들은 관료들에게 특별 강연이나 발표를 통해 지속적으로 피드백을 받는 한편, 지방분권 아이디어를 주입하려 노력하였다. 또한, 각종 출판물과 자료들의 전국적 배포를 통해 일반 시민들에게도 지방분권이 가져다주는 유익에 대한 교육을 시행하기도 하였으며, 개혁법안 통과를 위해 국회의원 및 이해관계자들과의 협상을 위해 위원회 사무국 직원들뿐만 아니라 위원회 위원들이 직접 설명회를 개최하기도 하였다.

이처럼 일반적인 자문·심의위원회와 달리 정부혁신지방분권위원회는 지방분권과정에서 위와 같은 방식으로 부처 간 의견조율과 민간의 의견을 반영하고, 개혁안건의 있어서 상당한 영향력을 발휘할 수 있었다. 이 과정에서 위원회는 노무현 정부의 핵심 개혁기구라는 인식과 평판을 얻을 수 있었다. 특히 분권 아이디어의 지지자이자 최고 정책결정자인 대통령의 계속적인 지원과 격려가 그 영향력의 원천이 되었고, 조직 수장에 오른 아이디어 중개자들의 역할도 컸다. 위에서 밝힌 대로 위원장직을 역임한 김병준, 윤성식 등의 인사는 대통령직 인수위원회 시절부터 새 정부의 지방분권과 혁신에 대한 아이디어 실체화를 주도해왔다. 부처 간 의견조율뿐만 아니라 전국을 순회하며 각종

22 전 행정자치부 고위공무원 인터뷰(2015년 2월 15일).

[그림 5-1] 정부혁신지방분권위원회 위원의 출신 배경(2006년)[23]

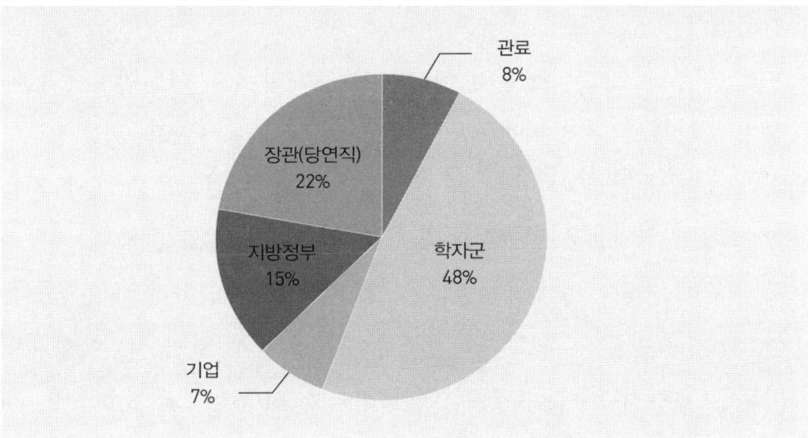

출처: 정부혁신지방분권위원회 홈페이지(http://www.innovation.go.kr/intro/member.htm).

강연과 세미나를 통해 전국적으로 지방분권의 아이디어를 확산하는 데 주도적 역할을 하였다. [그림 5-1]과 같이 다양한 민간 그룹의 참여도 신선한 아이디어의 공급을 원활하게 하는 역할을 할 수 있었다. 이와 같은 활동은 대부분의 인터뷰 대상자들이 공통적으로 지적하듯 대통령의 강력한 지지가 있었기에 가능하였다.[24]

아버스와 켁(Abers and Keck, 2013)은 이와 같은 특정 기관의 평판과 인식의 축적을 통해 행사되는 영향력을 만Mann의 기반적 권력개념에 바탕을 두고 '실천적 권위'practical authority라고 정의하였다. 제2장에서 간

23 지방정부에서는 지방4대협의체 대표들이 참여하였으며, 현직 장관으로는 행정자치부장관, 재정경제부장관 등 관련 부처에서 당연직으로 위원이 되었다.

24 윤성식도 노무현 대통령이 강한 의지와 리더십으로 정부혁신지방분권위원회의 역량을 최대화하였다고 증언하였다(인터뷰, 2005년 10월 19일). 김병준도 동일한 내용을 확증하였다(인터뷰, 2009년 7월 23일).

단히 정의한 바와 같이, 실천적 권위는 공사公私 영역에 걸쳐 영향력을 행사할 수 있는 정책결정자들로부터 문제해결 역량을 가진 권력기관으로 '인정'recognition을 받는 권위를 말한다. 어떤 조직의 영향력은 국가권력에서 나오는 공식적인 규정과 권한을 통해 영향력을 행사할 권위를 부여받지만, 많은 경우 외부로부터 사회적 존중과 인정, 신기술의 취득, 사적인 자원의 이용 등을 통해 권위가 형성되기도 하며, 정부기관의 경우 공식적 권위뿐만 아니라 '관계적 기제'relational mechanism, 즉 외부와의 관계를 통해서 권위가 확장되기도 한다는 것이다. 보통 조직은 문제해결 능력을 네트워크를 통한 협력과 계속되는 정책 실험, 아이디어의 토론, 자원의 축적 등을 통해 잠재적으로 축적해 나가게 되고 점차 외부의 인정까지 받음으로써 실천적 권위를 행사할 수 있게 된다는 것이다. 법적으로는 자문·심의위원회인 정부혁신지방분권위원회가 지속적인 중앙부처 및 국회, 시민단체 및 일반 시민들과의 관계 형성을 통해 정책 아이디어를 토론 및 실험하고, 협상을 계속함과 동시에 정책결정자의 지원까지 받음으로써 점차 문제해결형 위원회로 인정을 받아가게 되면서 다른 부처와 관료들이 어느 정도 따르지 않을 수 없는 실천적 권위를 행사하게 되었다는 것이다. 실제로 이명박, 박근혜 정부에서의 지방분권 추진기관이었던 지방분권촉진위원회와 지방자치발전위원회의 위상은 결코 정부혁신지방분권위원회에 비할 수 없었다.[25]

25 전 중앙정부 및 지방자치단체 고위공무원 인터뷰(2015년 2월 24일). 이승종(2005: 363)은 이와 반대로 정부혁신지방위원회가 어디까지나 대통령 자문기구로 정치적 권위가 없었기 때문에 결국 성과가 미약하였다고 평가하며, 그 근거로 지방분권 추진과정에서 대통령이 정부혁신지방분권회의 제안에 완전한 지지를 보여주

참여정부에서의 지방분권에 대한 평가는 이승종(2005), 권영주(2009), 김홍환·정순관(2018) 등의 연구에서 다양한 측면의 지방분권을 대상으로 평가를 진행해왔으며, 긍정적·부정적 평가가 모두 존재하지만 적어도 대체로 용두사미격의 집행상의 문제를 들고 있으며, 목표와 활동 등은 긍정적인 평가를 받고 있다. 경제위기와 세계화, 정부신뢰 저하, 지역불균형 심화 등 거시적인 배경으로 인하여 절박감a sense of urgency이 어느 때보다 높았던 가운데(안성호, 2012), 아이디어 중개자들의 정부 내에서의 활약은 적어도 노무현 정부 초기 – 중기 꽤 성공적으로 평가받을 만하다. 이러한 맥락에서 전통적으로 반분권적이던 중앙의 행위자들은 공개적으로 개혁 아이디어에 반대하기가 쉽지 않았다. 물론 통일성unity를 강조하며 이견을 쉽게 표출할 수 없는 한국 정부의 정서상 두드러진 갈등이 표면적으로 언론에 보도된 것은 아니지만, 기득권 세력은 적어도 마지못해라도 동의할 수밖에 없었다는 것이다.

3. 공중(公衆)의 정서(Public Sentiment)[26]

지방정치와 분권에 관한 연구들은 일관되게 민주주의의 성숙을 위한 지방과 시민사회의 중요성을 강조하고 있다(Grindle, 2007). 제도변화에 있어서 아이디어는 다양한 형태로 나타나게 되는데 공중의 정서는 '무엇이 적합한가'what is appropriate에 관하여 시민(공중)들 사이에 공유

기보다 관련 부처와의 이견 조율을 우선시했다는 것을 근거로 제시한다. 그러나 Cartensen(2011)이 아이디어가 기득권 및 이해관계자를 무시(ignore)하는 것이 아니라 아이디어 하에서 어느 정도 타협을 한다는 주장에 비추어볼 때, 개혁법안의 통과를 위해 대통령이 전략적으로 의견조율을 중시하였을 뿐, 여러 인터뷰와 증언에서 정부혁신지방분권위원회의 중요성이 드러나고 있다.

26 공중의 정서와 지방 시민사회에 관하여는 제6장에서 자세히 기술한다.

되고 있는 일반적 가치, 태도, 규범적 가정을 의미한다(Campbell, 2004: 159). 어떤 특정 정책이나 제도에 대한 담론적 배경을 제공하는 공중의 정서는 여론조사나 여러 형태의 피드백 등으로 정책결정자가 인지하게 되며, 궁극적으로 정책결정자의 입장에서 볼 때, 시민들이 '받아들일 만한' 정책대안을 선택할 수 있도록 범위를 좁혀주는 역할을 한다. 예를 들면 '큰 정부'나 감세에 대한 미국 시민들의 일반적 정서는 정치권에서 정책논의의 범주를 논하는 데 영향을 주었다는 것이다. 이러한 측면에서 볼 때, 아이디어로서의 중앙-지방의 관계에 대한 공중의 정서는 여러 나라의 사례에서 성공적 지방분권개혁에 영향을 주었다(Eaton, 2004). 현대 한국의 중앙집권적 권력에 의한 개발과 그의 부작용을 모두 경험한 시민, 지역사회, 학계 등의 시각으로는 지방분권의 후퇴는 받아들일 수 없는 선택지였고, 대체로 지방자치가 '좋은 것'으로 인식되고 있었기 때문에 중앙정치권에서는 이러한 공중의 정서를 의식하지 않을 수 없었다. 이런 측면에서 노무현 정부의 지방분권개혁 과정에서 지방 이해관계자, 즉 지방자치단체, 지방정치인, 시민단체, 일반시민 등은 직접적인 참여자가 아니었음에도, 이들 가운데 일어난 지방분권운동은 현대 한국의 중앙-지방 간의 관계에 있어서 꽤 주목할 만한 발전이었다고 볼 수 있다.[27]

정권 후반기로 갈수록 정치적 논쟁과 리더십의 약화, FTA와 같은 정

27 각종 여론조사에서도 지방정치인의 비리, 경제적 여건 등의 요인으로 인해 다양한 반응들이 있음에도 불구하고, 지방자치제가 지역발전에 미친 영향에 대해서는 대체로 긍정적인 평가(65.7%)를 내리고 있으며, 지방분권의 강화 필요성에 대해서도 81.6%의 국민들이 찬성하고 있다(한길리서치, 2017년 11월 여론조사. 만 19세 이상 1,300명을 조사하였으며, 95±2.7%P 수준이다).

책문제를 둘러싼 정치적 균열로 인하여 관심사가 급격히 전환되며 궁극적으로는 반쪽짜리 성공에 머물고 말았으나, 지방분권개혁에 호의적인 거시적 환경에서 아이디어를 중심으로 한 참여정부 지방분권의 정치는 중앙집권적 세력이 여전히 강력하게 존재하는 불리한 정치적 조건 가운데 지방분권특별법과 개혁과제들을 수행하면서 '경로의존으로부터의 자유'를 얻을 가능성을 제시하였다는 데 큰 의미가 있다고 본다.

Ⅲ. 비자발적 협조, 저항, 무관심: 반대의 정치

아이디어의 역할은 지방분권에 대한 반대와 저항을 약화시키고 개혁정치의 주도권을 아이디어 주도세력에게 가져오는 것이다. 2003년 지방분권특별법과 개혁 프로그램이 추진될 당시 노무현 정부의 지방분권개혁 주도세력은 중앙부처 관료들과 정치인들의 '내부적 저항'의 극복에 노력을 기울이지 않을 수 없었고, 적어도 정권 초기–중기에 치열한 정치과정을 거쳐 꽤 성공적으로 반대의 정치를 극복할 수 있었다. 특히 지방분권은 결국 중앙부처의 조직과 인력, 예산문제에 직접적으로 연관되기 때문에 내부적 반발은 예상 가능한 것이었다.

1. 중앙부처의 비자발적 협조와 극복

위에서 언급한 바와 같이 중앙부처에서 지방분권개혁과정에서 핵심적 역할을 하는 부처는 행정자치부였고, 재정경제부 등 핵심 중앙부처와의 협상에 많은 노력을 기울여왔다. 그 과정에서 최고 정책결정권자인 노무현 대통령과 아이디어 중개자들은 행정자치부의 협상을 지원하며 개혁법안의 통과를 지원하였다. 그러나, 행정자치부 관료들로서도 지방분권개혁이 실제로 시행될 경우, 자신들의 관할권(지방행정, 지방제도, 지방재정 등)을 이양해야 함은 물론, 직업 안정성까지 고려해야 했다. 당시 행정자치부 내부의 저항에 대하여 두 가지 시선이 존재하고 있다.

가장 흔한 반응은 최하위 지방자치단체의 수장이 약관 44세의 나이에 행정자치부 장관에 오르게 되면서 많은 냉소와 비판, 저항에 부딪혀 결국 개혁이 성공하지 못했다는 시각이다. 실제로 김두관 장관은 내·외부의 비판과 반대당인 한나라당의 해임결의안이라는 정치적 반대에 부딪혀 노무현 대통령에게 부담이 되지 않기 위해 6개월 만에 사임하고 말았다. 김두관은 취임하자마자 최고위급 공무원의 일괄사표를 받고 연공서열에서 벗어난 인사를 시행하였으며, 행정자치부 권한의 이양을 속도를 내었다. 이렇게 되자 행정자치부 권한과 인력의 타부처 및 지방자치단체로의 이양으로 인한 부처의 약화를 우려한 공무원들이 '행정자치부 지킴이 기획단'을 만들어 내부적 저항을 하게 되었다. 이를 두고 많은 학자와 언론은 중앙부처의 개혁시도는 신선한 바람을 일으키며 활력을 가져올 수 있었지만, 관료들이 앞에서만 복종하는 척할 뿐 결국에는 자신들이 해오던 관행대로 처리하는 경향이 있었다고 지적하고 있다.[28]

실제로 니스카넨(Niskanen, 1971)과 같은 전통적 관료이론에서 말하는

28 월간조선 2007년 6월자, '심층취재: 노무현 사림(士林)장관 실패사.'

것처럼 행정자치부 내에서도 노무현 정부의 개혁프로그램에 저항할 동기가 다양하게 존재했던 것은 사실이었다. 2003년 8월 국정토론회에서 노무현 대통령이 중앙부처 재구조화와 정부규모 축소에 대해서 다시 한번 강조하고, 실제로 청와대가 기획예산처에 예산편성권을 개별 중앙부처와 기관에 이양하라고 권고하였다. 같은 맥락에서, 당시 행정자치부의 경우는 예정대로 정부개혁과 지방분권이 이전 및 이양될 경우, 인사국은 중앙인사위원회에, 지방관련 권한과 행자부의 가장 큰 권한 중 하나인 치안(경찰) 관련 권한이 지방자치단체에 이양될 계획이었기 때문에 조직의 공중분해를 염려할 수밖에 없었다. 따라서 한국경제신문(2003년 8월 6일자)에 보도된 바와 같이 행정자치부 관료들 사이에 조직적 저항의 움직임이 있었고, 특히 이들은 지방분권개혁 완료 후 지방으로 전보될 것을 우려하고 있었다. 물론 행정자치부 고위관료의 인터뷰처럼 일단 개혁의 방향이 정해지면 결국에는 관료들이 따를 수밖에 없을 것이라는 낙관적 견해도 있었던 반면, 이와 달리 실제로 일부 관료들을 중심으로 행자부 지킴이 기획단을 만들어 기득권을 지키고자 하였다.[29]

이러한 완강한 반대는 자칫 이전 정부와 같은 지방분권 실패로 귀결될 수 있었다. 그러나 아이디어 중개자의 중재 노력과 행자부의 지킴이 기획단과 단독면담까지 하면서 지방분권 의지를 보인 대통령의 기득권 정치 관리에 힘입어 결국 행정자치부는 지방분권을 추진의 반대

29 당시 공무원노동조합 위원장이자 행정자치부 소속인 한 관료는 행자부뿐만 아니라 다른 부처 공무원들과 규칙적인 모임을 통해 지방분권에 반대하려는 조직적인 반발 움직임이 있었다고 인정하였다. 2005년 10월 18일 인터뷰.

급부로 새로운 기능, 즉 전자정부 관련 업무와 이민정책 관련 기능을 부여받아 조직규모와 인력을 유지할 수 있게 되었다.[30] 재정경제부와 기획예산처 관료들도 지방교부세율 인상에 대하여 매우 민감하게 반응하였으나, 결국 15%에서 18.3%로 인상되었다(현재는 19.24%). 또한, 비록 중앙조직 개편에 대한 반발에도 불구하고 행정자치부 관료들은 지방분권 자체에 대하여 명백한 반대를 할 수는 없었다. 한 고위직 공무원은 어느 정도 관료이익을 추구한 측면이 있지만, 보다 근본적으로는 급격한 지방분권이 가져올 부작용과 지방정부 및 지방공무원 역량에 대한 불신이 큰 문제였다고 고백하였다.[31] 아이디어는 이처럼 기득권과 어느 정도 협상할 수 있게 함으로써 개혁정치에서 제도변화 과정의 지속성을 유지할 수 있는 기반을 제공하였다.

2. 중앙정치권의 무관심 전략

일반적으로 중앙관료와 정치인들의 반대에 부딪혀 개혁이 실패하거나 계획보다 축소되었다고 묘사하는 것이 일반적이지만, 과거의 개혁시도에서 지방분권개혁의 걸림돌로 작용했던 정치인들과 정당의 반대 혹은 방해공작은 노무현 정부의 지방분권 과정에서는 상대적으로 무관심하거나 참여가 활발하지 않은 편이었다. 지방분권과정에서 이양 가능한 사무의 개발이나 일반적 가이드라인의 설정은 정부혁신지방분권위원회와 행정자치부를 통해 주로 이루어졌다. 또한, 비슷한 시기

30 위의 행정자치부 공무원 인터뷰, 2005년 10월 18일.

31 국가공무원이 지방공무원보다 대체로 업무수행능력이 우수하다는 의견은 2002년 39.6%에서 2008년 52.7%로 크게 증가하였다. 한국행정연구원 전국 공무원 인식조사(2008) 참조.

에 지방분권개혁을 시도한 일본의 경우 정치인들이 개혁과정에서 주도적인 역할을 한 것과 달리, 노무현 정부의 지방분권개혁에서 주도적인 역할을 한 정치인들은 드물었다는 것이다. 행정자치부와 정부혁신지방분권위원회 회의나 간담회 등을 통해 열린우리당과 한나라당 의원들과 협력하고자 하였으나 대부분 중립적인 태도를 보였다.[32] 예외적인 경우라면 국회 행정자치연구회를 통해 활약하던 민선 수원시장 출신의 심재덕 의원이나 관선 전라남도 지사 출신의 최인기 의원 정도가 지방분권특별법의 통과를 위해 시민단체와 협조하고 적극적인 관심을 보였을 뿐이다.[33] 이러한 정치인들의 무관심 또는 중립적인 태도의 원인은 크게 두 가지로 볼 수 있다.

첫째, 잘 알려진 바와 같이 지방자치제 시행 이전 선거구가 속한 지역에서 직접선거로 선출된 유일한 정치인으로서 국회의원은 이론상 지역의 이익을 중앙에 전달하는 정책통로로의 역할을 하는 한편, 지방정부의 인사와 예산 등에 있어서 큰 영향력을 행사해왔다. 그러나 1995년 지방자치단체장도 직접 선출되기 시작하면서 지방사회에서 국회의원의 '제왕적' 위치는 흔들리기 시작하였고, 오히려 도지사나 주요 도시의 시장이 더 영향력 있는 정치적 인사로 떠올랐다.[34] 이 때문에 몇몇 주요 안건을 두고 지역구 국회의원과 지방자치단체장이 대립하는 경우도 드물지 않았고, 국회의원은 공천제를 통해서 지방정치인을 통제하려는 시도를 계속하였다. 2000년 11월 42명의 국회의원이 시군구

32 행정자치부 고위공무원 인터뷰, 2005년 10월 12일.

33 국회의원 보좌관 인터뷰, 2005년 10월 19일.

34 신동아, 2001년 1월호.

청장을 임명제로 전환하려던 시도는 이와 같은 지방정치 역학의 발로라고 볼 수 있다는 것이다.

둘째, 사실상 동의하지 않음에도 불구하고, 중앙 정치인들은 지방분권안에 공개적으로 반대의견을 전개하기 쉽지 않았다. 세계화, 지방화와 작은 정부의 물결 속에서 지방분권에 반대함으로써 얻을 '반개혁적' 인물이라는 타이틀은 다음 선거를 고려했을 때 달갑지 않은 것이었다. 민주화와 외환위기의 경험으로 한국의 유권자들이 '개혁가', '개혁적 정치가'의 이미지를 더욱 선호하게 된 상황에서 정치개혁의 흐름에 거스르는 것은 정치인에게 모험과도 같은 것이었기 때문이다(Kihl, 2005).[35]

중앙정치인들에게 중앙 권한의 이양과 지방정치인(특히, 지방자치단체장) 지위의 강화에 대한 반감은 매우 자연스러운 것이었다. 동시에, 정치인들은 그들 자신을 개혁적인 정치인으로서의 이미지 강화로 대중매체나 시민들로부터의 비판을 피해야만 하였다. 그 결과, 분권화에 대한 '중립적'인 위치선택은 그들의 이해관계 혹은 동기와 충돌하는 것을 피하는 전략이었다고 볼 수 있다.

3. 시행 가능한 이익: 아이디어의 중재적 역할

지방분권개혁을 둘러싼 중앙 관료집단과 정치인들의 행태는 그들의 실제적 이익real interest이 '어떤 요인'에 의하여 어느 정도 타협할 수밖에 없었음을 알 수 있다. 특히, 아이디어는 단순히 배경, 맥락의 역할을 했다기보다는 좀 더 독립적으로 행위자가 실제적 이익을 '인지된

35 앞의 국회의원 보좌관 인터뷰.

이익'perceived interest으로 바꾸는 역할을 했다고 볼 수 있다. 헤이(Hay, 2011)와 루크스(Lukes, 2005)는 합리적 선택의 관점에서 맥락context과 이익interest의 관계는 결정론적이지만, 실제로 이익이 행태로 연결되는 관계는 좀 더 자세히 분석해보아야 한다고 주장한다. 노무현 정부의 지방분권개혁 과정에서 본 정치과정에서는 중앙관료나 정치인들이 위치하는 맥락의 조건에서 기인하는 행동을 단순하게 예측하기는 어렵다. 예를 들어 자연주의적 세계관에 따라 합리적 선택이론과 같이 해석한다면, 행위자 A에게 물질적 이익(MI, material interest)은 맥락 의존적(C, context-dependent)이므로 다음 (1)과 같은 관계가 성립한다.

$$C_a \Rightarrow MI_a \qquad (1)$$

그러나 골드스타인(Goldstein, 1993) 등이 주장하듯, 오직 완벽한 정보perfect information와 지식이 존재하는 세계관에서만 물질적 이익이 행동전략과 일치한다고 볼 수 있으므로, 실제로 그런 정보가 존재하지 않는 조건에서 행위자의 행동(B, behavior)에 영향을 미치는 것은 물질적 이익 그 자체라기보다는 행위자에게 '인지된' 물질적 이익(PI, perceived interest)이라고 볼 수 있으며, (2)와 같은 관계가 성립하게 된다.

$$PI_a \Rightarrow B_a \qquad (2)$$

중앙관료와 정치인은 지방분권개혁이 가져오는 결과에 대해 완벽한 정보가 없으므로, 다음 (3)과 같이 물질적 이익과 인지된 이익은 같지 않고, 결정론적이지 않다는 것이다.

$$PI_a \not\Rightarrow MI_a \quad (3)$$

즉 중앙관료와 정치인들에게 주어진 지방분권개혁의 정치적 맥락 속에서 그들의 이익은 지방분권안을 좌절시키고, 그들의 기득권을 유지하는 것으로 생각할 수 있고, 역사적으로 그러한 관계가 지속되어 왔다. 그러나, 노무현 정부의 지방분권개혁에서는 위에서 보듯, 중앙관료와 정치인들은 주어진 개혁정치과정이라는 맥락과 지방분권이라는 대세적 아이디어 앞에서 그들의 이익을 어느 정도 타협하지 않을 수 없었다. 즉 물질적 이익이 인지된 이익으로($MI_a \Rightarrow PI_a$) 바뀌는 '설득'persuasion 혹은 '조작'manipulation 과정에서 아이디어가 적극적 역할을 한다는 것이다(Hay, 2011). 관점에 따라 이러한 타협의 정치를 원래 의도했던 지방분권개혁의 실패라고 주장할 수도 있으나, 계획이 완전히 좌초한 것은 아니었기 때문에 실패라기보다는 아이디어에 의하여 잠재적 분쟁을 잠재울 수 있었다는 점에서 오히려 지난 정권에서의 지방분권개혁과 차별성이 있다고 봐야 할 것이다.

IV. 결론: 아이디어의 구성적 변화와 도전

현대 한국의 중앙-지방 간 관계는 1987년 민주화 이후 국가주의와 중앙집권적 전통이라는 유산을 바꿀 많은 기회의 창을 제공하였다. 민주주의적 헌법개정, 문민 대통령의 등장, 시민사회의 성장, 그리고 세계화·외환위기로 인한 신자유주의의 등장과 작은 정부론의 등장은 중앙집권적 체제를 떠받치고 있는 기득권 세력을 약화시키고, 기능, 권한, 재원을 지방에 이양할 기회를 제공하였다. 그러나, 경로의존적 정부간관계를 개선할 기회는 보수정권, 중앙관료와 정치권의 지연·방해 공작과 지방정부에 대한 신뢰 부족으로 실현되지 못하였다. 이 때문에, 1991년 지방의회의원 선거 이후 도입된 지방자치제의 시행은 그 발전에도 불구하고 아직도 수많은 개선과제를 안고 있는 '결손된' 지방 민주주의가 될 수밖에 없었다.

정부수립 이후 군사정권을 제외하고는 지속적으로 지방자치제를 도입하고 지방 민주주의를 실현하려는 노력이 있었으나, 그때마다 중앙집권적 세력은 교묘하게 우월적 지위를 이용하여 기존의 권위적 중앙 – 지방관계를 유지하고자 시도하였다. 근대화 이후 이승만 정권은 농지개혁과 함께 지주 중심의 질서가 쇠퇴하던 지방과 농촌사회에 권위적 전통을 다시금 부활시킴으로써 지방사회의 탈바꿈을 저지하였다. 지방 민주주의 암흑기에는 국가주의에 기반한 국가경제건설과 남북 간 대치라는 상황을 이용하여 지방사회에서의 민주적 질서와 전통의 성장을 방해하였고, 이러한 중앙의 정치, 경제, 사회에서의 우월성은 민주화 이후에도 경로의존처럼 이어져 중앙 위주의 정치가 지속되었으며, 심지어 지방자치제 도입과 지방분권개혁 과정에서도 지방과 시민사회의 영향력은 매우 제한적일 수밖에 없었다.

이러한 맥락에서 노무현 정부에서의 지방분권개혁의 정치과정은 경로의존을 탈피하기 위한 단절적 균형론과 같은 급격한 제도변화이론이 놓칠 수 있는 제도 내부의 정치적 균열과 갈등, 이해관계를 잘 보여줄 수 있었다는 점, 그리고 경로의존을 탈피할 수 있는 개혁정치의 가능성을 보여주었다는 점에서 의미가 있었다.[36] 유리한 정치적 기회구조 안에서 분권친화적인 대통령의 리더십과, 분권화라는 특정 아이디어로 무장한 중개자들의 핵심 정부 요직임명, 그리고 개혁적이면서도 실천적 권위를 지닌 개혁기구의 등장은 지방분권에 대한 일반시민의 긍정적 인식과 순응과 함께 이전 정권들과 비교할 수 없는 지방분권개혁안을 통과시키고 추진할 수 있었다는 것이다. 중앙관료와 정치인이라는 기득권 계층은 아이디어 친화적 환경 속에서도 기존의 중앙집권적 권위를 유지하기 위하여 물밑 협상과 저항을 지속하였으나, 공개적으로 지방분권의 물결을 거스를 수는 없었다. 윤지소(Yoon, 2016: 102-3)가 지적하는 것처럼 민주화 이후에도 중앙의 대통령과 정부관료가 정책의제를 대체로 독점하며, 대중매체 주요 지면의 70% 이상을 독점하며 독보적인 의제 설정자의 역할을 해 온 상황에서, 아이디어는 단순히 '중앙 기득권층의 저항'으로 인해 지방분권의 정치가 좌절되었다는 묘사보다는, 좀 더 세부적인 정치적 관계와 쟁론과정을 드러내 보여줌으로써 개혁정치의 과정을 이해할 수 있도록 하였다는 데 의미가 있다.[37]

그러나, 많은 성과에도 불구하고 참여정부의 지방분권개혁도 일정한 한계에 봉착할 수밖에 없었다. 첫째, 단임제 대통령제 하에서 정치권의 견제는 지방분권개혁에 큰 타격을 주었다. 정권 초기 분권론자인

---

36 이밖에도 제주특별자치도 도입, 주민투표제 및 주민소환제 도입, 자치조직권 향상, 지방교부세율 상향 조정 등은 어느 정권과 비교에도 그 개혁입법 자체가 괄목할만한 성과라고 볼 수 있다.

37 윤지소(Yoon, 2016)는 청와대(대통령), 국무총리(실), 중앙관료 등 중앙정부 행위자들이 정책의제설정에 있어 언론 보도의 1면을 대부분 독점하는 경향이 있으며, 동아일보, 한겨레 신문의 경우 정부의 행위나 행위자에 대한 보도도 70%를 넘을 정도로 집중화된 경향이 있다고 지적한다. 즉, 언론에서조차 다양성을 포기하였다는 의미이다.

대통령이 구심력을 발휘하며 추진하던 지방분권개혁은 노무현 대통령에 대한 야당의 공격, 2004년 탄핵소추 가결, 임기가 1년도 더 남은 상황에서 여당인 열린우리당에서의 탈당은 개혁추진력에 장애요소로 작용하였다.[38] 둘째, 노무현 대통령의 탈권위적 리더십은 대통령으로 가져야 할 최소한의 권위까지 상실함으로써, 소속정당 및 야당과의 관계가 후반기로 갈수록 어려워졌고, 국민과의 소통에도 성공하지 못했다(임혁백, 2014). 셋째, 지방으로의 재원과 권한을 위임해야 하는 지방분권과 중앙정부의 적극적 개입이 필요한 국가균형발전은 사실 여러 측면에서 서로 상충하는 부분이 있는 개혁목표였다. 이에 대하여 집권 후반기 시행하려 한 개혁입법, 즉 국가보안법, 과거사 진상규명법, 사립학교법, 언론개혁법은 국론뿐만 아니라 여당의 분열을 가져왔으며, 아이디어 메커니즘을 거친 개혁방향이 미처 안정되기도 전에 여러 도전에 직면함으로써, 지방분권 의제는 결국 후순위로 점차 밀려나게 되었다. 이처럼 노무현 정부는 거대 중앙집권적 국가가 하향식으로 통치하는 근대 국민국가의 사회에서 변화하는 정보사회와 지식정보화시대로의 이행이라는 특징을 가장 잘 이해하는 정부였음에도 불구하고 결과적으로 개혁연합의 범위를 확대하지 못하였다.[39]

담론적 배경은 물론 전략으로서의 지방분권 아이디어에 기반한 개

38 2004년 2월 노무현 대통령이 방송 기자회견에서 열린우리당 지지를 요청한 것에 대해 야당인 한나라당 의원들과 일부 민주당 인사들이 문제 삼아 탄핵소추에 이르렀고, 같은 해 5월 14일 헌법재판소 판결에 따라 탄핵심판청구가 기각되었다. 비록 다시 대통령직에 복귀하고 열린우리당이 총선에서 승리를 거두었으나, 리더십에 대한 타격은 불가피하였다.

39 임혁백(2014: 713)은 이러한 사회적 특징을 정주성(定住性)이 약한 '신유목사회'(neo-nomad society)로 명명한다.

혁을 추진해온 노무현 정부는 결국 집권후반기로 가면서 불거진 탈권위형 리더십의 문제와 국가주의적 어젠다가 국정의 주요 이슈로 떠오르며 정치적 관심이 바뀌게 되면서 지방분권은 후순위로 점차 밀려나게 되었다. 이명박 정부(2008~2013년)는 표면적으로 5년 기한의 지방분권촉진위원회를 설치하고 권한이양의 지속과 자치역량 강화 등 지방분권 7대 분야 20개 과제를 제시하며 미완성의 지방분권을 계속하는 시행하는 듯하였다. 그러나, 지방분권 아이디어 중 '민주적' 지방분권, 지방자치적 요소에 관한 관심은 줄어든 대신, '효율성' 중심의 지방행정체제 개편 논의가 주요 관심사로 떠오르면서 실용정부의 지방분권 의지에 대한 의구심이 증가하기 시작하였다.[40] 많은 반대에도 불구하고 2010년 7월 마산·창원·진해가 창원시로 통합된 것뿐만 아니라 중앙정부 주도의 행정구역 개편과 시·군·구 합병절차, 그리고 광역경제권 도입논의는 이명박 정부가 지방분권에 우선적 관심이 없었음을 방증하는 것으로 볼 수 있다. 이와 같은 경제적 효율성에 대한 강조는 지방자치적 요소가 주변부로 밀려나는 결과를 가져오게 되었다. 아이디어 구성요소로서의 지방 민주주의에서 효율성으로의 치환은, 물론 이명박 정부 이후 지방분권 개혁과제에서 완전히 사라진 것은 아니더라도, 지방자치를 민주주의의 연장선에서 생각해온 시민들과 학계, 그리고 시민단체가 정부의 광역경제권, 행정구역 개편 등을 비판적으로 바라보게 할 수밖에 없었다는 것이다.

40 예를 들면 중앙부처 중 지방자치와 지방분권 관련 주무부서인 행정자치부의 명칭이 행정안전부로 개정되면서, 비록 명칭변경 자체가 지방분권 의지의 약화를 반드시 의미하지 않을 수도 있으나, 관료사회나 시민단체에서는 우선순위에서 밀려난 것으로 해석하였다. 특히 행정안전부 내에서는 '자치'분과가 약화되었다는 인식이 팽배하였다. 전 행정자치부 고위공무원 인터뷰(2015년 2월 15일).

제6장

공론의 장, 시민사회와 지방 민주주의

"시민들은 소통 사회에 걸맞은 자질과 의지를 갖추고 있다고 생각하는 반면, 특히 여당과 지배세력은 시민들과의 대화를 차단한다고 판단한다. 시민들과의 대화 채널을 열어놓고 언제나 경청 자세를 부각시키고 싶어 하는 야당 역시 지배 정당이 되면 태도를 바꿀 것이라고 생각한다. 소통사회를 입증하는 표현의 자유와 들끓는 공론장이 존재함에도 불구하고 왜 시민들은 한국사회를 불통사회로 생각하는가? 현실과 인식의 격차를 어떻게 설명해야 하는가?"

– 송호근, '공론장의 역사적 형성과정', 2011

민주화 이후의 지방분권개혁은 정부수립 후 70년간 이어진 중앙집권적 전통을 종식하고, 새로운 중앙-지방 관계의 정립과 시민사회 및 지방자치의 성장을 통한 민주주의 공고화에 이바지할 것이 기대되었다. 특히, 문민정부 수립 이후 국가 수준의 시민사회는 양적·질적으로 눈부신 성장을 거두었고, 국민의 신뢰도 또한 매우 높았다. 반면, 한국에서의 지방분권과정은 철저하게 지방의 목소리를 무시하거나 통제, 혹은 극히 부분적으로만 받아들여 왔으며, 지방 수준에서의 사회부문 성장도 국가 수준과 비교할 때 제한적이었다는 평가가 지배적이다. 기존의 연구들은, 중앙부처와 정치인들이 지방분권개혁 과정 그 자체까지 장악함으로써 지방 민주주의를 요구하는 세력에 정치적 균열을 가져오고, 중앙사무 이양의 지연 혹은 재정지원 없는 이양을 추구해왔다는 것을 지적해왔다.

물론 여전히 중앙의 정치행위자들이 지배적인 것도 사실이지만, 앞선 장에서 지적한 바와 같이 1990년대 후반 이후 중앙정부의 역량에 대한 의구심이 커지고, 외환위기, 중앙정치권의 부정부패 등 중앙집권의 모순이 커지기 시작하면서 중앙 정치행위자들의 지방분권개혁에서의 목소리도 예전과 같은 힘을 발휘하기 어려워졌다. 반대로, 사회세력의 정치적 영향력 또한 두드러지게 향상되었고, 지방선거의 부활로 인한 지방정치 공간의 창출은 국가수준뿐만 아니라 지방 시민사회에도 새로운 기회로 떠오르게 되었다. 특히, 기존 대통령과 중앙정부를 비롯한 제도권 정치에 대한 신뢰가 민주화 이후 더욱 낮아지고, 국가-시민사회의 공공재 '공동생산'co-production을 의미하는 거버넌스governance 개념이 강조되기 시작하면서 상대적으로 높은 신뢰를 받아온 시민사회의 적극적 역할에 대한 요구는 더욱 커지게 되었다.[1] 만Mann이나 후쿠야마Fukuyama가 강조한 바와 같이 효과적인 국가통치에 있어서 건강한 시민사회와 조직의 역할은 더욱 필수적인 것이 되었다.

그렇다면, 이러한 시민사회와 지방의 성장은 지방분권과 거버넌스 과정에 있어서 어떠한 의미가 있는가? 또한, 지방 민주주의의 성장 과정에서 어떤 역할을 해왔고, 어떤 형태로 발전해야 하는가? 한국 지방분권의 정치를 연구한 학자들이라면 아마도 최근의 성장에도 불구하고 시민사회와 지방의 제한된 역할에 주목할 것이다. 필자도 이러한 주류적 견해에 동의하는 편이다. 그러나, 다른 한편으로는 대중매체를 포함한 중앙 정치행위자들의 견제와 무관심에도 불구하고 꽤 다양한 양태와 모습으로 시민사회와 지방이 발전해왔다는 사실도 무시할 수 없다(강명구, 1997; 박종민 외, 1999). 특히 지방이라는 정치적 무대는 다양한 차원의 갈등을 포용하며 요구와 기대를 분출해 내면서도 실제적인 정책결정을 내리는 권력관계와 가장 가까운 생활의 공간이자 공론의 장의 역할을 할 수 있는 곳이라는 점에서 매우 중요하다고 볼 수 있다.

한국 사회는 그동안 '풀뿌리 민주주의'라는 사회를 동경하면서도, 정작 풀뿌리를 가꾸고 잘 자라도록 배려하는 것은 매우 미숙하였다. 서구의 자유주의적 사고는 먼저 풀뿌리 수준에서 사회규범에 따라 자치를 공고히 한 후, 공공의 질서유지를 위해 국가에 주권을 양도하는 형태로 발전해왔다고 볼 수 있다. 그러나, 한국은 구한말 신분질서로부

1 거버넌스는 사회가 점차 복잡해지면서 정부가 공공서비스 제공에서 한계를 보이며 정부의 역할전환과 함께 시민사회 및 비영리부문의 정책과정에서의 역할을 강조하며 등장하였다(Peters and Pierre, 1998).

터 자유로운 근대적 개인과 시민사회가 미처 뿌리내리기도 전에 제국열강의 침략과 일제강점기, 남북분단과 권위주의적 정부의 출현이라는 외적요소의 영향으로 억압되면서, 유럽과 북미의 자유민주주의적 시민사회와 사뭇 다른 형태의 시민사회 등장을 예상 가능케 한다. 시민성과 공공재에 대한 도덕적 인식을 갖출 기회를 미처 얻지 못한 국가와 지방에서의 공론장의 미성숙은 결국 건강한 민주주의의 공고화와 지방민주주의의 성장을 저해하는 요인으로 작용하고 있다.

이 장에서는 기존의 연구성과를 토대로 한국의 근대화로의 이행기에 태동하였던 한국의 시민과 시민사회에 대해서 비교정치적·사회적 관점에서 간략히 살펴본다. 특히, 권위주의 정권 하에서 민주주의 암흑기를 거쳐 '저항적'으로 성장한 '쟁투적'爭鬪的, contentious 시민사회의 궤적과 2000년대 이후 폭발적으로 성장한 정책 옹호형(policy advocacy, 혹은 권익주창형) 시민사회가 한국의 중앙-지방 관계와 지방 민주주의 공고화에 어떤 영향을 미쳤는지 논의한다. 첫째, 필자는 이러한 과정을 통해 한국의 시민사회가 자유주의적 국가-시민 관계에서 영합적으로 성장해 온 것이 아니라 비영합적 성격을 가졌으며, 자유주의적 시각에서 보는 국가의 쇠퇴와 시민의 등장이 아니라 오히려 '강한 국가-강한 사회'의 형태로 발전되어왔다고 주장한다.[2] 둘째, 한국의 시민사회는 민주화 과정에서 일반 시민들의 적극적 참여와 지지로 공통의 목표인 민주주의 제도의 도입에 성공할 수 있었으나, 그 이후에는

2 '강한 사회'는 구해근(Koo, 1993)이 한국의 시민사회를 묘사하면서 사용한 '쟁투적' 시민사회에서 그 의미를 찾을 수 있다. 즉, 대(對)국가 투쟁을 하면서 성장해왔다는 것이다. 그러나, 강한 사회가 반드시 유능한 시민사회를 의미하지 않는다. 후술 참조.

일반 시민들의 참여보다는 시민운동 전문가, 명망가 위주의 시민사회 활동이 주류를 이루게 되면서 지정한 풀뿌리 시민참여 증진과는 거리가 있다는 점을 강조한다. 셋째, 지방분권개혁의 과정에서 일반적인 인식과 달리 꽤 활발한 지방 시민사회의 역할이 있었음에도 중앙 기득권층의 무관심으로 인해 대중에게 강하게 어필되지 못했고, 재정적으로 열악한 지방 시민단체들이 정부로부터 재정적 지원을 받기위해 '비정치성'을 띠게 되면서 서구 민주주의의 시민성과 도덕성을 갖춘 시민의 지방 공론장 참여를 어렵게 만든다고 주장한다. 이로 인해 송호근(2013)의 주장처럼, 근대국가의 태동기에 시민사회를 중심으로 공론정치의 장場 형성의 가능성이 있었으나 참여성과 지속성은 떨어지는 특성을 보여왔다고 주장한다.[3]

I. 시민사회와 공론의 장

> "민주주의 정치체제가 정치적 결정에서 일반 시민들의 참여에 관한 것이라면, 민주적 정치문화는 '참여'를 독려하는 신념, 태도, 규범으로 이루어진 것이라고 볼 수 있다."
>
> – Almond and Verba, 1965: 178

국가에 대한 정의가 막스 베버를 비롯한 많은 학자에 의하여 상대적

3 시민사회와 공론의 장에 관한 연구는 그 범주가 매우 넓으므로, 이 장에서는 주로 한국의 민주화 이후의 시민사회와 지방 민주주의를 논의한다.

으로 명확하게 규정되어온 반면, 시민사회는 상대적으로 그 정의에 있어 자유를 누리며 매우 모호하게 정의되어왔다. 그만큼 무엇이 '시민사회'를 규정하는지에 대한 기준이 뚜렷하지 않다는 것이다. 시민사회에 관한 권위있는 정의를 시도해온 킨(Keane, 1988: 14)은 시민사회의 정의가 단일의 의미가 있는 것도 아니고 영원히 고정된 정의로 존재하지 않는다고 말한다. 이 때문에 시민사회 개념의 유용성에 대하여 의문을 갖는 학자들도 있으나, 시민사회 정의를 포기하기보다는 민주주의라는 정치적 현상의 연구 필요성에 맞게 조작적 정의를 내리는 것이 어느 정도 필요하다(Schwartz, 2003).

다양한 정의가 존재하는 가운데, 시민사회는 기본적으로 가족과 기업, 그리고 국가로부터 상대적 자율성을 가진 매개체로써, '자발적으로 조직된, 비국가적, 비시장적'인 부문으로 어떤 이윤이나 권력을 추구하지 않는 공간이라고 정의할 수 있으며, 공론의 장의 활동을 통해 정치적 활동을 하고 그들의 의사와 이념, 규범의 달성을 위해 활동하는 집단을 말한다. 이 정의에 따르면, 비영리단체 및 자선단체는 물론, 씽크탱크, 종교집단, 환경단체, 노조, 여성단체, 인권단체 등 셀 수 없는 종류의 시민단체를 포함한다.[4] 특히, 유럽에서 시민사회의 개념이 탄생하기 시작한 18~19세기의 경우 시민단체는 보통 자율적인 통치가 인정되던 마을이나 도시 자체를 의미하였기 때문에 지방자치와도 매우 관련이 높다(Garon, 2003). 이 장에서는 다양한 시민사회에 대한 관점과

4 시민단체 개념에 노조(trade associations)나 기타 경제단체(business associations), 전문가단체(professional associations)를 제외하는 견해도 있으나(Pekkanen, 2006), 김선혁(Kim, 2000: 16)의 정의에 따라 이 저서에서는 포함한다.

논의 가운데, 두 가지 요소가 지방분권의 정치와 지방 민주주의에 있어 중요하다고 주장한다.

첫째, 시민사회를 공론의 장으로 한정하여 논의하는 학자들도 있으나 시민사회의 '조직화'된 정도, 즉 결사체association로서의 측면이 신토크빌주의자Neo Tocquevillian들을 중심으로 강조되어왔다. 토크빌은 미국 민주주의에서 지역사회의 공통으로 처한 문제를 성공적으로 해결하기 위해서는 자발적 결사체의 활발한 활동이 필수적인 조건이라고 보았는데 그 주요 이유는 정부가 필요한 공공서비스를 제공하는 데 있어서 매우 취약했기 때문이라는 것이다(Tocqueville, 1969: 514). 그러나 이와 달리 퍼트남(Putnam, 1993)과 같은 신토크빌주의자들은 토크빌이 주장한 결사체의 활동을 현대적 측면에서 재해석하면서 지역사회 결사체의 활발한 활동이 결과적으로 좀 더 잘 작동하는 정부의 — 즉, 강한 국가 — 형성에 이바지할 것으로 봄으로써 '강한 국가－강한 시민사회'의 형성 가능성을 시사하였다.[5] 스카치폴(Skocpol, 2002)도 자발적 결사체가 미국 민주주의를 떠받쳐 온 것에는 동의하지만, 자발적 결사체들이 단순히 풀뿌리 지방에만 근거하지 않았으며, 전 계층의 보편적 이익을 추구하며 주－연방 수준으로 확대됐다고 밝힘으로써 초창기 토크빌의 견해를 수정하였다. 즉, 현대적 기술과 교통의 발전을 예측하지 못했던 토크빌은 관찰 당시의 미국이 매우 약한 수준의 국가에 가까웠으며 자발적 결사체에 의하여 공동체의 문제들이 주도적으로 해결됐다고 보았으나, 실제로는 국가와 사회가 호혜적 관계로 민주주의 시민문화를

5 반면, 토크빌은 자발적 결사체의 활동이 잠재적으로 공식적 정치기구에 대해 위협이 될 것으로 생각했다. 배유일(2004: 137) 참조.

축적해왔다는 것이다.[6] 이런 측면에서, '강한 국가'가 정치 및 시민적 공간까지 지배하여 온 한국적 특징을 고려한다면, 반드시 국가의 약화만이 조직화된 시민사회가 성장하고 더 좋은 거버넌스와 더 좋은 지방 민주주의에 공헌할 수 있는 조건은 아님을 알 수 있다. 오히려, 레비(Levy, 1999)의 주장처럼, 적극적으로 국가가 시민사회의 육성에 나서는 것도 가능하다.

둘째, 시민사회는 자발적 결사체로서의 특징과 함께 공론의 장을 이루는 구성요소로 간주한다. 이는 흔히 시민사회와 많은 겹치는 부분에도 불구하고 공론의 장에 포함되지 않는 비영리단체nonprofit organizations와 구별되는 것으로써, 시민 간 정치적 권력에 대한 것을 포함하는 공통적인 화제나 주제를 자발적으로 토론하고 논쟁하는 공간의 주요 요소로의 시민사회는 결과적으로 참여자에 대한 차별 없는 토론과 의사의 교환을 특징으로 한다는 것이다(Habermas, 1989). 각 조직과 결사체들의 적극적 참여를 통해 정치무대로서의 공론의 장이 활성화되며, 정보의 교류와 서로 다른 관점들에 대한 대면적 의사소통을 통해 공중의 합리적이면서도 집합적인 의견을 형성하고 불완전한 판단을 배격함으

6 레비(Levy, 1999)는 〈토크빌의 복수〉(Tocqueville's Revenge)라는 책에서 프랑스의 국가-시민사회의 관계를 잘 묘사하고 있다. 프랑스는 발전국가와 유사한 계획주의(dirigisme) 정치경제로 유명하며, 강한 국가 아래서 취약한 시민사회와 지방정부는 마치 '토크빌의 복수'처럼 되돌아와서 프랑스 국가로 하여금 적정한 '사회적 파트너'가 없는 상태에서 경제적 조정과 협력을 어렵게 만들었다는 것이다. 궁극적으로 사회와 지방의 파트너가 없는 국가권력은 약화될 수밖에 없었고, 반대로 국가의 지원 없는 시민사회도 약화되었다고 지적한다. 레비는 시민사회가 반드시 장기간의 진화 과정을 통해서만 나타나는 것이 아니라 지방 분권화와 같은 국가의 의도적 행위로도 시민적 공간이 단기간에 창조될 수 있다고 주장한다. 스카치폴(Skcopol, 2002)도 결국 국가가 형성된 이후에야 본격적으로 미국의 시민사회가 확장되었다고 주장한다.

로써, 숙의 민주주의에 공헌할 수 있다는 것이다. 숙의 민주주의의 효과는 결과적으로 정부로부터의 정책적 반응으로 나타나게 된다. 이렇게 볼 때, 국가나 지방 차원 공론장에의 시민사회 참여는 민주주의의 활성화와 공고화뿐만 아니라 효과적인 정책국가 형성에 공헌할 가능성을 높이게 된다고 볼 수 있다.

비록 국가마다 특징적인 국가 – 시민사회와 공론의 장이 존재하기는 하지만, 우리가 주로 연구대상으로 보게 되는 유럽과 미국에서는 상공업의 발달, 절대권력의 붕괴, 자유주의의 발전으로 인해 시민들의 자발적 결사체 활동과 공론장에서의 참여, 그리고 정치적 갈등 해결 기제를 통한 역량이 성장해 왔으며, 결과적으로 민주적 정치가 성숙하게 되었다. 그러나, 한국의 경우 근대화과정이 지연되고 일제강점기 및 권위주의 정부의 통치라는 외부요소를 경험하면서, 서구 민주주의 사회에서 발견되는 시민사회의 특징이나 참여적 문화, 공론장의 형성이 사뭇 다른 형태로 발전하였다. 국가 – 사회, 중앙 – 지방이라는 연결고리의 부족 혹은 부재는 결과적으로 국가뿐만 아니라 지방에서의 건전한 민주주의 문화형성의 지체와 거버넌스를 위한 시민역량 축적에 필요한 절대적 시간까지도 부족할 수밖에 없었고, 민주화 이후 30년이 지난 지금에도 많은 시민이 한국을 '소통 부재'의 사회로 여기게 되었다는 것이다(송호근, 2011). 그렇다면, 이러한 서구사회의 역사에 기반을 둔 시민사회론의 시각으로 한국의 국가 – 시민사회 관계와 지방에서의 시민사회 성장을 분석하는 것이 정당한가? 한국은 어떤 경로를 통해서 시민사회와 공론의 장이 발전되어왔는가?

II. 한국적 시민사회의 특징

시민사회의 존재 자체는 시간과 장소에 매우 뿌리 깊게 자리 잡고 있다. 즉, 역사적 맥락에 대한 고려 없이 시민사회의 개념을 한국의 현실에 적용하는 것의 한계를 인정해야 한다는 것이다. 시민사회 성장을 시민혁명을 통해 목도한 프랑스와 미국의 경우, 시민사회에서 시민을 의미하는 단어 'civil'에 강조점이 있었으며, 이는 곧 거버넌스 과정에 참여할 수 있는 어떠한 권리를 부여받았음을 의미하기도 했다. 이들 국가에서 시민사회는 곧 국가의 통제 밖에 놓여있는 사회 혹은 공간을 의미함은 물론, 시민 간 아이디어의 활발한 교환이 국가의 권위를 감시하거나 제한하는 역할을 하였다. 프랑스와 미국의 시민혁명기에 등장한 이러한 현대적 의미의 시민사회 개념은 국가의 억압이라는 공포 가운데 성장하게 되었다는 것이다(Keane, 1988). 이와 함께, 하버마스가 주장하는 공론의 장의 개념 또한 시민들이 차별 없이 와서 정치와 다른 공공의 관심사를 토론하는 일상의 무대였으며, 정치매체, 살롱salons, 찻집, 도서관 등이 선호되는 공간이었다(Habermas, 1989).

그렇다면 역사적으로 '서구적 현상'인 시민사회를 현대 한국의 현실에 적용하는 것은 적절한 것인가? 서구 학자들이 18~19세기 시민사회를 논의할 때, 조선 후기 개화사상가인 유길준 등을 제외하고는 유사한 개념을 논의하던 한국의 지식인이나 학자그룹은 거의 존재하지 않았다. 한국보다 먼저 근대사회에 진입한 일본의 경우, 비슷한 시기 메이지 시대 과두정oligarchy이 천황의 절대권력을 통하여 개혁을 추구하였고, 오히려 시민사회의 개념이 황권에 도전하는 부적절한 것으로 생각하였다(Garon, 2003).[7] 이는 절대적 왕권 중심의 신분제 사회가 여전하던 조선의 중앙의 정치무대와, 수령–향리 중심의 관료사회였던 지방에서도 마찬가지였다.

다른 한편, 서구의 정치에서는 이미 국가와 시민사회가 서로의 영역에 효과적으로 '침투'하기 시작하면서 상대부문에 점차 의존해가는 관계가 진행돼왔다. 즉, 시민사회는 이기적 자본가, 사회주의자, 진보적 세력 등으로부터 스스로를 보호하기 위해 국가의 관심을 필요로 했던 반면, 국가는 대중을 교육하고, 자원의 분배과정을 감시하기 위하여 시민사회를 필요로 했다는 것이다(Habermas, 1989). 일본도 전체적으로는 시민사회의 개념에 호의적이지 않았으나, 도쿠가와 막부 시대부터 중앙과 지방 곳곳에서 시민사회 흔적을 확인할 수 있었다(Garon, 2003). 마찬가지로, 한국도 역사적으로는 비록 서구사회 경험과의 평면적 비교는 어렵다고 하더라도, 조선 말기부터 지식인 사회를 중심으로 한 시민사회의 태동이 있었다.

1. 한국 시민사회 및 공론장의 기원과 한계

서구사회의 경험을 기준으로 한국의 시민사회와 공론장의 기원을 밝히기는 쉽지 않은 도전 과제이고, 본 저서의 목적과 범위를 벗어난 것

7 서구문물에 대한 번역이 활발했던 일본도 전후에 이르기까지 '시민사회'의 개념이 문헌에 광범위하게 번역되지 않았다. 다수 일본인이 시민사회를 부적절 혹은 정당성이 부족하다고 생각했기 때문이다(Garon, 2003). 물론 이러한 정치·사회적 분위기 속에서도 이미 자유민권운동에 대한 움직임은 19세기 후반부터 매우 강하게 일어났고, 사회적으로 각성한 시민이 나타나기 시작하였다.

일 수 있으나, 앞서 언급한 바와 같이 유럽이나 서구에서 시민사회의 존재는 도시와 공동체 자체를 지칭하는 것이기도 했기 때문에 그 기원을 살펴보는 것은 매우 중요하다. 동시에 답하기 매우 어려운 질문이기도 하다. 하버마스(Habermas, 1962)는 시장과 국가(체계, system)의 개별 사회 행위자들이 합의에 따라 사회규범을 구성해 나가는 사회적 행위의 영역(생활세계, lifeworld)에 대한 침투를 경계하면서 공론의 장의 성공은 공론장에 대한 접근성의 정도, 자율성, 계층의 부정, 법의 지배, 그리고 참여의 질에 좌우된다고 주장하였다. 이를 기반으로 하여 송호근(2011)은 한국 사회 공론장의 기원을 추적하는 가운데, 적어도 세 가지 요소가 시민사회의 전제조건으로서 매우 중요하다고 요약하였다.

첫째, 조선의 봉건적 질서에서 벗어난 계약질서로 맺어질 수 있는 '근대적 개인' 존재의 유무이다. 즉, 자유를 의식하고 새로운 질서의 공간에서 주체의식을 가진 개인이 근대적 공론장의 시작이라는 것이다. 하버마스가 주장한 부르주아 계급의 핵심적 존재인 자유주의적 '교양시민'Bildung이 이성을 활용하여 각 행위자의 이해를 관철해 나가는 것이 공론장의 첫 번째 요소라는 것이다.[8] 송호근(2013)에 의하면, 갑오개혁(1894) 이후 신분제가 철폐되면서 시민의 개념이 나타나기 시작하였으며, 먼저 지식인 중심의 공론장을 통해 군주제의 장벽을 넘어 입헌군주제를 옹호하고, 사민평등四民平等, 출판과 결사의 자유 등 근대적 의제들을 신문과 잡지 등의 매체와 신교육을 위한 각종 교재, 그리고 만민공동회 등의 근대적 공론장을 통해 정보를 공유하고 논의하기 시

8 하버마스의 저서에서 독일어 'Bildung'은 영어 및 한국어로 정확하게 번역되기 어렵지만, 보통 미국식으로 말하면 교양 교육을 받은 사람을 의미한다.

작하였다. 또한, 동학이라는 종교적 공간을 통해 나타나기 시작한 평민 중심의 공론장도 종교의 틀을 넘어 천부인권과 정치적 논쟁, 평민을 대상으로 한 인쇄 매체의 유행 등 세속적인 평민 공론장으로 발전하였다. 마지막으로, 지식인 공론장이 '국민' 개념을 매개로 평민을 공론장으로 불러들임으로써 상호 교류를 시작했다는 것이다.[9]

둘째, 갑오경장(1894)부터 일제강점기(1910)에 이르는 기간 동안 놀랄 만한 숫자의 자발적 결사체가 탄생했다는 사실이다. 송호근(2011)에 따르면, 동기간 동안 회사를 포함 1,000여 개에 달하는 단체가 설립되었으며 자발적 결사체로는 국내 300여 개, 해외에 100여 개가 설립되었다. 특히, 초창기 지식인 주도에서 점차 인민 대중이 협력하는 자발적 단체로 발전하는 모습을 보였고, 조선 말기와 외세침략이라는 절체절명의 상황 속에서 국가의 전략과 부국강병 방안을 둘러싼 많은 이념과 담론들이 논의되었다는 것이다.[10]

셋째, 자발적 결사체의 주요 목표를 자치의 활성화에 두고 있다는 점이다. 이는 이들 자발적 결사체가 국가의 간섭에서 자유롭고, 단순히 개인 간의 집합이 아님을 드러낸다. 유길준 등은 실제로 지방 자치 운동을 주도하고, 이를 한성부민회(1907)와 헌정연구회(1905) 등 애국계몽단체를 통해 정보를 공유하고 지방자치의 아이디어를 보급하였으며,

9 이 과정에서 지식인 공론장에서 유행하던 한자 중심의 매체 대신 국한문 혼용, 국문 매체의 등장과 유행은 공론장의 확산에 큰 역할을 하였다. 세계열강의 침탈 앞에서 조선의 근대적 전환과 전략에 대하여 많은 이념이 각축을 벌였다.

10 송호근(2013: 371)에 따르면 동 시기 자발적 결사체는 지식인 중심이었다는 점에서 양반계층의 공론장을 승계하며 자격요건을 제한하는 경향이 있었으나, 국민교육회(1904), 국채보상운동(1907) 등 이력과 경력을 따지지 않는 결사체들이 등장하면서 전국적으로 확대되었다는 것이다.

각종 학회와 청년회, 부인회 등도 교육, 재정, 실업 등의 각 영역에서의 자치를 추구하였다(송호근, 2013: 373-4).

그러나, 근대사회 태동기에 이와 같은 시민 개념의 탄생과 자발적 결사체의 등장, 그리고 공론의 장의 성장은 분명 고무적인 것임에도 불구하고, 1910년 일제강점기가 시작되면서 단절되었고, 해방공간에서도 기회의 창이 있었으나, 이승만, 박정희, 그리고 전두환으로 이어지는 권위주의 통치체제에서 시민사회의 정상적인 성장은 매우 어려웠으며, 오히려 존재하던 사회단체들조차 정권의 필요에 따라 동원되기도 하였다.

그러나 이러한 외부 구조적인 문제보다 더 심각한 것은, 초창기부터 매우 치열하게 공적인 문제들에 대한 논쟁이 있었음에도 불구하고, 서구와 같이 국가권력의 간섭에 대항하면서 도덕성morality 내지 시민성civicness을[11] 내재화한 개인이 자율적 통치를 할 수 있는 시민사회적 경험을 하기도 전에 국가의 수립과 자주독립, 그리고 경제발전을 위해 동원되는 특수한 상황에 내몰리고 말았다는 것이다. 송호근(2011)은 자유주의를 진정으로 경험하지 못한 상황에서 자유의 또 다른 이면에 있는 책무, 공익에 대한 개념을 미처 내면화를 하지 못한 시민이 양산되는 결과로 나타났다고 표현한다. 이러한 사실은 오늘날 지방사회 공론장에서 시민성을 갖춘 성숙한 시민정치가 발현되는 것보다는 지역에서의 이익을 중심으로 한 시민운동이 더 활발한 결과에 직간접적으로 영향을 미치고 말았다. 또한, 근대적 개인과 집단이 자치적으로 경험하

11 시민성은 사회적 유대감(solidarity), 신뢰, 공공정신을 의미하는 시민사회의 중요한 구성요소이다(Putnam, 1993).

지 못하고 맞이하게 된 민주주의 시대는 지방 민주주의를 포함하여 그 제도적 운영에 있어서 많은 부분 시행착오를 겪으며 현실과 충돌할 수 밖에 없었고, 각종 공동체적 합의도출에 실패하였다는 것이다.

2. 시민사회: 민주화 이전과 이후

일제강점기 이후 중단되었던 시민사회의 성장은 결국 민주화운동의 시기를 거치며 서서히 드러나기 시작하였고, 그 성숙의 시기는 1980년대 후반 민주화 이전과 이후의 시기로 나누어 볼 수 있다. 한국에서 현대적 의미의 시민사회는 결국 독재정권에 저항하는 학생운동, 노동운동, 인권운동, 그리고 기타 형태의 다양한 동원을 통해서 나타났기 때문이다. 그러나, 권위주의적 통치체제에서 시민사회가 '반국가적' 시민사회 이상의 의미, 즉 오래된 민주주의 국가에서 말하는 풀뿌리 사회조직 혹은 참여적 조직과 같은 넓은 범주의 의미를 찾기란 쉽지 않았다. 이에 따라 민주화 이전의 시민사회는 민주주의 투쟁을 위해 동원하는 엘리트 중심적이고, 쟁투적이며, 민주주의 쟁취라는 단일의 목표를 둘러싸고 조직되었다(Kim, 2000; Lee and Arrington, 2008).

민주화 이후의 시민사회는 한국에서의 시민사회 변혁을 위한 새로운 장을 열었다고 볼 수 있다. 민주화 이후 '공동의 목표'를 잃어버린 시민사회는 그 목표와 운동방식을 바꾸고 반핵, 여성참여, 선거개혁, 반부패, 소비자 보호, 환경 등 다양한 사회문제에 대한 해결을 목표로 하는 시민운동 계열과 민주주의 운동을 지속하는 민중운동 계열로 나누어지면서 새로운 변혁의 기회를 열게 되었고, 그 숫자도 1990년대 중반 약 4천여 개에서 2015년 3만 개에 달할 정도로 폭발적으로 늘어나게 되었다(Bae and Kim, 2013; Fioramonti and Fiori, 2010; Oh, 2012).

그러나, 이러한 양적·질적 성장에도 불구하고 활발한 시민사회의 활동과 참여가 실질적으로 민주화 이후 민주주의 공고화를 위한 사회적, 문화적, 그리고 제도적 기반을 갖추었는지는 의문이다. 즉, 민주화에서 큰 역할을 한 것은 사실이지만, 그 이후 국가와 일반 시민 사이에서 중개역할을 하는 중간조직, 자율적 조직으로서 연계linkage 역할을 충실히 하였는가는 의문이라는 것이다. 오히려 2000년대 후반으로 갈수록 한국 사회는 우파계열의 보수적 시민단체의 출현과 미국과의 자유무역협정, 한미동맹, 미국 쇠고기 수입 문제 등을 두고 시민단체 간 대립이 더욱 극심해졌다. 제니퍼 오(Oh, 2012: 537)는 이를 두고, "한국의 국가-사회관계는 민주화 이후 20년이 지난 지금에도 여전히 현존 정치구조 밖에서 일어나고 있다."라고 표현할 정도다. 국가-사회의 연결고리 역할을 하는 이익집단, 정당에 대한 불만족 그리고 시민사회의 취약성은 결국 2016년 촛불 항쟁까지 이어지게 되었다. 이러한 현상은 지방에서도 마찬가지다. 예컨대, 부안과 경주에서 일어난 방사능 폐기물 처리시설 건립 등과 같은 정책문제를 둘러싼 지방사회에서의 갈등과 대립은 국가 수준에서의 그것과 다르다고 말하기 힘들다는 것이다.

1) 민주주의 항쟁과 시민사회의 등장[12]

일제강점기 이후 끊긴 한국 시민사회와 공론의 장은 권위주의 정권하에서의 통치에서도 지속되었고, 오히려 박정희 정권의 유신헌법과 전두환의 철권통치는 '시민사회의 암흑기'로 부르기에 충분했다. 정부

12 민주화 이전의 시민사회에 관하여는 본 저서의 목적에 따라 간략히 기술한다. 자세한 것은 김선혁(2000), 최장집(2009), Bae(2018), Oh(2012) 참조.

수립 이후 1980년대 중후반까지 학생, 종교, 노동, 그리고 재야 지식인들의 집단은 민주주의를 위해 지속해서 투쟁해왔으나 군사정권의 탄압을 이겨내기는 어려웠으며, 광주민주항쟁(1980)과 같은 불행한 사태도 맞이하였다. 군사정권 하에서의 경제적 성장을 경험한 중산층과 화이트칼라 계층도 모호한 태도를 보임으로써 민주화를 위한 대연합을 이룩하는 데 장애요인으로 작용하였고(Fioramonti and Fiori, 2010: 89), 위의 민주화운동 주도층을 제외하고는 역동적인 시민사회의 동력이 있었다고 보기 어렵다.

그러나 전두환 정권이 점차 안정기에 접어들고 집권에 자신감을 가지게 되면서, 반독재·민주화 운동에 대한 강압적 탄압 필요성이 줄었고, 미국 레이건 정부의 압력과 아시안게임 및 서울 올림픽의 유치로 인해 통치에 대한 대내외적 정당성 확보 필요성을 느끼고 국민화합조치(1983년 2월)를 통해 구속자 석방, 사면과 복권, 해직교수 복직, 정치인 해금 등으로 제한적인 정치적 유화조치를 취한 것이 오히려 시민사회에는 기회의 창이 되었다(Heo and Roehrig, 2010). 또한, 1985년 2월 야당인 신민당(신한민주당)이 총선에서 강력한 야당으로 부상하고, 재야세력과 함께 민주화를 위한 통합적 모임인 '민주통일민중운동연합'(민통련, 1985년)을 결성하는 등 민주주의 헌법개정과 대통령 직선제를 관철하기 위한 연합적 노력이 활성화되었으며, 결국 1987년 6월 항쟁 끝에 민주화가 이루어지게 되었다.

2) 민주화 이후의 시민사회: 투쟁에서 옹호로

민주화라는 거대한 정치적 목표의 달성은 많은 부분 독재 권력에 저항해온 민주화운동에 힘입은 바 크지만, 다른 한편 민주화에 대한 부분만 사회세력 가운데 공유되었을 뿐, 경제정의나 불평등, 노동과 같은 문제는 민주화운동 가운데 서서히 의식이 향상되고 있었음에도 불구하고 민주화라는 최우선의 목표를 앞설 수는 없었다(Yeo, 2013). 따라서 독재적 권력의 철폐와 민주화라는 목표는 어느 정도 달성할 수 있었으나 모든 참여 세력을 만족시킬 수는 없었고, 이는 곧 민주화 이후 각기 다른 형태의 사회운동으로 나타나게 되었다. 즉, 다양한 사회운동단체들이 시민들의 관심사와 권익을 옹호하고 서구에서 볼 수 있었던 공론장에 해당하는 정치적 공간이 만들어졌다는 것이다.

민주화 이후에도 쟁투적 민주주의 투쟁은 지속하였으나, 문민정부가 들어서면서 과거의 투쟁 일변도 시민운동은 점차 적실성을 잃게 되었고, 좀 더 온건한 정책 옹호형policy advocacy 시민사회 운동이 활성화되게 되었다(Kim, 2000). 1990년대부터 새로운 사회적 논쟁거리에 대한 개혁을 추구하는 사회단체들의 활동이 활발하게 되었고, 기존 제도권과 차별화된 사회단체들에 대한 시민들의 신뢰도 점차 높아지게 되었다. 특히, 서구 민주주의 국가와 달리 시민의 목소리를 국가와 정책영역에 전달하는 역할을 하는 중간조직으로서의 이익단체와 정당이 취약한 한국에서 광범위한 정치 및 사회개혁을 요구하는 시민운동단체들은 각 영역에서 좋은 평판을 쌓아가기 시작하였다는 것이다.[13]

---

13 대체로 이익집단은 공공의 이익을 볼모로 사익을 추구하는 집단으로 여겨졌으며(Oh, 2012: 539), 이데올로기에 기반한 체제로 발전하지 못한 정당은 노동자와 같은 계급적 이익을 대변하기 위한 이데올로기적 지향이나 정책역량이 턱없이 부족하였다(Lee, 2009: 37). 이런 환경에서 시민운동단체들은 대안적 세력으로 광범위한 지지를 받게 되었다.

[그림 6-1] 기관 신뢰도 조사와 시민사회

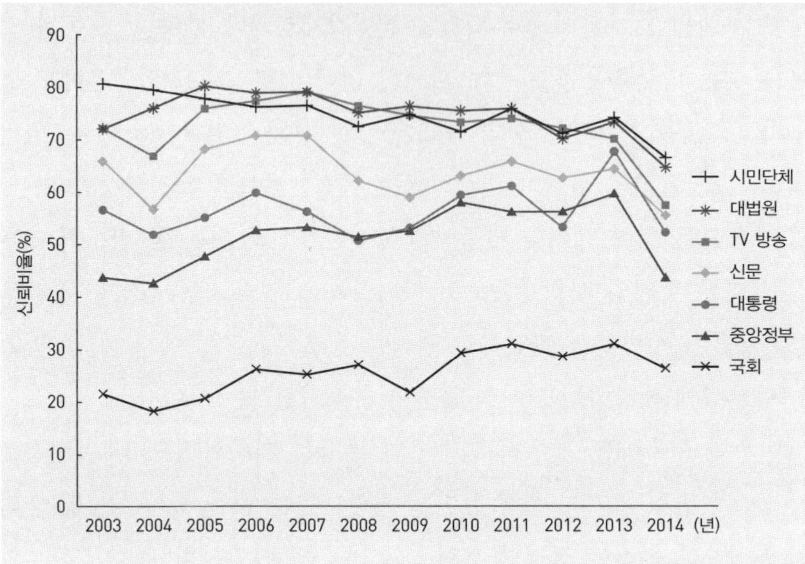

출처: 한국사회과학자료원, 〈한국종합사회조사〉 2003~2014년 자료.

[그림 6-1]의 〈한국종합사회조사〉(2003~2014)에 나타난 기관 신뢰도에서도 국회와 중앙정부와 같은 기존 제도에 대한 높은 불신을 보인 반면, 시민사회는 반대급부적으로 상대적으로 높은 신뢰도를 보여 왔다.

다른 한편, 시민사회단체에 대해 호의적인 제도적 환경도 조성되었다. 특히 시민사회의 지지와 밀접한 관련이 있던 김대중·노무현 정부에서는 시민단체 인사들이 정부위원회 혹은 자문기구를 통해 실제 정책 결정과정에 참여함으로써 전문지식을 발휘할 수 있는 통로를 열어 주었으며, 많은 시민단체 출신 인사들이 주요 정부 직책에 등용되기도

하였다.[14] 특정 사회문제보다는 '일반적' 목적의 시민사회단체, 즉 참여연대나 경실련과 같은 시민단체는 좀 더 전국적 조직을 갖추고 많은 회원 수를 가지게 되었으며, 사안에 따라 기성정당과 연대 등을 통해 개혁과제들을 통과시키기 위한 노력을 해왔다는 것도 특기할 만한 사항이다(Cho, 2000). 이러한 정책 옹호형 시민단체들뿐만 아니라 각종 비영리단체에 대해서도 지원법을 제정하고 일정 규모에 이르는 비영리민간단체들을 행정·재정적으로 지원하는 제도(비영리민간단체지원법)도[15] 통과되어 2000년 이후 폭발적인 성장을 하였다([그림 6-2]). 한국의 유례없는 정보통신기술 및 교통의 발달과 호의적인 정부정책 및 매스컴의 시민단체에 관한 관심은 단기간에 큰 성장을 이룰 수 있는 물적 토대가 되었다.[16]

그러나, 이러한 내·외적 성장에도 불구하고 민주화 이후 한국에서의 시민사회 성장이 자발적 결사체의 활발한 조직과 호혜적 관계증진, 그리고 신뢰향상 등을 통해 토크빌식의 참여적 민주주의 강화에 일조했는가에 대해서는 의문이다. 첫째, 무엇보다도 외형적인 자발적 결사체 숫자와 참여는 일견 성장세를 지속하고 있으나, 정치 및 사회경제적

---

14 김혁래(Kim, 2013: 66)에 따르면, 200명이 넘는 참여연대 출신 인사들이 정부에서 일하였으며, 김명자 전 환경부장관, 한명숙 전 총리의 경우와 같이 최고 정책결정자 위치에 임용되기도 하였다.

15 일본의 경우 1995년 한신대지진 이후 일반 시민과 민간단체의 구조행위에 영향을 받은 일본의회 의원들 주도로 1999년 비영리단체법(NPO Law)을 통과시키고 특정 분야 시민단체에 법인격을 부여, 세제혜택을 주는 정책을 도입하였다(Pekkanen, 2006).

16 물론 법의 실제적 효과에 대하여는 의견이 분분하다. 비영리민간단체 증가추세에 비추어 재정지원 규모는 상대적으로 정체되어 있고, 지원내용이 종합적이지 못하기 때문이라는 것이다. 박영선(2015) 참조.

[그림 6-2] 비영리민간단체지원법(2000년) 이후 등록현황

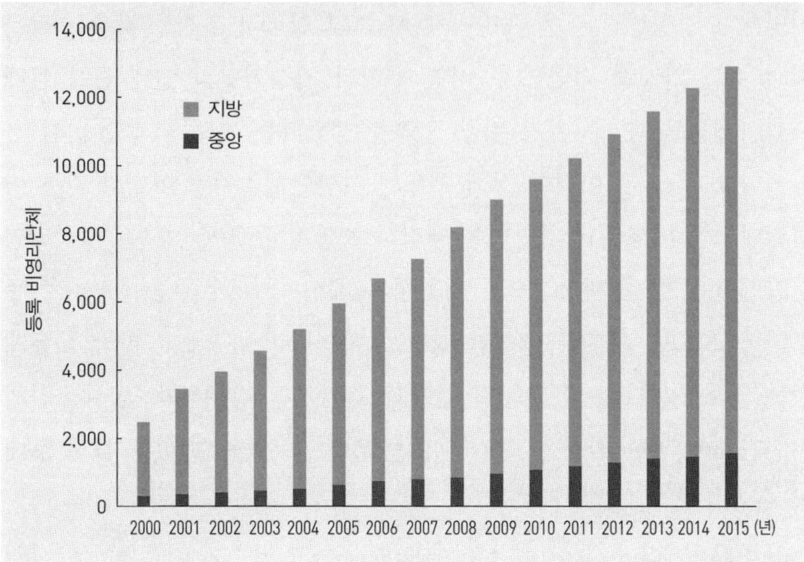

출처: http://www.index.go.kr

문제에 대한 담론에의 참여는 괄목할만한 질적인 성장을 이루었다고 보기 힘들다는 것이다. 일찍이 유재원(2000)도 한국 사회가 낮은 수준의 사회자본을 보일 뿐만 아니라 개인을 정치영역에 연계시키는 능력 또한 매우 낮은 것으로 평가하였다. [그림 6-3]에 나타난 〈한국사회조사〉의 결과 또한 지난 10여 년간 한국인들의 각종 단체 가입률과 참여는 23.1%(1999)에서 50%대(2013)로 성장한 것으로 나타났으나, 대다수는 주로 학연, 지연, 종교 및 취미활동 관련 사회모임에 활발하게 참여했으며, 정치 및 정책결정에 영향을 줄 수 있는 시민단체에의 참가는 매우 저조한 수준에 머물렀을 뿐이다. 둘째, 이로 인해 노동이나 분배

[그림 6-3] 연도별 한국 사회단체 참여율(%)

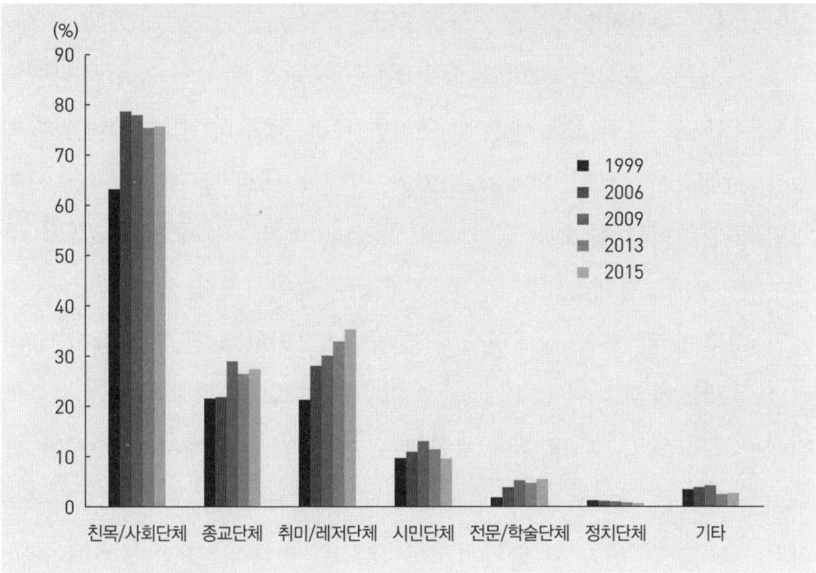

출처: 통계청, 〈한국사회조사〉, 1999~2015년 자료.

와 같은 중요한 사회문제들은 비정치적 친목 및 사교 중심의 사회단체에서 심각하게 다루어지지 않았으며, 2000년대 후반 보수정권 등장 이후 국가-시민단체 간 밀접한 관계도 서서히 시들어갔다. 일반 시민의 참여 없는 시민단체 활동은 자연스럽게 일반 시민의 회원가입에 의존하기보다는 명망가 혹은 엘리트 중심으로 운영될 수밖에 없었다(Bae et al., 2011). 송호근(2011: 53-4)은 이를 두고 '시민 없는 시민운동'이라고 표현하면서, 시민단체는 시민참여보다는 정치권과의 연계를 통해 정책에의 영향력 행사를 도모하였으며, 노무현 정권 이후에는 그나마 이념적 지향에 맞는 시민단체에 선별적인 기회가 주어짐으로써 공론장의 확대보다는 특정 진영 이해관계의 '과잉 대변'excessive representation 현상이 일어났다고 주장하고 있다.

결국, 친목 중심의 사회단체 활성화, 명망가 중심의 시민사회단체 활동, 그리고 시민사회 내부의 균열은 주로 정부의 비판·감시역할에 주력해왔던 시민사회 전체의 정치와 정책에 대한 '문제해결사'로서의 역할과 영향력의 한계를 드러내고 말았다. 특히, 경제적 세계화와 자유무역, 분배, 경제정의와 같은 문제들은 시민사회의 역량 부족을 절감할 수밖에 없었다. 참여연대와 경실련, 그리고 노동자 단체들은 이러한 문제들에 대하여 많은 관심을 기울이고 참여하였으나 결과적으로 비정규직의 도입, 대형 유통체인의 규제 등의 문제에서 보호해야 할 사회적 약자를 대변하는 데 성공하지 못하였다(Hundt, 2015: 478). 시민사회의 '제도화된 무능'은 결과적으로 새로운 형태의 시민 행동주의civic activism의 등장을 촉진하였고, 이는 박근혜 정권의 부패 및 국정농단 사태와 맞물려 촛불항쟁의 형태로 나타나게 되었다.

3) 시민사회의 갈림길과 촛불항쟁

민주화 이후 민주주의 공고화의 필수요건인 시민사회의 비약적 성장은 사실이지만, 동시에 위의 적시한 현실처럼 여러 가지 도전에 직면하고 있다. 무엇보다도 비정치적 친목 중심의 사회단체 증가와 소위 명망가 중심의 시민단체는 국가와 개인을 연결하는 고리의 역할을 충실히 하지 못하였고, 일반 시민의 참여가 배제된 명망가 위주의 참여가 지속되면서 여러 계층의 주목을 받아야 할 노동문제나 경제적 불평등에 관한 문제들은 상대적으로 관심을 받지 못했기 때문에, 어떤 사회적·정치적 욕구의 '분출구'에 대한 필요성이 커졌다(최장집, 2009: 236).

둘째, 이명박 정권 이후 이념적으로 냉전적 사고로 무장한 보수적인 단체들이 다시 전면에 등장하기 시작하였고, 이는 많은 측면에서 시민사회 정치적 균열에 영향을 끼쳤다. 즉, 보수정권의 시민단체 지원은 정권의 정체성에 가까운 이념적 성향이 있는 단체에 집중적으로 지원되었다는 것이다(Kim, 2012: 58). 많은 정치 및 정책적 문제에 대하여 보수 언론과 정치인들로부터 지지를 받은 보수단체들이 정권에 잠재적으로 위협적인 문제들과 시민단체들을 '종북'이라는 이름으로 몰아가면서 시민사회 정치에 분열을 심화시켰다.[17]

셋째, 한국의 인터넷과 정보기술의 발달은 일반 시민의 수평적 네트워크의 확장에 기여한 반면, '익명성'이라는 커튼 뒤로 시민사회의 개별화, 분절화된 활동을 부추김으로써 정치 및 사회문제에 대한 불필요한 논란과 경쟁을 촉진하는 부작용을 가져왔다(Shin, 2013).

마지막으로, 민주화를 위한 시민성장은 국가 수준에서 동원된 것으로, 중앙무대에서의 시민단체의 성장과 성숙을 보여주었으나 지방에서의 시민사회는 동일수준의 성장과 관심을 받지 못했다. 시민사회조차도 철저하게 중앙 위주였다는 것이다.

이런 배경 속에서, 취약한 이익집단 정치와 정당정치뿐 아니라 시민사회에의 참여 등을 통해 직접적인 정치적 소통통로를 확보하지 못한

17 보수단체는 김대중 정권에서 재등장하기 시작하였다. 특히, 진보적 성향의 시민단체들이 추진하거나 지지해 온 노동조합운동, 햇볕정책, 재벌개혁, 경제정의 등 민주정권의 유산들이 보수적 언론과 뉴라이트와 같은 보수단체들에 의하여 '종북'이나 '반정부적' 이미지로 변질됨으로써 시민사회마저 보수–진보 담론으로 균열이 일어났다는 것이다(최장집, 2009).

'불만족한' 시민들은 2000년대 들어와 촛불을 들고 직접 광장으로 뛰어드는 모습을 보이기 시작하였다. 2002년 미군 장갑차에 의한 여중생사망과 주한미군지위협정SOFA 개정문제를 둘러싼 갈등으로부터 시작하여 노무현 대통령 탄핵반대, 미국과의 자유무역협정과 소고기 수입 문제 등, 주요 사건과 사회문제마다 시민들이 직접 문제해결을 외치며 촛불을 들었고, 박근혜 전 대통령의 측근으로 정권을 좌지우지한 최순실 사건을 계기로 하나의 문화 현상으로서의 촛불시위는 연 인원 1천 7백만 명 가까이 참여한 탈근대적 시민참여운동이었다. 촛불항쟁은 그 자체로 한국 시민의 민주주의에 대한 열망을 보여준 역사적 사건이었고, 일상의 문제에서부터 청년문제, 실업문제, 젠더, 그리고 정권교체에 이르기까지 다양한 문제를 다루는 시민참여의 새로운 장을 열었다는 점에서 큰 의미가 있는 것은 사실이지만, 다른 한편으로는 대중이 직접 참여하는 비조직화된 정치형태의 결말은 아직 알려지지 않았고 불투명

[그림 6-4] 한국적 시민사회의 특징

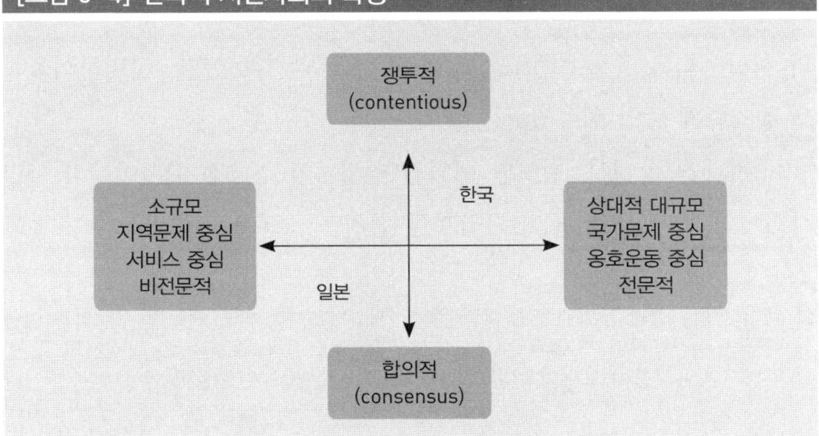

하며, 기존의 대의제 민주주의와 제도와 충돌 가능성도 존재한다.

이러한 측면에서 한국적 시민사회의 특징을 요약하자면, 앞의 [그림 6-4]에 나타난 바와 같이 여전히 합의에 의존하는 정치보다는 쟁투적 성격이며, 상대적으로 대규모의 투쟁 중심이고, 일반 시민보다는 전문가, 시민활동가, 명망가 중심의 시민사회라고 말할 수 있다.[18] 이는 이웃 국가인 일본의 시민사회가 대체로 국가와의 대치보다는 합의를, 지역사회의 서비스, 행정 중심의 시민사회 성격을 가진 것과 대조되는 특징이라고 볼 수 있다(Lee and Arrington, 2008). 이러한 특징은 한국의 지방 민주주의의 현실에 비추어 볼 때, 시민사회의 지방문제에 대한 무관심, 지방 수준에서의 결사체 활동의 부진, 지방에서의 공론장의 부족 등의 문제로 귀결된다.

3. 지방 시민사회의 취약성

지방자치의 이상적 지향점은 풀뿌리 민주주의의 실현이고, 시민이 직접 자신의 일상의 삶에 영향을 미치는 정책결정에 공식적으로 참여함으로써 지방사회의 주체적 정치행위자의 지위를 누리는 것이라고 볼 수 있다. 특히 대의 민주주의를 채택하는 가운데, 그 약점을 보완할 수 있는 시민의 직접적 참여를 통한 민주주의의 구현은 정작 지방사회에서 가장 활발해야 정상이라는 것이다. 이러한 과정을 통해 지방정부의 효율성을 높이고 민주적 책임성을 확보하여 민주주의를 실현하는 것이

18 2000년대 이후 정책 옹호형의 시민단체에서 점차 사회서비스 및 자원봉사 중심으로 그 중심이 옮겨가고 있는 것도 사실이다(조철민, 2010). 그러나, 이러한 비정치적 유형이 시민사회의 본래 정의와 반드시 일치하는가에 대해서는 의문이다.

이상적으로 여겨져 왔다. 그린들(Grindle, 2007)과 퍼트남(Putnam, 1993) 등 정치학자들은 이론상 지방정부의 성과를 설명하는 여러 요소 가운데 하나로 지방의 정치과정에 참여하고 지방정부에 책임을 요구하는 지방 시민들을 들고 있다. 즉, 지역공동체의 사회단체들은 좀 더 나은 지방정부의 서비스와 정책과정에의 참여기회를 부여받기 위하여 지역정치인들을 압박할 수 있으며, 이는 결과적으로 지방정부의 성과향상(대응성 향상)에 이바지할 뿐만 아니라, 어떻게 향상이 이루어질 수 있는지를 직접 확인시켜 준다는 것이다. 이들이 선거를 통해 지방정부 선출직 공무원들을 직접 심판하는 것은 물론이다. 이러한 열정적 시민사회가 없는 지방은 정부가 좀 더 나은 서비스를 제공할 동기를 갖지 못할 뿐 아니라 혁신이나 대응성 향상을 위해 노력할 필요성을 느끼지 못한다.

한국의 경우, 지방자치제 시행 이후 특히 제도적 측면에서의 시민참여의 보장이 두드러진다. 제도적으로는 20년이 넘게 지방자치제를 시행하는 동안 풀뿌리 시민의 지방 거버넌스에의 참여를 담보하기 위하여 지역주민에 의한 주민감사청구와 주민발의(2000년)를 비롯하여, 일정요건 충족 시 시행 가능한 주민투표(2004년)와 주민소송(2006년)이 도입되었으며, 많은 논쟁 끝에 제주도의 시험적 운영을 시작으로 주민소환(2007년)까지 갖추게 됨으로써 주민의 참여에 의한 지방권력의 통제가 제도적으로 가능하게 되었다.[19] 이는 한국의 상대적으로 뒤늦은 지

19 지방에서의 시민참여는 크게 정부가 주도적으로 시행하는 주민설명회, 정책설문조사, 지방정부 행정소식지 제공, 신문고(민원) 제도, 평가결과 공개, 옴부즈맨 등 여러 유형이 있으며, 지방자치제 시행 이후 이와 같은 정보제공방식의 주민참여는 많이 확대되었다고 볼 수 있다. 주민발의 등의 제도는 시민이 적극적으로 주도하는 방식으로 앞의 정부 주도형과는 차이가 있다.

방자치제 시행에도 불구하고 꽤 잘 정비된 직접민주주의적 요소를 도입하게 되었다는 것을 의미한다.

그러나 이러한 제도를 통한 주민참여 촉진은 현실적인 제약 때문에 그 제정 취지와 달리 운용에 있어서 뚜렷한 성과가 있었다고 보기 어렵다(김익식, 2010). 주민투표의 경우 2004년 도입된 이래 겨우 8건만이 실시되었으며, 총 투표자 수 미달로 투표함 개봉을 하지 못한 예도 있었다(서울시 무상급식 범위에 관한 주민투표). 가장 치열한 논란 끝에 도입된 주민소환제의 경우, 국가사업(강정마을 해군기지 건설)을 둘러싼 제주도지사 소환, 혐오시설(화장장)유치를 둘러싼 하남시장과 하남시의회 의원 소환, 개인 비리(성 추문)로 인한 포천시장 소환 등 도입 이후 10년간 약 80건에 달한다. 그러나 실제 성공사례는 하남시의회 의원 2명을 소환한 것을 제외하고는 없으며, 그마저도 요건 미충족이나 중단과 같은 사례도 80%에 이른다.[20] 2003년 저준위 방사능폐기장 유치를 놓고 일어난 부안군 주민들의 극렬한 갈등사례에서 보듯, 주민투표와 같은 제도적 참여를 통한 직접민주주의의 실현이 반드시 갈등의 문명적civil 해결과 공론장 정치 확대에 뚜렷하게 이바지했다고 보기 힘들다. 정치적·정책적 문제에 관하여는 오히려 중앙 정치무대의 경우와 같이 쟁투적 시민운동이 더 쉬운 동원방법이기도 하였다. 이는 주민참여제도의 악용을 우려한 제도정치권이 의도적으로 성립이나 실행요건을 지나치게 어렵게 만든 데서 기인하기도 하지만, 기본적으로 담론정치discursive

20 청구요건이 비슷한 이웃 일본과 비교해도, 성립확률이 매우 낮다. 주민소송은 도입 후 33건이 시도되었으나 종결된 31건 중 원고인 주민이 승소한 경우는 단 두 차례에 불과하다. 오마이뉴스, '주민투표·주민소환으로 만드는 지방자치 선진국' 2018년 1월 9일자.

politics를 위하여 일반 시민들이 얻을 수 있는 정보에 대한 제약과 전문성 부족 때문이기도 하다.[21]

퍼트남(Putnam, 2000)이 지역신문 구독률readership을 '시민참여의 증거'라고 이야기 할정도로 시민들은 자신들의 지역공동체와 관련된 정보를 주로 언론, 특히 지역신문이나 잡지, 인터넷뉴스와 같은 대중매체를 통하여 접하게 되는 것이 일반적이다. 지역매체를 통해 정보를 얻은 시민들이 더 적극적으로 지역문제나 정책담론에 참여할 가능성이 크기 때문이다. 그러나 한국의 현실은 주요 언론사들이 서울과 수도권에 지리적으로 집중되어 있을 뿐만 아니라, 지역주민들의 관심도 매우 낮다. 인터넷이 지배적으로 등장하기 이전에도 지역주민들의 주요 정보원은, 직장상사나 지역방송, 케이블 텔레비전에 더 치중되어 있었으며, 지방신문의 경우 부산일보(3.4%)와 대구의 매일신문(1.6%) 정도를 제외하고는 대부분 1% 미만의 구독률을 보였다.[22] 지역언론의 중요성으로 인해 중앙정부(문화관광부)에서는 지역신문발전지원특별법(2003)을 제정하고 매년 수십억 원의 예산을 지원해왔으나, 지방의 담론형성에 지역매체가 기여하는 바는 여전히 적다고 볼 수 있다.

지방 공론장 형성에 악영향을 미치는 지역언론의 취약성은 결국 지

21 정책문제의 담론적, 언어적 해석의 문제에 관심을 가져온 피셔(Fischer, 2003)는 정책과정에서 있어서 '언어'(language)의 중요성을 강조하면서 정책을 둘러싼 행위자간 상호관계에 있어서 언어는 중립적인 개념이 아니며, 담론을 통해 사회적으로 구성된다고 주장한다. 이 과정에서 공식적 제도보다는 정책문제에 대하여 행위자들간 공유하고 있는 비공식적 이해가 더 큰 역할을 한다는 것이다.

22 지역신문발전위원회 2006년 조사. http://www.cln.or.kr 〈지역신문 구독자 조사요약〉에 따르면 지역일간지로부터 지역 관련 정보를 얻는다는 응답은 6.3%에 불과하였다.

방의 왜곡된 권력관계에서 기인한다. 언론의 정보편향성을 지적해온 허먼과 촘스키(Herman and Chomsky, 1988)는 〈동의의 제조〉Manufacturing Consent라는 책을 통해 언론보도의 편향은 정보를 독점하는 정부 또는 소유주에서 온다고 주장하면서 이를 대중매체의 '선전모형'Propaganda Model이라고 명명하였다. 이러한 측면에서 본다면, 한국의 지방자치단체들이 1960~1970년대 군사정부 하에서 정권홍보의 목적으로 '계도지 예산'을 편성, 지역언론지를 구매해 온 전통을 지금까지 지속하고 있는 것은 지방정부 감시자로서 시민을 대변해야 할 언론의 자율성이 떨어진다는 것을 의미하며, 정부에 대한 비판보다는 호의적 기사가 많아짐을 의미한다(남효윤, 2009). 지역언론의 소유주 분포는 더욱 명확하게 편향성을 드러낸다. 2015년 〈미디어오늘〉의 보도에 의하면 광주매일(남양건설), 광주일보(대주주택), 영남일보(동양건설), 중도일보(부원건설) 등 건설사 혹은 지역기업, 개인이 최대주주인 경우가 대부분이며, 이는 지역사회 개발연합의 형성 혹은 지방정부-지역 엘리트의 정치적 유착과 무관치 않다는 것이다.[23]

임도빈(1997)은 지방자치제 시행 초기 지방정치와 조직을 연구하면서 지방의 토착권력의 원천이 주로 학연·지연·혈연 등에 의존한다고 주장한다. 특히 지역의 각종 단체는 이익집단의 성격을 드러내면서 지방자치단체장에게 영향력을 행사하려 한다. 건설업자와 같은 기업집단은 지역언론의 장악을 통해 단체장과 공생관계를 유지하는 반면, 전직 정치인이나, 기업연합회 회장, 병원장 등 소위 지역유지들은 원로회의

---

23 미디어오늘, 2016년 5월 21일자.

나 공공재원을 받는 관변단체, 각종 위원회에 참가함으로써 영향력을 유지한다. 심지어 일반 시민단체도 일반 시민의 참여보다는 지역 대학 교수, 종교지도자, 전문인 등에 의하여 조직되고 유지된다. 결국, 정권이 바뀌고 지방자치제가 오랫동안 시행됐음에도 불구하고, 이러한 기본적인 지방 유력세력 위주의 정치구도는 크게 바뀌지 않았다.[24] 심지어 가장 최근의 2018년 지방선거에서도 상당수 정치인과 정당 대표들은 '토호세력'의 척결을 지방선거의 과제로 내세울 정도다.[25]

이러한 지방정치 공간의 왜곡된 구조는 결과적으로 미약한 지방 시민사회의 성장과 맞물려있다. 첫째, 한국의 시민사회를 지칭할 때 주류적 관심은 국가 수준의 참여연대나 경실련, 환경운동연합과 같은 대형 시민단체이며, 중앙이 그들의 주요 정치무대이다. 광역 지방자치단체나 그 아래 풀뿌리 수준에서도 지방 수준의 시민사회를 무시하는 것은 한국 사회에서 매우 흔한 일이며, 심지어 지방으로서의 서울지역마저도 일부 대형 시민단체를 제외하고는 주민의 이해관계를 토론하고 대변할 공간이 국가적 의제에 묻혀왔다는 것이다.

---

24 경남도민일보 기자인 김주완(2005)은 〈토호세력의 뿌리〉에서 진보–보수진영을 가리지 않고 토호세력(특히 건설세력)이 오랜 세월에도 지역을 기득권을 지켜왔다고 주장한다.

25 프레시안, 2018년 4월 25일자. 이와 관련하여, 전 중앙부처 장관은 현재의 지방자치는 지역구 국회의원, 단체장을 포함한 지방정치인, 그리고 보조금 수혜단체들이 철저하게 먹이사슬을 형성하고 있다고까지 표현하였다(인터뷰, 2015년 2월 23일). 반면 박종민(2000)은 강력한 시장 중심의 지방정치구도에서 기업세력이나 이익단체가 집단적으로 영향력을 행사하기보다는 기업이나 유력인사 개인이 시장과의 후견관계를 맺고 있다고 주장한다. 이에 대해 이종원(2002: 375)은 박종민의 연구가 성남, 청주, 진주 등 지방도시를 대상으로 한 연구로 기업도시나 대도시가 배제되어 있으므로 일반화하기 힘들다면서, 지방자치단체장의 영향력을 배제하기는 힘들지만 지방통치에 있어서 지방 토호의 영향에 대해 비중 있게 다루고 있다.

둘째, 늘 빠른 결정을 요구하는 한국 사회의 특성상 장시간에 걸쳐 세부사항에 대한 충분한 논의 없이 동의를 강요당하는 경우가 많고, 일반 지역주민에게는 정보가 턱없이 부족하므로 충분한 토론과 의견교환 없이 결정된 정부 정책들이 많다. 이는 곧 하향식 정책 결정이 정부 편의적으로 이루어진다는 의미이며, 결국 많은 갈등과 반발을 가져오게 된다. 또한, 정보 부족으로 인해 국가 수준의 시민사회가 지역문제까지 개입하는 때도 빈번하다. 충분한 협의없이 저준위 방사능 폐기물 처리장 유치를 결정한 부안군의 경우 극심한 반발로 인해 정부 기능의 마비를 가져왔으며, 여전히 후유증에 시달리고 있을 정도다. 또한, 빠른 속도로 진척되고 있는 고령화는 지방에 더 큰 타격을 주고 있으며, 참여 대상자 자체를 찾기 힘든 공동화로 나아가고 있다.[26]

마지막으로, 열악한 지방 시민 결사체의 전문성과 재정건전도는 국가의 지원에 오히려 종속되게 만들고, 결과적으로 지방정부의 재정지원을 받기 위해 '비정치성'을 띠게 만든다. [그림 6-2]에 나타난 비영리단체의 지방 수준에서 증가는 한편으로는 비영리단체가 정부를 뒷받침하며 거버넌스에 참여하는 것으로 해석할 수도 있으나, 다른 한편 비정치성은 정부에 대한 견제적 역할과 담론형성에는 제약이 있다는 것을 의미한다는 것이다. 서비스 제공 중심의 비영리단체가 증가한 요인이기도 하다(박상필, 2015).

결론적으로, 대의 민주주의의 약점을 보완할 직접민주주의, 즉 시민

---

26 2018년 현재, 소멸위험 지역은 단지 농어촌지역뿐만 아니라 지방 거점지역 및 광역대도시로 확산되고 있는 양상이다. 전국 3천여 개의 읍·면·동 지역 중 43% 정도가 위험지역에 해당하며, 젊은층 이탈이 가속화되고 있다. 이데일리, 2018년 9월 12일자.

들의 직접적 참여를 통한 민주주의의 구현은 정작 지방사회에서 가장 활발해야 하는 것이 정상이지만, 한국의 현실은 조선시대와 구한말을 거쳐 이어져 온 보수적 전통이 그대로 이어져 왔다고 볼 수 있다. 최장집(2001)은 한국의 늦은 근대화와 시민적 전통의 빈곤, 즉 아래로부터의 혁명의 부재로 인해 중앙의 정치무대보다 더 폐쇄적이고, 특수주의적인 문화가 지배적이라고 지적하였다. 전근대-근대-탈근대로 이어지는 '비동시성의 동시성'이 지방사회에서 그대로 공존해왔다는 것이다. 시민단체 활동가 상당수는 중앙권력에 접근성이 좋다는 명분으로 중앙무대에서 활동하는 것을 선호하고 있고, 지방 시민사회의 조직화 수준은 상대적으로 낮을 뿐만 아니라, 단체의 상당수가 비영리단체지원법상 지원을 받지 못하는 영세한 규모에 머무르고 있다(오수열, 2012). 따라서 지역사회에서의 역할 또한 선거철 동원을 위해 받는 관심 정도를 제외하면 매우 제한적이라고 평가하지 않을 수 없다. 더구나 국가-시민사회 대립 구도에서 한국의 지방정부가 시민의 요구에 대해 반응할 수 있는 정책 수단 또한 제한적이어서 문제해결을 위해 지방보다 중앙에 기대는 경향도 적지 않다는 것이다.

III. 변화의 기류: 참여정부 지방분권개혁의 정치와 시민사회

한국의 지방 시민사회가 그렇다고 해서 완전히 정부에 굴복하는 위치에 있다거나, 중앙에 동원되기만 하는 존재는 아니다. 지난 20여 년의 지방자치제 시행 동안 유무형의 발전을 해왔다는 것이다. '시민 없는 시민사회'가 지방에서도 두드러지게 나타났으나, 최근 풀뿌리 시민조직을 지향하는 소규모의 공동체들이 다수 출현하기 시작하였다. 예를 들면, 마을 만들기와 각종 협동조합의 활성화 및 골목경제살리기 등은 미약한 지방 시민사회의 기능을 보충하는 새로운 현상이라고 볼 수 있다. 그러나, 이러한 지방사회의 다양성은 기본적으로 지방분권에 대한 지방 시민들의 끊임없는 욕구로부터 시작한다.

민주화 이후 지방분권개혁안은 주로 중앙정치권과 중앙부처 관료조직을 통하여 제안 및 추진되었고, 그 과정에서 지방과 시민세력의 영향력은 대체로 제한적이었다는 견해가 지배적이었다. 그러나, 노무현 정부의 지방분권개혁부터 좀 더 구체적인 분권 방안에 대하여 국가뿐만 아니라 지방 시민사회단체들이 목소리를 내기 시작하였다. 이는 일본의 지방분권개혁 과정에서도 유사하게 국가세력이 지배적이었으나 1960~1970년대 혁신지방자치단체 운동을 계기로 사회세력의 지방에서의 삶의 질에 대한 요구가 커지면서 자연스럽게 지방분권에 관심을 가지게 되었다(김장권, 2000). 물론 두 나라 모두 여전히 개혁안의 구체화 작업은 중앙관료들이 깊숙이 개입해 있었으나, 더는 캠벨(Campbell, 2004)이 '공중의 정서'로 표현한 지방 시민사회의 집단적인 요구를 무시할 수 없었다는 것이다.

실제로 참여정부에서는 그동안의 지방분권개혁의 정치와 달리 지방정부와 시민사회의 목소리가 어느 정도 반영되었다고 볼 수 있다. 앞선 장에서 논의한 지방분권개혁을 둘러싼 아이디어 메커니즘에 따라 참여정부의 개혁정치에 참여한 '지방세력'은 크게 지방자치법 152조에 따라 구성된 4대 지방자치단체협의체와, 지방분권개혁 의제에 몰입한 각종 시민사회단체, 그리고 전문가 집단을 들 수 있다. 아래에서는 이들의 지방분권개혁에서의 역할과 한계에 관하여 '시민사회 정치'라는 측면에서 간단히 살펴본다.[27]

1. 시민사회의 전문화와 지방분권을 둘러싼 정책경쟁

지방분권개혁의 정치에서 시민사회의 영향력은 사실 많은 부분 시민사회단체의 전문성 향상과 정책역량의 확대에 달려있다. 1990년대부터 중앙 정치무대에 전면적으로 등장한 대형 시민사회단체는 국가, 광역, 지방뿐만 아니라 국제교류에도 큰 영향력을 발휘하였다. 이숙종과 애링턴(Lee and Arrignton, 2008)은 두 가지 측면에서 시민단체 정치의 중앙정치화 경향centralizing pattern을 지적하였는데, 첫째는 정치적으로나 지리적으로 시민단체 간 연합을 형성하거나 대통령이나 중앙부처 관료와 비교하면 상대적으로 미약한 야당과의 연대를 하기에 용이하였다는 것이다. 둘째, 시민단체는 시민운동의 '공공성' 혹은 '공익'을 내세우며 중앙 정치무대에서의 차별성을 부각함으로써 시민들의 지지와 매스 미디어의 관심을 동원하는 데 유리한 위치에 있었다는 것이다.

시민단체의 규모와 전문성, 영향력의 측면에서 경제정의실천시민연합(이하 경실련)과 참여연대는 '일반 목적'의 대형 시민단체로서 민주주의

27 정책과정론에서 지방정부연합체(local government associations)는 특수한 이해관계를 추구하는 이익집단의 하나로 이해되고 있다. 영국의 경우, 지방정부연합에 속한 지방정부 가운데 공통의 관심사를 가진 멤버를 중심으로 특수이익단체(special interest groups)를 구성하는 것을 허용하고 있다. 여기서는 지방분권개혁의 정치과정 가운데 '국가(중앙) 대 지방'이라는 구도에서 지방자치단체협의체를 지방사회 전체의 이익을 반영하는 단체의 측면에서 논의하였다.

의 공고화와 정치, 경제, 사회분야의 개혁에서 상당한 영향력을 발휘하였다. 이들 단체들은 지방분권개혁과 관련해서는 통합적 접근을 취하면서, 정치, 행정, 재정적 분권을 하나의 패키지로써 실현하고자 하였다. 경실련의 경우, 지방자치위원회를 설립하고, 대학교수 등 지방분권 개혁운동가들을 위원으로 영입하여 김대중 정부 이후 몇몇 지방분권 개혁과제에서 주도적 임무를 수행하였다(남궁근, 2007). 예를 들면, 2000년부터 전국시도지사협의회와 협력하여 지방자치단체개혁박람회를 개최하고 지방자치단체의 우수개혁 사례를 선정하였으며, 지방자치와 분권에 관한 지식을 확산할 뿐만 아니라, 지속해서 중앙부처와 국회를 방문하여 2003년 지방분권특별법 통과를 위해 노력하였다. '경제정의실현'이라는 단체의 이념에 맞게 중앙-지방 사이의 불평등한 경제적 자원분배에 관심을 기울이며 다양한 보고서 등을 통해 지방분권 개혁을 촉구하였다.[28] 반면, 참여연대는 민주주의의 공고화와 실질적인 민주화의 진전, 그리고 시민참여라는 측면에서 16개 시민단체가 참여한 '분권과 참여를 위한 시민 네트워크'라는 지방자치를 위한 연대를 조직하고 지방분권개혁을 촉구하였다(2003년 11월). 또한 내부적으로 참여자치연대라는 부서를 설치하고(2000년 5월) 진보적인 단체로서의 면모에 맞게 국가권력 견제, 지역공동체 권력구조의 민주화, 선거개혁운동 등 다양한 지방분권 관련 정책을 제안하였다. 이외에도 전문 행정학자와 시민운동가들로 구성된 행정개혁시민연합은 전문가적인 시각에서 법적, 비쟁투적인 방법을 통해 행정개혁으로서의 지방분권을 강조해왔

28 전 경실련 지방자치위원장 인터뷰(2005년 10월 26일).

으며, 월간 〈정책포럼〉과 정부개혁에 대한 출판물을 통해 노무현 정부의 지방분권개혁에 깊숙이 간여할 수 있었다.[29]

그러나 참여정부 지방분권개혁 과정에서 가장 두드러진 시민사회의 움직임은 지방분권이라는 단일의 의제에 관하여 지방에 기반을 둔 시민사회단체인 지방분권국민운동의 등장이라고 할 수 있다(2002년 11월). 지방분권정치에 관한 기존의 연구들은 지방분권을 위한 지방 시민사회단체와 주민들의 동원이 매우 미약하다고 기술하고 있으나, 경실련이나 참여연대와 같은 일반 목적의 시민단체와 달리 지방분권국민운동은 각 지방도시들에 자리하면서 지방분권에 적극적인 시민운동가들의 연합체였다. 지방 민주주의의 위기와 지역불균형 문제의 해결을 지향하면서 실질적인 분권을 추구하기 위해 부산, 대전, 대구 등 지방의 주요 도시의 지방 명망가와 시민운동가들을 결집하였다. 특히 지방분권특별법 통과와 관련하여 지방분권국민운동이 매우 중요한 역할을 하였다.

첫째, 지방분권국민운동은 지방에서 지방분권에 큰 관심이 있는 지방 대학교수, YMCA나 경실련 지부, 지방 언론인, 지방정치인 등 지식인들이 지방분권국민운동 주요 임원으로 참가하고 지방분권운동에 깊숙이 개입하였다. 특히 이들은 지방경제의 침체와 중앙-지방의 격차 확대에 우려를 표명하고 그들 스스로 중앙권력에 대항하기로 한 것이다. 이는 한국의 깊은 중앙집권적 성격에 비추어 매우 이례적인 일이었다.[30] 2001년 9월에는 지방분권국민운동에 소속된 약 3천 명의 지역

29 특히 행정개혁시민연합의 지방분권과 관련된 개혁안들은 참여정부의 지방분권로드맵 작성과 개혁 프로그램 고안에 상당히 반영되었다. 행정개혁시민연합 관계자 인터뷰(2005년 10월 28일).

30 지방분권국민운동 임원 인터뷰(2009년 7월 22일).

지식인들로만 구성된 집단이 국회의사당 앞에서 '지방분권 실현을 위한 전국 지역지식인 선언'을 하였으며, 같은 해 3월에는 지방자치헌장을 선포하며 지방분권개혁을 촉구하였다. 이밖에도 지방정부뿐만 아니라 경실련 같은 단체와 협력하면서 학술세미나와 회의를 개최하고 자체 전문가 집단에 의하여 지방분권과 균형발전에 관한 법안까지 만들었으며, 지방의회 활성화, 재정이전 확대, 자치조직권과 조례제정권 강화 등의 제안은 지방분권특별법에 상당히 반영되었다.

둘째, 지방분권국민운동은 중앙정치인과 관료들에게 좀 더 적극적인 정치적 압력을 행사하면서 지방분권특별법 통과를 촉구하였다. 2002년 대통령선거 직전에는 주요 대선 후보이던 이회창, 노무현, 권영길 후보에게 당선되면 지방분권을 성실히 수행하겠다는 서약에 서명을 요구하기도 하였고, 이는 정치인들의 지방분권에 관한 관심을 불러일으키는 데 꽤 성공적이었다.[31]

이러한 지방수준에서의 지식인과 시민운동가들의 궐기는 그 성공 여부를 떠나 매우 이례저적인 일이었고, 이러한 참여를 통해 애매하던 지방분권의 개혁과제들이 좀 더 확실한 아이디어로 발전하는 데 도움이 되었으며, 결과적으로 중앙부처 관료들이 이러한 목소리를 완전히 외면할 수 없었다. 물론 이와 같은 지방 시민사회의 영향은 중앙의 지방분권 아이디어에 기반한 행위자(대통령과 아이디어 중개자)가 있었기 때문에 가능했다. 인터뷰한 지방분권국민운동 임원은, "지방 지식인 3천명이 서울에 한날에 모여 국회의사당 앞에서 지방분권 실현을 위한 지

31 위의 인터뷰.

식인 선언을 한다는데, 이를 취재하고 크게 보도한 중앙 일간지가 거의 없다는 겁니다. 이만한 숫자의 지식인이 모인다는 것은 매우 드문 일이거든요."라고 증언하면서 그만큼 중앙에 반분권적 세력이 뿌리 깊게 있다는 것을 강조하였다. 그만큼 아이디어의 역할이 중요하였다는 것이다.

2. 시민사회와 지방정부의 연대 및 직접 참여, 그리고 한계

1990년대 중반 이후 지방정부와 지방정치인의 성장은 중앙의 정치 무대에도 영향을 미치기 시작했다. 유력 지방자치단체장들은 차기 대권 주자 등으로 거론되며 유무형의 정치적 영향력을 행사하기 시작하였다. 그러나, 앞서 논의한 바와 같이 지방에도 국가적 의제가 지배하였으며, 지역의 이슈는 하찮게 여겨지기 일쑤였고, 지방의 문제들을 다루는 지역신문도 매우 미약하였다. 또한 지방정부의 지방분권에 대한 의사는 개별적으로 표출하기 어려웠으므로 주로 지방자치법에 보장된 지방자치단체 연합체인 지방자치단체협의회를 통하여 이루어졌다.[32]

지방자치단체협의체와 시민단체의 연대는 중앙정부의 점진적 지방분권개혁 방향을 거부하고, 통합적인 접근을 요구하는 것이 가능하게 하였다. '선 분권 후 보완' 원칙이 그것이다. 4대 지방자치단체협의회는 중앙정부와의 협상을 위해 집행위원회를 구성하고, 경실련 및 지방

32 이는 지방자치단체협의회 가운데 전국시도지사협의회에만 '대정부 정책건의권'이 부여된 것에 기인한다. 지방의회협의회와 기초자치단체는 의견표명조차 쉽지 않았다. 전국시도지사협의회 임원 인터뷰(2005년 10월 25일).

분권국민운동과의 연대를 통해 좀 더 혁신적이고 종합적인 지방분권특별법 통과를 위해 노력하였다. 이들은 관련 국회의원들을 초청하여 포럼을 열고 지방분권의 미래를 토론하였으며(2003년 9월), 지방분권국민운동－경실련－참여연대는 지방자치단체협의회 혹은 개별 지방자치단체와 쟁점이 있을 때마다 공동으로 전문가 회의, 워크숍, 학술대회를 개최하여 공개적으로 토론하였다.

이런 시민단체와 전문가집단, 그리고 지방자치단체협의회 주도의 지방분권을 위한 동원과 운동은 명백하게 지식인 혹은 지역 엘리트 중심이었다. 이는 서구 민주주의 국가—특히, 시민－지방 모형Civic Localist에 속한 국가들—혹은 일본의 지역주민들이 '생활환경' 혹은 '자치헌장' 등을 요구하며 동원된 것과 달리, 우리나라의 지방 시민들은 지방분권이라는 큰 개혁 의제에 큰 관심을 보이지 않아왔다(Lam, 2005).[33] 다른 정책 이슈들과는 달리 지방분권은 정부조직이나 재정에 대한 좀 더 깊은 지식을 요구하기 때문이다. 이런 맥락에서 학자군으로 구성된 전문가적 시민사회단체들이 1990년대 이후 지방분권운동에 깊숙이 개입하면서 논의를 진전시켜왔다. 행정개혁시민연합의 경우 1997년에 설립된 이후 약 60% 이상의 상설위원회가 행정학 관련 교수로 구성되어 있었다. 이들은 특히 참여정부에서 지방분권 및 행정개혁 초기 단계에서 관련 위원회에 직접 참가하면서 지방분권 과제발굴과 평가에 참여하였으며, 점진적 개혁을 추구하는 관료집단과 급진적인 접근을 선호

33 국회입법조사처(2017)의 〈지방분권인식연구〉에 따르면, 시민들은 지방분권의 대전제에는 동의하면서도 세부 개혁과제에 대해서는 다소 엇갈린 반응들을 보이며, 여전히 지방정부보다 중앙정부의 역량을 신뢰하는 것으로 나타났다.

하는 시민사회와 지방자치단체협의회 사이에서 중개자 역할을 감당하였다.[34] 교수들은 참여정부에서 종종 핵심 정부요직에 임용되어 정책과 행정개혁 논의의 범위를 넓히는 역할을 하였다. 물론 이전의 정부에서도 교수들이 정부에 임용되기도 하였으나, 참여정부에서의 임용은 단지 구색 맞추기가 아닌 핵심 포스트에 기용되었다는 것이다.[35]

이처럼 참여정부에서 국가 및 지방 수준의 시민단체와 전문가집단, 그리고 지방자치단체협의회의 지방분권개혁에 대한 연합체적 대응은 지방분권을 우선시한 참여정부 정치지도자와 핵심 아이디어 중개자들의 관심과 함께 상승효과를 냈다고 볼 수 있다. 불완전하지만 지방자치제도의 시행과 지방선거 등은 지방 시민을 포함한 지방정치 행위자들로 하여금 지방분권의 필요성에 대한 인식을 증대시켰고, 이러한 분위기는 지방 지식인과 시민단체 등이 지방정부와 협력하여 연합할 수 있도록 기회를 제공하였다는 것이다. 특히 시민사회의 세분화, 전문화, 그리고 제도화는 중앙관료에 지식적으로 저항할 수 있는 발판을 마련하였다.

물론 지방자치제 시행 초창기를 고려할 때 지방 시민사회의 성장과 역할은 참여정부에서 '비교적' 성공적이었다고 볼 수 있으나, 그렇

34 이는 1990년대 일본의 지방분권개혁 과정에서 전 동경대 교수이자 일본 국제기독대 교수이던 니시오 마사루(西尾 勝)가 학문적으로 일본 지방제도조사회와 지방분권추진위원회에서 [니시오 마사루안(案)]을 내놓을 정도로 영향력이 컸으며, 오랫동안 중앙성청 관료들의 산실인 동경대 법학부에서 교수생활을 하며 관료들과의 관계도 매우 가까웠기 때문에 중개자로서 상당한 역할을 한 것과 일맥 상통한다. 무라마츠 미치오(村松岐夫) 전 교토대 교수 인터뷰, 2009년 8월 11일.

35 월간중앙 2004년 8월호, '[특별기획] 참여정부 최대의 인재풀 교수 집단' 참조. 특히 지방분권과 균형발전을 염두에 둔 지방대 교수들의 임용이 두드러졌다.

다고 문제가 없는 것은 아니었다. 첫째, 참여정부에서 지방분권 로드맵과 지방분권특별법이 통과된 후 시민단체 상호 간의 연합은 매우 느슨해졌고, 이 때문에 지방분권과정과 권한의 이양을 모니터할 수 있는 동력은 매우 떨어지게 되었다. 둘째, 중앙언론의 지방분권에 대한 3천여 명의 지방 지식인 선언에 대한 반응의 예에서 볼 수 있듯, 시민사회에서 비롯한 아래로부터의 개혁노력은 대통령과 중앙의 아이디어 중개자에 크게 의존할 수밖에 없었다. 참여정부의 지방분권개혁을 위한 시민참여는 기본적으로 엘리트 중심적이었으며, 풀뿌리 시민참여는 매우 부족하였다는 것이다. 지속가능한 지방분권개혁 노력을 위해서는 지방 엘리트를 넘어선 '시민 있는 시민사회'의 참여가 절실하다. 마지막으로, 일본의 기업세력의 지방분권과정에서의 역할이 단순히 인지 가능한 정도의 참여를 벗어나 오히려 적극적이었던 점을 고려하면, 1990~2000년대 한국의 지방분권과정에서 기업의 참여나 의견표명이 없었던 것은 광범위한 사회세력에 포함되는 기업이 중앙을 더 선호한다는 것을 간접적으로 알 수 있다.

IV. 결론

후발 민주주의 국가에서 가장 큰 도전 중의 하나로 흔히 미약한 시민사회와 문화가 거론된다는 것을 고려하면 민주화 이후 한국에서 시민사회의 형성은 국가 경제발전만큼이나 짧은 시간 동안 양과 질에서 급속히 성장해왔다는 것이다. 이 장에서는 한국의 시민사회의 역사적 성장과 공론장의 형성, 그리고 지방에서의 시민사회 성장을 지방분권이라는 틀에서 살펴보았다.

한국의 시민사회는 국가권력과 기득권에 대항이라는 측면에서 태동하면서 민주화의 달성에 크게 기여하였고, 참여와 문제해결, 그리고 서비스 전달이라는 새로운 역할을 감당하면서 성장을 지속할 것으로 여겨져 왔다. 그러나, 민주화 이후 정치경제 및 사회개혁과 정권의 감시역할을 하는 가운데 국가와 시민의 관계를 연결하는 고리 역할을 하지 못하였고, 상대적으로 약한 이익집단 및 정당과의 협력이 제대로 이루어지지 않으면서, 적절한 정치적 통로를 찾지 못한 불만족한 시민들이 촛불을 들고 뛰어나오는 상황에 이르게 되었다. 또한, 진보와 보수라는 각기 다른 이념적 정향으로 시민사회 내부의 분화도 심화되었고, 중앙 정치무대의 일부 대형 시민단체를 제외하고는 대부분 재정적으로 국가의 지원에 의존할 수밖에 없는 지경에 이르게 되었다. 곧 시민사회의 본연의 임무인 정권의 감시와 견제역할을 제대로 할 수 없게 되었음을 의미한다. 결과적으로 시민으로서의 자율성을 인지하면서 서구적 개념의 도덕성과 시민성을 갖추고 국가를 감시·견제하는 시민사회를 한국의 상황에서 찾아보기 힘들다는 것이다. 지방 민주주의라는 측면에서 최근에 나타나고 있는 경향을 요약하자면 다음과 같다.

첫째, 지방에서의 한국 시민사회는 서구적 개념의 시민사회와 공론의 장에서의 시민 정치에 의존하기보다는, 약한 재정적 능력과 전문성으로 인해 중앙 및 지방정부의 재정적 '볼모'가 되어가는 양상이다. 시민들의 회원가입과 기부문화를 기반으로 하는 시민사회가 자리를 잡지 못한 상태에서 비영리단체지원법이나 지방자치단체에서 지원하는 재정적 후원은, 특히 지방자치단체장이 지방 정치무대에서 주도적 위치를 차지하는 상황에서 시민단체가 정부로부터의 자율성을 지키기 어렵게 만들었다. 그나마 시민들의 재정적 후원도 주목할 만한 유명단체로 집중되는 양상으로 시민사회의 양극화를 부추기고 있는 현실이다. 이러한 상황은 재정지원에 대한 결정권을 가지고 있는 지방정부(단체장)의 심기를 거스르지 않기 위해 시민단체 스스로 '비정치화'하는 경향을 가져오게 되었다. 즉, 지방정부의 복지정책을 분담하는 봉사단체로의 전환이나, 지역사회에서의 부조활동 혹은 생활양식의 창출에 더 관심을 갖게 되었다는 것이다. 2010년대 이후 이러한 '비정치화' 경향은 오히려 박원순 서울시장과 같은 지방자치단체장들의 지원에 힘입어 제도화되는 경향을 보여왔다. 이러한 흐름이 반드시 부정적인 것은 아니지만, 시민사회 본연의 기능이 변화하고 있음은 부인할 수 없다.

둘째, 사회구조의 복잡성과 정보통신기술의 발달은 지방 시민이 지역의 언론이나 시민사회에 대한 의존을 벗어나 독자적인 정치 및 정책 참여를 가능케 하였다. 온라인 매체와 소셜네트워크social network의 발달은 굳이 시민사회에 참여하지 않더라도 시민 간 소통뿐만 아니라 정부와의 소통도 가능케 하였고, 이는 곧 시민사회의 동원 가능한 자원에 영향을 미치게 되었을 뿐만 아니라 시민사회 조직의 양상에도 큰 변화를 가져오게 되었다. 인터넷 공간에서 서로 의견을 제시하고 토론하는 현상이 활발해진 대신, 촛불항쟁 등의 시민저항은 조직적 동원보다 개인 자격의 자발적 참여에 가까웠고, 시민단체에 상근 활동가는 점차 줄어들게 되었으며, 조직 자체가 소셜네트워크 등으로 중심을 옮겨가면서 유연한 조직성을 갖게 되었다는 것이다(박상필, 2015). 인터넷 공간에서 익명성을 무기로 한 정치적 토론에의 참여의 부작용은 차치하고라도, 분절화된 개인적 참여는 시민사회와 사회운동의 경계를 모호하게 함은 물론 시민운동의 지속성에도 의문부호를 달게 되었다.

셋째, 참여정부의 지방분권 추진과정에서 지식인 중심의 지방 시민단체의 등장과 활동은 지방사회에서의 시민참여 활성화 가능성을 보여주었다는 점에서 긍정적인 측면이 있는 반면, 지역지식인, 기업인, 언론인 등 엘리트 중심의 참여에 그쳤다는 점에서 수평적 확장성이 부족한 반쪽짜리 시민사회였다. 또한, 지방에 대한 무관심으로 인해 국가로의 수직적 확장성도 일정 부문 한계가 있을 수밖에 없었고, '문제해결' 능력을 지닌 시민단체로서의 역량도 매우 부족하였다. 따라서 거버넌스라는 측면에서 정부－시장－시민사회의 관계에서 시민사회는 어디까지나 '주변부'의 역할에 머물러왔다.

마지막으로, 지방정부의 역량에 대한 의구심과 중앙의 개입에 대한 선호는 지방의 시민사회 역할에 대한 근본적 물음을 던진다. 일단 20여 년의 지방자치 경험에도 불구하고, 거주지와 가까이에 있는 정부가 실질적으로 도움이 된다는 의식이 낮은 편이며, 과거 전란 등의 기억은 작은 단위로 사회와 정책문제에 대응하는 데 두려움을 갖게 하였다. 또한, 부동산 이익을 찾아 자주 이주하는 현상은 미국과 같이 한 지역에 오래 거주하면서 공동체 및 지역정치인과 깊은 관계를 맺게 되는 경우와 달리 공동체에 대한 소속감이 떨어질 수밖에 없다는 것이다.

이처럼 민주화 이후 지난 30년 동안 한국의 시민사회는 매우 빠른 속도로 변화를 거듭해왔다. 민주화를 목표로 한 쟁투적·저항적 시민사회에서 정책옹호·권익주창형으로, 그리고 사회 공공서비스 제공형의 시민사회로 변화하면서 시민사회의 성격에 대한 우려가 커져 왔다. 시민단체로서는 공공재정으로부터 완전한 독립은, 한국의 현실에 비추어 볼 때 실현성 없는 요구에 가깝다. 문제는 공공재정의 지원을 받으면서도 일정한 수준의 '시민사회성'을 잃지 않는 데 있으나, 의존적인 경우가 많다는 데 있다는 것이다. 재정 혜택과 독립적 자율성 사이의 합리적 경계를 세우는 것이 중요하다. 정부와 시장에 대한 감시 및 정책적 대안생산은 여전히 시민사회의 중요한 존재 이유기 때문이다(박상필, 2015).

다른 한편, 최근의 지역 공동체에서의 움직임, 즉 마을공동체 만들기, 조합운동, 지방의제 21, 사회적 경제 등 정부지원형 풀뿌리 운동[36]과 도시재생과 공동체에서의 골목길 경제 활성화를 사회적 자본의 활성화를 통해 시장경제 측면에서 복원하려는 탈산업화적 움직임[37]은 '서구적 시민사회 만능론'에서 벗어나 지방 시민사회의 지역문제에 대한 참여기반의 확대를 통한 역량 강화에 이바지한다고 볼 수 있다. 공공지원을 통해 성장해 온 일본 시민사회의 경우처럼, 반드시 국가의 지원을 부정적으로 볼 필요는 없다는 것이다. 여전히 사회참여에 적극적이지 않은 지방의 현실을 감안할 때, 오히려 이러한 형태의 지역운동은 시민사회의 공간을 지역주민의 삶과 직접 연결함으로써, 지역주민들이 공동체의 문제에 노출되는 효과가 발생한다. 시민사회가 단순히

36 보수정권에서 시민사회에 대한 지원이 축소되면서 시민활동가들은 지방차원의 참여운동, 즉 보육, 협동조합, 문화활성화 등 여러 분야에서 풀뿌리 참여를 확대해왔다. 사회적 경제도 지방정부의 지원에 힘입어 확대되는 경향이다(박상필, 2015).

37 대표적으로 모종린(2017)으로 대표되는 골목길 활성화 운동이 있다.

규범적, 도덕적 수준에 머무는 것이 아닌 삶의 양식으로서의 문화가 창출될 기회가 주어진다는 것이다(조철민, 2017).

규범적·도덕적 수준의 담론을 벗어나 지방 시민사회의 실질적인 성장을 도모하는 것은, 지역공동체의 문제보다 중앙정치권의 지역주의에 동원되어온 지방의 시민사회의 자율적 대표성 회복에 있어 매우 중요하다. 그러나 다른 한편, 한국의 중앙집권의 원인을 잘못된 국가정책과 중앙의 기득권세력에만 책임을 돌리는 것은 비동시성의 동시성이 존재하는 지방의 취약성을 단편적으로 본 것이라고 볼 수밖에 없다. 지방분권이 실현되면 지방이 저절로 잘살게 되는 것이 아니다. 중앙정치권에 책임을 지우는 기존의 지방분권 담론에서 벗어나 '결여된 연결고리'missing link인 지역주민의 참여와 역량강화, 자율적 책임성이 필요하다.

제7장

결론: 한국의 이중적 지방 민주주의

"선진 산업사회에서는 이들 사회에 필요한 경제적 풍요지속과 복지 등 중요한 목적들을 달성하기 위해, 대통령, 총리, 엘리트 관료들이 점점 더 지역경제, 시장, 민관 파트너십, 시민 행동주의에 눈길을 돌리고 있다. 번영을 도모하고 환경을 보호하며, 불우한 이웃에 대한 형평성을 높이려는 노력은 지역 및 지방차원의 활동에 점점 더 의존하고 있다는 것이다."

— Sellers, 〈Governing from Below〉, 2002

I. 한국의 이중적 지방 민주주의

이 책은 지방분권개혁을 추진하게 된 배경과 다양한 지방 민주주의 이론, 그리고 효과적인 통치를 위한 정부간관계의 모형을 탐색하며 시작하였다. 지금까지 첫 장에서 제기된 연구질문에 근거하여 한국이 삼국시대 군현제가 확립된 시기부터 현대에 이르기까지 어떻게 중앙집권적 권력과 정치세력이 한국 지방에서의 정치, 경제, 사회, 그리고 정책을 지배하여 왔으며, 왜 지방분권 노력은 기대만큼 큰 성공을 거두지 못하였는가에 대하여 논의하였다. 전 세계적 지방분권개혁의 물결 속에서 한국도 다른 나라와 마찬가지로 끊임없이 지방에 권한을 위임하고 자치역량을 강화하려는 노력을 해왔다. 특히 본 저서에서 제시된 연구질문은, 한국은 왜 역사적으로 경험해보지 못한 지방분권을 추진해왔고, 정책결정자들은 어떤 맥락과 조건에서 지방분권개혁을 '시대적 과제'로 규정하고 시도해왔으며, 왜 지방분권개혁들은 개혁의 초창기를 제외하고는 후퇴하거나 한계를 보여왔느냐는 것이다. 본 저서는 단순히 중앙-지방의 공식적·제도적 정부간관계에서 벗어나 역사적인 기원을 추적해보고 지방 및 시민사회를 포괄하는 다층적 지방 민주주의 모형을 모색함으로써 한국 민주주의의 질과 성과를 탐색해보고자 하였다.

기존의 연구들은 대체로 지방분권개혁이 강력한 중앙집권적 성격을 가진 국가체제와 중앙정치권 및 부처관료의 저항으로 부진한 성과를 보였다고 평가한다. 지방분권개혁을 최우선적 과제로 두었던 정권에서도 결국에는 관료들의 저항에 굴복하였다는 것이다. 그러나, 필자는 단순히 중앙정치와 관료의 저항이라는 시각으로 한국의 정부간관계를 분석하는 것은 그것이 어느 정도 사실이라고 해도, 결국 지방분권을 둘러싼 역사적, 제도적 역동성과 '많은 정치'를 이해하지 못하는 결과를 가져왔다는 문제 인식에서 이 연구를 시작하였다. 본 저서에서 필자는 한국의 정부간관계가 제한적인 것은 '이중적 지방 민주주의'를 가지고 있기 때문이라는 다소 도발적인 주장을 한다. 제1장에서 이중적 지방 민주주의를 지방자치에 대한 지배적인 담론과 지방분권은 '좋은 것'이라는 아이디어에도 불구하고 지방의 정치무대가 여전히 엘리트 중심적이라는 다소 협의의 정의를 내렸다. 그러나 좀 더 크게 본다면, 한국의 지방 민주주의는, 제도는 어느 정도 갖추었으나 실제적인 일반 시민의 참여는 부족한, 지방자치와 민주주의에 대한 큰 담론은 존재하나 실현성은 부족한, 그리고 지방 시민사회는 있으나 정작 시민은 없는 이중적인 지방 민주주의라는 것이다. 아이디어라는 분석틀로 바라본 한국의 지방 민주주의는, 지방분권이 지방에서의 민주주의를 확립·공고화하고, 궁극적으로는 시민이 원하는 정책을 결정하고 집행하는 '좋은 정부'good government를 만들 수 있을 것이라는 아이디어와 공중의 정서에도 불구하고, 그 이중적 성격으로 인해 20여 년이 흐른 지금에도 지방분권개혁이 여전히 '진행 중'일 수밖에 없다는 것이다. 점차 다양화, 복잡화하는 국내외 정치경제와 디지털사회화, 고령화 사회 및 저출산의 충격, 그리고 이민자의 증가라는 사회경제적 변화는 지방분권개혁의 어려움을 단순히 중앙정치인과 관료들의 이기적 행태로 돌리기에는 지나치게 단순한 대답이라고 볼 수밖에 없다.

물론 아직도 재정적 분권이나 정당공천제의 정비, 자치경찰제 도입, 지방 입법권 강화 등 여러 제도적인 보완이 논의되고 있고, 심지어 문재인 정부에서는 지방정부에 헌법적 지위를 부여하는 지방분권형 헌법 개정까지 공약하였다. 그러나, 이중적 지방 민주주의가 계속되는 한, 제도적 보장과 보완을 해도 우리가 상상해 온 지방자치적 공동체, 잘 작동하는 지방 민주주의를 시행할 수 있을 것인지는 의문이다. 심지어 매우 잘 작동하고 있는 지방 민주주의를 가지고 있는 나라조차도 아무런 문제와 도전 없이 유지·발전시키고 있는 것은 아니다. 단순 제도의 도입, 참여 장려 등의 목표 자체를 넘어 어떻게 하면 효과적인effective, 작동하는working 지방 민주주의를 만드는 것을 목표로 하는 것이 더욱 중요하다.

1. 다양한 지방 민주주의와 아이디어: 논의의 요약

본 저서에서는 지방분권개혁이 이루어지게 된 원인을 다양한 이론적 시각에서 분석함으로써 한국의 현실을 비교정치적, 비교제도적 시각에서 파악하고자 하였다. 제2장에서는 해외의 지방분권 사례와 제도 연구 및 규범적인 지방분권개혁 연구에서 벗어나 지방분권이 각 국가에서 추진되는 요인과 조건을 이론적인 측면에서 분석함으로써, 전 세계적 지방분권의 물결이 단지 한두 가지 요인에 의한 것이 아니라 국가마다 다양한 원인과 조건에서 일어날 수 있음을 주장하였다. 가장 광범위한 지지를 받아온 기능주의적 설명은, 근대화로 인한 산업화와 도시화의 경향 속에서 각 국가가 사회경제적 변화를 받아들이고 급격히 늘어난 도시인구와 이로 인해 파생되는 주택, 도시, 환경, 기반시설, 교육 등 여러 문제를 공공서비스를 통해 변화하는 시민들의 요구에 대응하게 되면서 지방분권을 촉진하게 되었으며, 교통 및 통신의 발달로 국가 간 장벽이 무너지고 교역이 확대되면서 국가 수준뿐만 아니라 지방 수준에서의 교류를 위한 개발 필요성이 궁극적으로는 지방분권에 대한 요구로 발전되어 왔다는 것이다. 또한, 2000년대 이후 비교정치학에서 주도적으로 등장한 지방분권에 대한 게임 혹은 협상, 순차이론은 지방분권이 지역에 이해관계를 가진 행위자 간의 정치적 협상과 전략적 선택에 따라 이루어져 왔다는 것을 강조한다. 그러나, 이와 같은 이론은, 그 설득력 있는 논거에도 불구하고, 한국의 지방 민주주의와 지방분권을 둘러싼 정치개혁의 특수한 상황과 조건, 정치과정을 설명하기에는 한계가 있다. 정치적 민주화와 사회경제적 개발, 도시화 수준 등 지방 민주주의의 발전을 뒷받침할만한 좋은 조건들이 있었음에도, 아직도 잔존하고 있는 중앙의 지배적 지위와 통치문화 속에서 지방의 이해관계자들을 동등한 지방분권 협상 상대로서 인정하지 않았다. 오히려 지역적 이익이나 이해관계 자체가 중앙정치의 산물이었다. 이러한 경향은 심지어 지방자치제가 도입된 이후에도 지속되고 있는 것이 현실이다.

전후 경제개발과 권위주의적 발전국가를 경험한 한국은 민주화뿐만 아니라 지방 민주주의의 도입도 뒤늦은 후발국가에 속했다. 물론 정부간관계의 역사를 살펴본 결과 지방의 자치에 대한 전통과 사상이 전혀 없었던 것은 아니지만, 전제왕권과 중앙집권화, 그리고 신분제 질서로 인해 실질적으로 하부계층까지 포함하는 자치적 전통과 사상이 실현되거나 발달할 수 없었다. 기껏해야 분절적이고 단절적인 엘리트 위주의 경험일 뿐이었다. 이러한 조건에서 중앙이 자발적으로 지방에 권한과 재원을 이양할 것을 기대할 수 없었고, 지방에서 근대화 이전부터 혁명적 사회경제적 구조의 변화 없이 끈질기게 계속된 엘리트의 지배는 정작 지방분권이 도입이 필요한 시기마다 아래로부터의 압력과 동원을 어렵게 하였다. 이러한 상황에서, 국가 경제개발뿐만 아니라 민주주의의 발전도 많은 부분 '빌려온 지식'borrowed knowledge에 의존해 온 점을 고려할 때, 지방분권이라는 아이디어가 특정 시기에 광범위하게 주도적인 아이디어로 받아들여진 것을 상상하기는 어렵지 않다. 1990년대 중반 이후 경제적 위기와 중앙정부와 관료에 대한 신뢰도 하락, 그리고 심각한 수도권 체증과 집중문제는 지방분권을 위한 기회의 창을 열었고, 정치와 정책적 흐름 속에서 존재하던 지방분권 아이디어는 그 아이디어를 지지하는 국가지도자와 중개자들, 그리고 공중의 지지라는 아이디어 메커니즘을 통해 정치적으로(숫자적으로) 불리한 가운데서도 지방분권 관련 법안들을 통과시킬 수 있었다. 이는 경로의존적 분석에서 말하는 단절적 균형과 같은 급격한 변화라기보다는, 아이디어가 기존의 조직 및 이해관계와 상호작용하며 서서히 변화하는 점진적인 과정이었다. 김대중·노무현 정부에서의 지방분권개혁은 이러한 기획구조 속에서 지방분권개혁을 정당화하고, 중앙정치인과 관료들은 아이디어에 의하여 '인지된 이익'perceived interests의 실현 내지는 유지를 위해 일정 부분 타협하면 지방분권개혁에 참여할 수밖에 없었다. 물론 이후 노무현 정부의 아이디어 메커니즘이 대통령 탄핵과 행정수도 이전, 그리고 자유무역협정FTA 등을 둘러싼 논쟁으로 정치적 균열이 생기며 추진력이 약해졌으나, 2000년대 초반의 개혁은 아이디어를 통해 어떻게 중앙의 저항을 극복해가며 추진할 수 있는지를 보여주었다고 평가할 수 있다.

세계은행을 비롯한 많은 국제기구와 학자적 연구를 통해 지방분권과 민주주의가 가져올 수 있는 혜택이 전 세계적으로 확산되어왔고, 한국도 이러한 물결에서 자유로웠다고 말하기 힘들다. 그러나, 앞서 논의한 바와 같이, 확산과정 가운데 국가별 다양성이 동시에 존재한다는 것이다. 신자유주의가 유행하는 가운데 각 국가의 선택이 다양한 것과 마찬가지다. 제3장에서는 오래된 민주주의 혹은 신생 민주주의와 관계없이 각국이 어떠한 정부간관계와 지방 민주주의를 시행하고 있는지 '다양한 지방분권'Varieties of Decentralization 형태를 살펴보며 세계의 지방분권 흐름 속에서 한국의 위치를 파악하고자 하였다. 특히 기존의 라이트Wright, 로즈Rhodes 등 중앙 – 지방정부의 정치·행정·재정적 관계를 기초로 한 공식적 제도 중심의 정부간관계론에서 벗어나 중앙과 지방을 넘나드는 거버넌스 측면에서 지방의 자율성 및 상위정부와의 협치 가능성을 측정한 지역권위지표RAI는 최근의 이론적 발전을 반영하며 정부간관계를 시간적, 공간적 측면에서 비교 가능한 다층적 거버넌스 수준으로 올려놓았다. 그러나 본 저서에서는 셀러스 외(Sellers et al., 2019)의 연구성과에 기반하여, 여전히 국가와 지방이 시민사회 깊숙이 효과적으로 침투하는가의 여부, 그리고 시민들의 지방에서 수평적 관계 확장과 상위정부로의 수직적 연계 가능성을 기준으로 다층적 지방 민주주의MLD 모형을 개발하고 잘 작동하는 지방 민주주의 국가와 이들 국가에서 공식적 제도 차원을 넘어서는 다양한 정책적 효과를 비교 분석하고자 하였다.

다층적 지방 민주주의 MLD 모형은 특히 현대 선진국의 다층적 민주주의를 위한 제도적 기반과 특성을 잘 반영하는 세 가지 분석적 모형을 제시하였는데, 국가화 모형, 시민-지방 모형, 지방 엘리트 모형이 그것이다. 노르딕Nordic 국가로 대표되는 국가화 모형은 시민과 정치조직이 매우 활발하고 강하지만, 지방 수준에서의 로컬 거버넌스도 국가 수준에서의 정치와 정책에 밀접하게 통합되어 있으며 세 가지 모형 중 '복지국가 모형'에 걸맞게 가장 효과적인 정책성과를 나타내며 시민의 요구에 부응해왔다. 시민-지방 모형에서는 시민사회가 지방정부와 권력을 나누며 수평적인 지방 거버넌스 공간을 창출할 수 있었으나, 보다 수직적인 상위정부와의 정치 및 정책과는 연계가 약하였다. 지방-엘리트 모형에서는 지방정부와 연결된 엘리트 계층이 지방정부의 정치와 정책과정을 지배하였으며, 시민참여의 공간은 제한되었고, 지방선거가 있었음에도 시민들의 정치 세계에의 통합 정도는 낮았다. 이러한 제도적 분화는 근대화 이전의 전통에 강하게 영향을 받았으며, 21세기인 현재에도 지방의 전통적 기반적 권력과 국가-시민사회 관계가 여전히 민주주의 거버넌스의 시행에 중요한 전제조건 내지는 제도적 배경으로 작용하고 있다. 다층적 지방 민주주의 모형은 이처럼 국가수준과 지방수준에서의 공식적·비공식적 권력 및 자원요소를 모두 포괄함으로써 보다 객관적이고 종합적인 지방의 실체를 파악할 수 있도록 하였다. 이러한 분류는 현재 각국의 지방 거버넌스의 차원에 대한 이해를 넘어 얼마나 효과적인 '정책국가'로서의 역할을 하고 있는지에 대한 중요한 함의를 주고 있다. 대부분의 유럽 선진국이 지방-엘리트 모형에 포함되거나 비슷한 성격을 가진 것을 볼 때, 국가화 모형에 속하는 북유럽의 노르딕 국가를 제외하고는 효과적으로 시민의 요구에 맞는 정책을 제공하고 있다고 보기 힘들며, 상대적인 차이가 있을 뿐이다. 제3장에서 논의한 바와 같이 많은 부분에서 지방-엘리트 모형에 속하는 한국이 앞으로 나아가야 할 방향을 가늠하는 데 큰 함의가 있다고 볼 수 있다.

2. 한국 지방 민주주의의 이중성과 한계

제도 중심의 공식적, 수직적 중앙-지방관계가 특징인 지방-엘리트 모형은 근대화 이전의 지방 제도와 권력을 지배했던 엘리트적 전통을 많은 부분 계승하였고, 지방정부의 형성도 국가 엘리트의 권력

[그림 7-1] 한국 지방의 기반적 권력과 다층적 관계

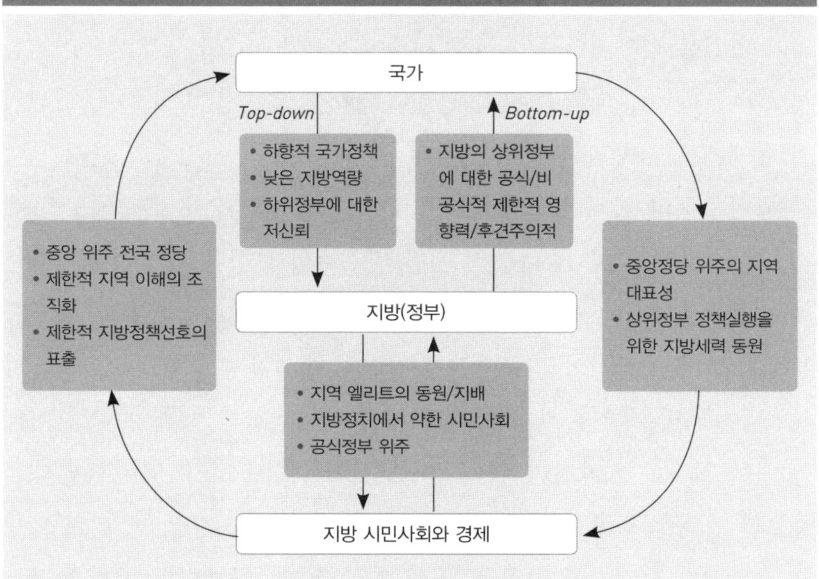

을 견고히 하는 방향으로 발전되어 왔다. 국가 의존적인 약한 시민사회 형성과 약한 정책국가성은 현대에 와서도 지방에서의 국가 엘리트의 지배를 공고화하고 시민참여를 활성화하는 제도적 기반을 제한하는 형태로 발전해왔다. 비록 독일과 오스트리아같이 하이브리드적 성격이 강한 국가에서는 좀 더 강화된 복지국가 형태로 발전되었으나, 지방-엘리트 모형에 속한 국가들 전체적으로는 상대적으로 민주주의의 질과 시민에 대한 정책적 성과가 낮은 편일 수밖에 없었다(Sellers et al., 2019).

제3장에서 논의한 대로 많은 부분에서 지방-엘리트 모형에 속하는 한국은 [그림 3-1]에 제시된 지방의 기반적 권력과 다층적 관계의 예시에 따라 분석하면 [그림 7-1]과 같은 한국적 현실을 인지할 수 있다. 무엇보다도 중앙-지방 간의 유기적인 정치와 정책의 통합 정도가 약할 뿐 아니라, 국가정책의 하향식 명령과 지시에 의존한 방식이 최근의 지방분권의 성과에도 불구하고 여전히 지배적이다.[1] 중앙정부 부처는 정권별로 계속되어온 정비약속에도 불구하고 여전히 산하 일선기관(특별행정기관)을 통해 상당수의 업무를 처리하고 있다. 반면, 박원순 서울시장이나 이재명 전 성남시장과 같이 전국적 지명도를 얻은 정치인이 자치단체장으로 있는 극히 일부의 경우, 국무회의에 참석하거나 중앙정부를 압박하는 방식을 통해 지방자치단체의 의사를 전달할

1 물론 일부 지방자치단체의 성장에 따라 중앙정부와 정책문제에 대립하는 경우도 잦아지고 있다. 예를 들면, 만 3~5세를 위한 보육에 해당하는 누리과정을 두고 2012년 실시 이후 거의 매년 예산부족을 이유로 중앙정부와 지방정부 간 대립이 격화되어왔다. 상대적으로 재정 형편이 나은 지방자치단체의 경우 자체적인 청년수당 배당과 같은 복지정책 시행 여부를 두고 중앙정부와 대립하는 경우도 증가하고 있다. 그러나 여전히 재정적 자립이 어려운 대부분의 지방자치단체는 의사표현에 어려움을 겪고 있다.

수 있으나, 사실상 대부분은 상위정부에 대한 공식적·비공식적 영향력이 모두 약하다고 볼 수 있다. 지방자치단체로서는 법정 지방자치단체 대표기구라고 볼 수 있는 4대 지방자치단체협의회를 통해 의사를 전달하거나, 개별적으로 권한과 자원을 가진 중앙부처를 접촉(임도빈, 1997), 혹은 국회의원 혹은 개인적 네트워크를 중심으로 후견적 관계를 형성하는 등의 방법을 통해 의견제시를 할 수 있을 뿐이다. 그나마 재정적으로 중앙정부에 많이 의존할 수밖에 없는 지방자치단체들은 그 기회마저 제한적이다. 중앙정치권, 특히 정당은 지방자치단체장과 지방의회 후보자 공천권을 가지고 지방의 주요 정치행위자들을 통제하고 있으며, 공천권에 많은 힘을 행사하는 지역구 국회의원은 지방정치인들과 후견적 관계를 맺고 있는 경우가 많다. 이처럼, 명목적으로는 지방분권의 진전과 권한이양을 통해 지방정부가 스스로 결정할 기회가 많아진 것은 사실이지만, 여전히 교묘한 방법으로 중앙정부는 지방정부를 통치하고 있다는 것이다.

또한 수평적 네트워크 측면에 있어서도 지방의 기반적 권력의 확장은 그다지 광범위하지 않은 편이다. 즉, 전국구 정당의 지역조직을 통한 조직화와 활동이 낮은 편이며 반드시 지역의 이익을 중앙에서 대표하지도 않는다. 이는 천문학적 정치비용과 정치자금을 둘러싼 부조리를 이유로 2004년 정당법 개정을 통해 지구당제를 폐지한 후 지방 시민과의 연결고리가 더욱 약화된 것과 무관하지 않다. 지역의 이익이 지역주민에 의하여 형성되기보다는 중앙정치권의 지역에 대한 이익에 의하여 통치되는 경우가 많다. 재정적으로 열악한 지방언론도 일반 시민들의 관심사나 요구를 공식적 조직에 전달하고 정부를 감시하는 데 한계가 있다. 제4장에서 살펴본 바와 같이 오랜 역사를 거쳐 형성된 한국의 지방 엘리트들은 물론 현대사에서 약간의 주도세력의 변화를 겪어야 했으나 여전히 지방사회에서 엘리트 중심적 지방정치를 이끄는데 어려움이 없었고, 일반 주민들은 대부분 지방 거버넌스에서 적극적 역할을 하지 못한다. 사교·친목·종교 중심의 시민참여 행태도 하버마스가 주장해 온 교양 시민의 시민사회적 참여, 공론장에의 참여를 제한하는 요소이기도 하다. 이처럼 수직적 - 수평적 네트워크의 제한적인 형성과 한계는 결과적으로 한국의 지방정부가 후쿠야마의 주장처럼 역량의 극대화와 정책실행의 확장을 통해 효과적인 정책국가로서의 역할을 하도록 충분한 기반을 마련하였다고 보기 어렵다는 것이다. 20년이 넘는 지방자치제의 경험과 자치능력의 향상에도 불구하고 많은 지방 엘리트 국가들이 경험한 것처럼 한국의 지방 민주주의는 이중적인 어려움을 겪고 있다고 볼 수 있다.

이중적인 성격으로 인해 '결손된' 지방 민주주의로 진화해 온 한국의 현실은 수많은 기회의 창에도 불구하고 영구집권을 위한 지방자치제의 전략적 시행(이승만 정권), 권위주의 정권의 연장과 야당정치의 견제를 위한 지방자치제 연기(박정희, 전두환 정권), 제한적인 지방의회선거 시행(노태우 정권) 등을 통해 권력을 유지해 온 중앙집권적 세력이 우월적 지위를 이용하여 지방분권운동을 방해한 데 힘입은 바 컸다. 그러나 다른 한편, 지방정부 및 지방관료의 부족한 정책역량과 일반 시민의 자신의 지방이슈에 대한 상대적 무관심, 약한 지방기업 등은 중앙뿐만 아니라 지방도 지방분권의 진전에 일정 부분 책임이 있음을 부인할 수 없다.

물론 이처럼 경로의존적으로 내려온 계층적 중앙 – 지방 관계는 김대중·노무현 정부의 지방분권이라는 아이디어의 확산을 통해 지방분권개혁을 경험하면서 경로의존성 탈피 가능성을 엿볼 수 있었고, 실제로 지방의회의 전문성 증가, 비정치적 풀뿌리 주민운동의 확대, 그리고 조합이나 기타 비영리적 조직에 대한 참여는 증가하는 등 긍정적인 모습도 없지 않다. 대부분의 지방 – 엘리트 모형에 속하는 국가들도 1980～1990년대를 기점으로 지방의 역량과 참여를 증진하는 방향으로 개혁을 추진하였다. 이를 통해 일정한 개혁 성과들이 독일, 프랑스, 일본, 오스트리아 등을 중심으로 나타나고 있으나, 한국의 경우 여전히 일반 시민의 참여에 중점을 두기보다는 공식적 지방정부의 조직 역량을 중심으로 발전해오고 있는 것이 현실이다.

Ⅱ. 결론: 도전과 과제

한국 지방 민주주의의 이중적 성격에서 기인하는 문제점과 더불어, 현대 정책국가가 공통적으로 직면하고 있는 문제들은 각 국가가 좀 더 효과적이고 대응적인 지방 민주주의 체제를 구축하는 데 어려움을 더하고 있다. 전 세계적으로 국가뿐만 아니라 지방정부도 신자유주의의 영향으로 시장의 역할을 점차 강조해오고 있고, 신공공관리 개혁 운동은 공공부문이 좀 더 시장 친화적인 정책과 정책구조를 갖도록 압박하고 있다. 다른 한편, 복지국가화 경향과 국가 및 지방에서의 기후변화 등 환경문제에 대한 대응, 소셜 미디어와 촛불혁명 등 새로운 형태의 시민참여, 경제적 세계화, 그리고 이민자의 증가 등은 전 세계적으로 지방정부의 좀 더 적극적인 역할을 요구하는 환경이기도 하다. 이러한 모순적인 요구에 더하여 일본, 한국, 싱가포르 등 아시아 국가들이 경험하고 있는 유례없는 속도의 저출산과 고령화의 공포는 지방정부가 좀 더 효과적이고 의미 있는 수준의 새로운 정책적 대응을 하도록 요구하는 도전적 환경을 형성하고 있다. 새로운 조건과 환경은 지방정부가 변화하는 행정적·기술적 역량을 확대하도록 요구하고 있으며, 더불어 정책 능력의 확대와 집행을 위해 도시 및 공동체 수준에서의 좀 더 의미 있고 활발한 형태의 시민참여를 하도록 독려하고 있다.

그러나 이 책에서 주장한 다층형 지방 민주주의 이론에 따르면 한편으로는 정부 역할의 축소를, 다른 한편으로는 좀 더 능동적인 역할을 요구하는 모순적 현대 환경 속에서, 가장 좋은 성과를 보이면서도 민주주의의 질이 높은 국가들은 단순히 지방분권, 지방의 역량강화, 시민참여의 확대에 그치지 않았다. 이들 국가는 가장 탄탄하면서도 활발한 시민조직을 통한 수평적 네트워크와 중앙-지방 간의 밀접하게 연계된 수직적 네트워크가 조화를 이루는 국가였다는 것이다(Sellers et al., 2019). 국가화 모형의 북유럽 국가들과 미국, 스위스, 캐나다 등의 시민-지방 모형과 프랑스 등의 지방-엘리트형 국가들보다 상대적으로 안정적인 지방정부 성과와 높은 수준의 민주주의를 유지해왔다는 것이 그 증거다. 이와 같은 다층형 지방 민주주의론의 교훈은 단순히 정치·재정·행정적인 권한 이양보다 수평·수직적 네트워크 강화로 대변되는 지방 수준에서의 효과적인 기반적 권력의 확장과 공고화가 훨씬 더 중요한 지방 민주주의의 기반이 될 수 있다는 것이다.

이처럼 역량capacity과 연계linkage, network 강화를 기본으로 하는 다층형 지방 민주주의의 이상과는 달리 한국의 지방분권개혁은 2000년대 초반 참여정부에서 지방분권 추진을 위한 7대 기본방향과 47개 과제를 제시한 이후 각 정권에서 시행해 온 지방분권과제는 물론 세부 시행전략과 초점은 다를지라도 과제 자체는 대부분 비슷할뿐더러 지방정부에 대한 권한이양과 재정능력 강화에 주요 초점을 맞추고 있다. 〈표 7－1〉에 제시된 바와 같이 진보·보수 정권에 상관없이 중앙권한과 사무의 이양, 정부기능 재조정, 각종 지방행정제도의 개선, 국세－지방세와 교부금 등의 조정, 자치경찰제 및 교육자치 개선 등은 참여정부부터 문재인 정부에 이르기까지 약간의 내용과 용어의 차이를 제외하고는 계속해서 재등장하는 과제이다. 이명박 정부의 4대 분야 20개 과제, 박근혜 정부의 4대 분야 20개 과제, 문재인 정부의 5대 분야 30개 과제 중 시민참여 증진에 관한 내용은 주민참여제도 개선과 자원봉사 활동 장려 등에 불과하다. 문재인 정부에서 제안하고 있는 주민투표, 주민소환 활성화는 지방자치단체에 대한 민주적 통제를 강화한다는 측면에서 의미가 있기는 하지만 지방 민주주의가 활성화된 국가에서도 이러한 제도가 활발하게 이루어지는 경우는 드물고, 정파적 이익이 강한 한국에서 주민투표, 주민소환이 오히려 중앙의 정치세력에 의해 동원될 가능성도 배제하기 어렵다. 문재인 정부에서는 지방분권형 국가를 선포하며, 헌법상 지방정부의 지위를 격상시킬 것을 공약하였으나, 심지어 공약대로 이루어진다고 하더라도 과거의 경험과 지방 민주주의의 이중성에 비춰볼 때 큰 변화가 있을 것으로 기대하기 어렵다.

〈표 7-1〉 이명박, 박근혜, 문재인 정부의 주요 지방분권과제

이명박 정부	박근혜 정부	문재인 정부
4대 분야 20과제	4대 분야 20과제	5대 분야 30과제
사무구분체계 개선	자치사무와 국가사무 구분·정비	중앙·지방 사무 구분기준 정립
중앙행정권한의 지방이양	중앙권한 및 사무 지방이양	자치분권 사전협의제 신설
특별행정기관 기능조정	특별지방행정기관 정비	기능 중심의 포괄적 이양
교육자치제도 개선	국가와 자치단체 협력체제 정립	광역단위 자치경찰제 도입
자치경찰제도 도입	지방재정 확충 및 건전성 강화	제주특별자치도 분권모델 완성
국세·지방세 합리적 조정	지방선거제도 개선	교육자치와 일반자치 연계 강화
지방교부세제도 개선	지방의회 활성화 및 책임성 제고	지방소비세·지방소득세 확대
지방재정의 투명성·건전성 제고	지방자치단체 평가제도 개선	신세원 발굴 등 자체노력 강화
자치입법권 확대	지방자치단체 간 행정협력체제 정립	고향사랑 기부제 도입
지방의회의 전문성·자율성 강화	자치경찰제도 도입방안 마련	자치단체 간 수평적 재정조정 확대
주민 직접참여제도 보완	교육자치 개선	지역상생발전기금 확대
지방선거제도 개선	읍·면·동 주민자치회 도입	지방교부세 역할강화 및 제도개선
지자체 평가기준 마련 및 진단평가	지자체 간 행정구역 경계조정 개선	국고보조사업 등 개편
지방자치행정 체제정비	주민 직접참여제도 강화	지방재정제도 자율성 제고
정부 및 자치단체 간 협력강화	지방자치단체 소규모 읍·면·동 통합	재정정보 공개확대
분쟁조정기능 강화	특별·광역시 자치구·군 기능개편	지방세 체납징수 및 주민참여 강화
특별지방자치단체제도 도입·활용	대도시 특례제도 개선	지방의회 역할 확대
지방공무원 인사교육·제도 개선	지방자치단체 기관구성형태 다양화	자율적·탄력적 자치조직권 확대
자원봉사활동 장려·지원	도의 지위 및 기능 재정립	지방공무원 역량강화
지방분권 홍보 및 공감대 확대	시·군·구 통합 및 통합 특례 발굴	자치단체 투명성·책임성 강화
		혁신 읍·면·동 추진
		주민투표제도 활성화
		주민소환제도 활성화
		주민참여예산제 적용범위 확대
		주민 조례개폐 청구제도 개선
		자치단체 간 협약제도 도입
		광역연합제도 도입
		자치단체와 특행기관 간 협업 강화
		자율적인 자치단체 간 행정구역 통합·조정 지원
		사회혁신적 갈등관리제도 확산

출처: 지방분권촉진위원회(2010); 부산분권혁신운동본부(2013); 행정안전부(2017).

지방-엘리트 모형에 속하는 상당수의 유럽국가와 일본, 대부분의 개발도상국은 자국의 정부간관계의 문제점을 인지하고 제1장에서 본 바와 같이 다양한 형태의 지방분권개혁을 진행해오고 있으며, 특히 공통적으로 다양한 형태의 정치참여와 시민사회 강화를 목표로 하고 있다(Dalton, 2014). 그러나 어느 국가도 한 유형의 지방 민주주의에서 다른 유형으로 급격한 전환을 성공적으로 이루어내지 못했다. 이를 고려한다 하더라도, 유독 한국의 지방분권개혁에서는 많은 지방 민주주의를 위한 시민사회 담론에도 불구하고 실제로 시민사회의 활성화를 위한 방안은 제한된 관심만을 받아왔으며, 대부분의 분권과제는 지방으로의 권한 및 사무이양, 재정강화에 주요 초점을 맞추고 있다. 이는 지방분권을 요구하는 목소리에서도 지방정부의 강화를 통한 지배적 지위를 유지하고자 하는 지방정부와 지방 엘리트의 이해관계가 주도적으로 반영되어 있기 때문이다.

본 저서는 지방 민주주의를 위한 어떤 대안을 제시하기보다는 현실에 대한 이해를 목적으로 하고 있으므로, 특별한 처방을 내리지는 않는다. 노르딕 국가와 같은 모형을 목표로 모방하는 것을 권면하는 것도 아니다.[2] 다만, 현실의 분석에서 얻을 수 있는 한국의 이중적 지방 민주주의에 대한 교훈을 제시하자면 다음과 같다. 첫째, 제3장에서 정

2 이는 국가화 모형에 해당하는 노르딕 국가들이 아무런 도전 없이 현재의 성과와 질 높은 지방 민주주의를 유지할 수 있다고 주장하는 것은 아니다. 복지혜택 축소와 질의 저하는 높은 수준의 세금을 내려는 납세의사에 영향을 미칠 수 있고, 거시경제 악화와 임금차별 등도 시민 간 유대와 신뢰에 부정적으로 작용할 수 있다. 그리고 점차 현실화되고 있는 고령 인구와 이민자의 폭발적 증가는 이미 국가적으로 큰 과제로 다가오고 있다.

부간관계와 관련된 여러 비교자료에 따르면 한국의 지방은 어느 정도의 제도적 자산을 구축하였고, 지방수입이나 지출의 측면에서도 비슷한 유형의 프랑스, 이탈리아 등과 비교해도 크게 뒤처지지 않는다.[3] 오히려 제도적 측면에서는 가장 잘 작동하는 지방 민주주의인 북유럽국가보다 훨씬 분권 친화적인 체제를 갖춘 베버리안Weberian 지방 민주주의 국가다. 따라서 지방분권과정에서 권한이양과 사무배분, 재정적 분권 등 공식적·제도적 측면에서의 개혁은 점진적으로 추구하되, 주어진 환경 속에서 지방자치단체의 역량과 수평적·수직적 네트워크를 확장하는 데 초점을 맞추는 것이 바람직하다고 본다. 우리와 비슷한 지방자치 법제를 가진 일본의 경우, 지방정부가 주어진 중앙정부의 감독과 제한적 법적 환경 속에서도 개발정책, 경제정책, 규제정책 등의 영역에서 정책 주도권initiative을 발휘, 지방정부 간 수평적 협력체제 확장은 물론, 궁극적으로 중앙정부의 지원까지 끌어냈다. 이 과정에서 지방정부의 정책역량이 축적되었음은 물론이다(Kitayama, 2001). 그런 측면에서 최근 일부 지방자치단체에서 지역화폐를 발행하거나, 청년배당 등 지역중심 복지정책의 혁신을 시도하는 것은 중앙정부와의 갈등 확산이나 부작용에 대한 염려에도 불구하고 반드시 부정적으로 볼 수 없다는 것이다. 오히려, 자신의 지역에 가장 가까이 있는 정부가 실질적으로 내 문제를 처리할 수 있다는 믿음을 주민들이 가질 수 있도록 반복적으로

3 우리나라 지방정부의 재정분권 수준이 크게 낮지 않고, 재정분권 확대가 오히려 국가경제에 부정적 영향과 부패수준 등에 악영향을 미칠 수 있다는 주장에 대해서는 김정훈·김현아(2008), 최병호·정종필(2001), 권오성·배인명(2007) 참조. 결국, 김순은(2015)의 표현대로 지방자치제도가 재도입될 당시의 시대적 소명은 어느 정도 달성하였다고 볼 수 있다.

혁신과 실험을 지속, 문제해결형 지방정부로서의 '실천적 권위'를 쌓아가야 한다.

둘째, 지방에서의 이니셔티브는 이웃 지방자치단체에서의 성공을 모방하는 것이 아니라 자신의 지역적 특성에 맞는 정책을 찾아내고 육성하는 것이라야 한다. 예컨대, 지방자치제도가 시행된 이후 전국적으로 확산된 지역축제는 상당수가 재정적인 낭비적 성격이 강한 것은 차치하고서라도 창의성과 내용 부실로 인한 유사성은 고질적 문제로 등장하였다.[4] 모종린(2017)은 대도시(특히 서울)를 모델로 한 정부주도 지역개발보다 각 지역의 특성과 라이프 스타일을 살리는 방식으로 개발을 주문한다. 최근의 지방에서의 움직임은 비정치적인 풀뿌리 모임, 사회적 경제, 협동조합 등 생활밀착형 참여가 활발해지고 있다. 이러한 지방에서의 비정치적 공동체의 활성화는 지역 고유의 특성을 살리고 시민적 전통을 형성해 가며 궁극적으로는 지방 거버넌스로의 참여를 유도할 가능성을 열어놓고 있다.

셋째, 지방정부 주도의 정책실험 및 이니셔티브의 증진이 필요한 가운데, 중앙의 지방에의 개입을 반드시 부정적으로 볼 필요는 없다는 것이다. 최연혁(2012)이 〈우리가 만나야 할 미래〉에서 스웨덴의 지방정부가 복지서비스를 비롯하여 많은 기능을 담당하고 있으나 언제든지 중앙정부가 개입할 수 있는 여지를 남겨두고 있음을 밝힌 바와 같이, 잘 작동하는 지방 민주주의는 서로 관할권을 뚜렷하게 나누어 견제하

4 2013년의 경우 전국에서 열린 행사와 축제는 400건에 가까우며 국비·지방비 포함 약 4천5백억 원이 사용되어 약 1천3백억 원의 수익을 남겼고, 그나마 만족스러운 행사는 채 6%에 미치지 못했다. 조선일보, '[눈먼 돈 – 1④] 붕어빵 지역축제…4575억 써서 1288억 남겨', 2015년 2월 5일자.

는 것이라기보다는 사안에 따라 협력하고 개입하는 지방 민주주의가 효과적인 정책국가 실현에 더 유리하다는 것이다. 특히 지역 격차가 점차 심화되고 있는 가운데 국가균형발전도 하나의 우선적 국정과제이므로 이의 실현을 위해 특정 지방자치단체에 대해서는 오히려 국가의 적극적인 정책적·재정적 지원이 요구된다고 본다.

넷째, 지방 민주주의와 시민참여는 종속변수가 아니라 지방분권의 문화적 전제조건에 해당한다. 따라서 주민 참여제도를 확대한다고 해서 지방의 주민참여가 활성화되고 시민사회에 의한 공론장이 단기간에 형성될 수 있다고 기대하기는 어렵다. 한국 지방에서의 시민참여는 지방의 공공선을 위한 자발적 참여에 기반을 두기보다는 지역의 개발과 경제적인 이익추구 과정에서 얻어지는 개인적 이해관계가 더 강하게 유인요인으로 작용해왔으며, 이에 따라 지역사회에서 공식적인 정책결정권과 자원 배분권을 지배적으로 소유한 지방자치단체장을 중심으로 지역의 개발 엘리트와 이해관계자들이 하나의 카르텔처럼 지방정치를 독점하는 모습도 드물지 않다. 따라서, 지방 민주주의를 활성화하는 데 있어서 지대추구적rent-seeking 참여행태를 공공목적을 위한 동원으로 전환하는 노력이 필요하다(이승종 외, 2008).

마지막으로, 필자는 위와 관련하여 각 정권에서 지방분권과제로 지적되어 온 시민참여 활성화가 토크빌이나 하버마스가 주장한 신뢰와 자발적 참여, 그리고 교양 시민에 의한 공론장에서의 토론이라는 이상적 목표를 향해야 한다는 집착을 버려야 한다고 본다. 이미 서구 민주주의에서도 젊은 세대들은 시민의 의무처럼 여겨져 왔던 시민참여 문화가 쇠퇴하기 시작하였고, 개혁을 위한 정치적 기회는 기존의 면대면face-to-face 참여보다는 산발적이고, 덜 규범적이며, 익명성에 근거한 참여로 빠르게 변화되고 있다. 독일, 일본 등 여러 국가에서도 비전통적인 참여방식, 즉 정당이나 이익집단 정치를 넘어선 집단소송이나, 시위, 소셜 미디어 등을 통한 지방자치단체에 대한 압박에 대응해야 할 필요성을 느끼고 있으며, 정보통신 기술이 발달한 한국의 현실에서도 기존의 시민참여 방식에 집착하는 것보다 새로운 유형의 참여에 대응하는 방안을 고려해야 한다는 것이다(주창범·임승빈, 2010). 시민참여 활성화 자체가 목적을 두기보다는, 인터넷 발달, 이민자 및 1인 가구 증가 등 달라진 정치환경 속에서 비관습적unconventional 참여를 지방 거버넌스에 어떻게 통합할 것인지 고민해야 한다.

이 책은 교과서적인 이해보다는 한국의 지방분권개혁과 지방 민주주의의 현실을 이론적이고 비교적인 관점에서 정확히 이해하는 것을 목적으로 저술되었기 때문에 구체적인 지방 제도와 기술적 측면에 대해서 가급적 다루지 않았다. 또한, 어느 순간부터 학계와 실무계의 담론에서 비슷한 내용들이 반복되면서 지방분권개혁 그 자체가 목표가 되지 않게 하도록 다양한 지방 민주주의 모형을 소개하였다. 트레즈먼(Treisman, 2007)이 실증적으로 증명한 것처럼 기존에 논의되던 지방분권에 의한 기대효과가 반드시 현실에서 이루어지지 않는다. 고전적 의미의 지방자치와 지방 민주주의가 고유의 가치를 잃어가는 상황에서 다양한 지방 민주주의 모형이 존재함을 인정하면서, 단지 '서구 선진국'이 하기 때문에 시행하는 지방 민주주의가 아닌, 한국의 현실과 급격히 변화하고 있는 사회경제적 환경에 부응하는 지방 민주주의를 추구해야 한다.

참고문헌

국내문헌

강만길. 1994.「고쳐 쓴 한국현대사」, 서울: 창작과비평사.

강명구. 1997. 지방자치와 도시정치: 행위자 중심적 해성을 위한 시론적 연구.「한국정치학회보」, 31(3): 109-128.

_____. 2005. 분권과 개혁: 이론적 틀의 모색. 박재창·강명구·젤리거(공편),「분권과 개혁」, 서울: 도서출판 오름, pp. 21-41.

강인철. 1999. 한국전쟁과 사회의식 및 문화의 변화. 한국정신문화연구원(편),「한국전쟁과 사회구조의 변화」, 서울: 백산서당, pp. 197-308.

강재규. 2012. 정치분권 전략과 지역정당. 박재창(편),「지방분권과 시민사회」, 서울: 도서출판 대영문화사, pp. 109-150.

강준만. 2006.「한국현대사 산책 1990년대편 2: 3당합당에서 스타벅스까지」, 서울: 인물과사상사.

_____. 2008.「지방은 식민지다: 지방자치, 지방문화, 지방언론의 정치학」, 서울: 개마고원.

_____. 2015.「지방 식민지 독립선언」, 서울: 도서출판 개마고원.

강혜경. 1998. 국가형성기(1948~1950) 이승만 정권의 행정기구 구성과 관료충원 연구.「국사관논총」, 79: 219-256.

고석규. 2018. 한국사에서 중앙-지방 관계의 변화 추이.「역사학연구」, 69: 59-97.

국가균형발전위원회. 2004.「국가균형발전의 비전과 전략」, 서울: 동도원.

권영주. 2009. 참여정부 지방분권 정책성패의 영향요인에 관한 연구.「한국지방자치학회보」, 21(1): 5-30.

권오성·배인명. 2007.「재정분권화의 영향에 대한 국제비교연구」, 서울: 한국행정연구원.

김동욱. 2010. 지방자치 20년 무엇을 얻고 무엇을 잃었는가. 「자치행정」, 265: 47-50.

김렬·구정태·유근환. 2004. 참여정부 지방분권정책 네트워크 분석: 지방분권특별법 제정과정을 중심으로. 「대한정치학회보」, 12(1): 27-53.

김병준. 2002. 「김병준 교수의 지방자치 살리기」, 서울: 도서출판 한울.

______. 2003. 「한국지방자치론」, 서울: 법문사.

김석준. 1996. 「미군정 시대의 국가와 행정」, 서울: 이화여자대학교 출판부.

김순은. 2003. 「지방분권과 지방정부의 혁신」, 부산: 도서출판 금정.

______. 2011. 지방의회 관련 제도의 20년의 변천과 과제. 「지방의회연구」, 18: 3-24.

______. 2014. 지방자치의 필요성. 이승종(편), 「지방자치의 쟁점」, 서울: 박영사, pp. 3-10.

______. 2015. 지방자치 20년의 평가. 「입법과 정책」, 7(1): 57-82.

김운태. 1987. 「조선왕조 행정사」, 서울: 박영사.

김익식. 2008. 한국 지방자치의 위기구조와 미래구상. 「한국행정학보」, 42(2): 5-30.

______. 2010. 민선5기의 선진 지방자치의 비전. 「지방행정」, 59(681): 28-33.

김인걸. 2017. 「조선후기 공론정치의 새로운 전개: 18, 19세기 향회, 민회를 중심으로」, 서울: 서울대학교 출판문화원.

김장권. 2000. 일본의 분권화 개혁에 있어서 국가와 시민사회의 대립구조. 「아세아연구」, 43(1): 135-160.

김재호. 2011. 조선왕조 장기지속의 경제적 기원. 「경제학연구」, 59(4): 53-117.

김정해. 2008. 미군정기 행정과 정책변화의 특성. 「행정논총」, 46(3): 145-171.

김정훈·김현아. 2008. 「참여정부 재정분권 평가와 정책과제」, 서울: 한국조세재정연구원.

김주완. 2005. 「토호의 뿌리」, 마산: 도서출판 불휘.

김홍환·정순관. 2018. 역대정부 지방분권과제와 성과에 대한 평가. 「지방행정연구」, 32(1): 3-34.

남궁근. 2007. 행정학자의 시민단체 참여활동 성과와 한계: 경실련, 참여연대, 함께 하는 시민행동, 행개련을 중심으로. 「한국행정학보」, 41(4): 45-66.

남효윤. 2009. 언론의 소유구조가 분야별 보도자료 이용에 미치는 영향 연구: 지역신문을 중심으로. 「언론과학연구」, 9(3): 103-137.

노주석. 2014. 「서울 택리지」, 서울: 소담출판사.

동선희. 2006. 「일제하 조선인 도평의회·도회의원 연구」, 한국학중앙연구원 박사학위논문.

모종린. 2017. 「골목길 자본론」, 서울: 다산 3.0.

민준기·신명순·이정복·윤성이. 2008. 「한국의 정치: 제도·과정·발전」, 서울: 나남.

박상필. 2015. 한국 시민사회의 변화와 새로운 역할. 「NGO 연구」, 10(2): 35-68.

박상훈. 2009. 「만들어진 현실: 한국의 지역주의, 무엇이 문제이고, 무엇이 문제가 아닌가」, 서울: 후마니타스.

박영선. 2015. 비영리민간단체지원법을 중심으로 살펴 본 시민사회 활성화 정책 방안 연구. 「NGO 연구」, 10(1): 139-169.

박종민·배병룡·유재원·최승범·최흥석. 1999. 한국 지방정치의 특징. 「한국행정학보」, 33(2): 123-139.

박종민. 2000. 집단이론, 후견주의 및 도시의 리더십. 「한국행정학보」, 34(3): 189-204.

_____. 2002. 한국의 지방정치: 이론적 시각. 박종민·이종원(공편), 「한국 지방 민주주의의 위기: 도전과 과제」, 서울: 나남출판, pp. 57-84.

박재욱. 2016. 지방정치와 로컬 거버넌스. 강원택(편), 「지방정치의 이해 2」, 서울: 박영사.

배유일. 2003. 지방 거버넌스와 제도주의적 시각: 이론, 유형 및 비교연구. 「정부학연구」, 9(2): 297-335.

_____. 2004. 국가, 정책 및 사회자본: 사회자본에 대한 제도적 접근. 「한국정책학회보」, 13(4): 131-156.

_____. 2010. 불확실성하의 정책이전, 확산, 그리고 제도변화: 정책 아이디어를 중심으로. 「국정관리연구」, 5(2): 95-117.

배정현. 2014. 삶의 만족과 정부의 질. 「행정논총」, 52(1): 247-270.

변광수·김인철·박노호. 1995. 복지국가 스웨덴의 지방자치: 균형적 지역발전의 모델. 「국제지역연구」, 4(1): 161-216.

손재식. 1983. 「현대 지방행정론」, 서울: 박영사.

손정목. 1983a. 일제침략초기 지방행정제도와 행정구역에 관한 연구 (1). 「지방행정」, 32(359): 79-92.

_____. 1983b. 일제침략초기 지방행정제도와 행정구역에 관한 연구 (II). 「지방행정」, 32(359): 83-106.

_____. 1988. 「조선시대 도시사회 연구」, 서울: 일지사.

손희준. 2014. 민선 6기 적절한 중앙-지방 간 재정관계 구축방안: 분권교부세 제도개편의 성과와 개선과제. 「지방재정」, 17(5): 10-35.

송호근. 2011. 공론장의 역사적 형성과정: 왜 우리는 불통사회인가? 한국언론학회(편), 「한국사회의 소통위기」, 서울: 커뮤니케이션북스, pp. 33-64.

_____. 2013. 「시민의 탄생: 조선의 근대와 공론장의 지각변동」, 서울: 민음사.

심대평. 2014. 지방자치, 새로운 토대구축이 필요하다. 2014 지방자치실천포럼 발표원고.

안성호. 1993. 우리나라 지방자치의 전통. 한양대학교 지방자치연구소 연구보고서. 93-02, pp. 107-146.

_____. 2012. 지방분권의 논거와 과제. 박재창(편), 「지방분권과 한국 시민사회」, 서울: 대영문화사, pp. 38-52.

안영진. 2011. 우리나라 광역경제권 정책의 추진현황과 발전과제. 「한국지역지리학회지」, 17(5): 638-647.

양영철. 2015. 「통계로 본 한국지방자치단체 60년 변천사」, 서울: 박영사.

엄태석. 2016. 우리나라 지방정치 발전사. 강원택(편), 「지방정치의 이해 1」, 서울: 박영사, pp. 59-86.

오수열. 2012. 지역시민사회와 지방선거. 박재창(편), 「지방분권과 한국 시민사회」, 서울: 대영문화사, pp. 188-204.

유은정. 2010. 미국의 연방주의와 지방자치제도: 우리나라 지방자치 및 지방분권이행 과정에의 시사점. 「공법학연구」, 11(3): 235-274.

유재원. 1994. 지방자치의 정치: 정당의 역할을 중심으로. 「한국행정학보」, 28(2): 499-523.

_____. 2000. 사회자본과 자발적 결사체. 「한국정책학회보」, 9(3): 23-43.

______. 2002. 지방정부 개혁의 정치: 한국과 미국. 박종민·이종원(공편), 「한국 지방 민주주의의 위기: 도전과 과제」, 서울: 나남출판, pp. 85-116.

유재원·홍성만. 2005. 정부의 시대에서 꽃핀 Multi-level Governance: 대포전 수질개선 사례를 중심으로. 「한국정치학회보」, 39(2): 171-194.

육동일. 2010. 지방자치와 지방분권 20년의 성과와 발전방향. 「한국지방자치학회 토론회」, 4: 3-31.

윤성국. 2011. 「한국과 일본의 지방분권 개혁의 분석: 거부권 플레이어에 주목하여」, 서울: 논형.

이석희. 1987. 조선시대 지방자치제론: 유향소를 중심으로. 「중앙행정논집」.

이승종. 2005. 「지방자치론」, 서울: 법문사.

이승종 외. 2008. 「지방정부의 역량과 정책혁신: 이론과 실제」, 서울: 박영사.

이용환·송상훈·이현우. 2013. 한국 지방자치의 활성화 방안. 「경기개발연구원 이슈&진단」, 97: 1-25.

이종수. 2002. 지방자치의 논리와 한국의 자치제. 박종민·이종원(공편), 「한국 지방 민주주의의 위기: 도전과 과제」, 서울: 나남출판, pp. 117-146.

이종원. 2002. 지방 거버넌스론. 박종민·이종원(공편),「한국 지방 민주주의의 위기: 도전과 과제」, 서울: 나남출판, pp. 347-366.

이진형. 2014. 다산 정약용의 외관제 개혁론: 경세유표를 중심으로. 「한국사상사학」, 48: 237-282.

이홍구. 1985. 지방자치와 정치발전. 「사회과학과 정책연구」, 6(4): 11-19.

임도빈. 1997. 「지방조직론: 한국지방자치의 새로운 이해」, 서울: 박영사.

임승빈. 2015. 지방은 중앙을 따르라? 이창길 외(공편), 「대한민국 정부를 바꿔라」, 서울: 올림, pp. 140-158.

임혁백. 2014. 「비동시성의 동시성: 한국 근대정치의 다중적 시간」, 서울: 고려대학교 출판부.

장상환. 2006. 한국전쟁과 경제구조의 변화. 정신문화연구원(편), 「한국전쟁과 사회구조의 변화」, 서울: 백산서당.

전영평. 2008. 한국 지방자치 재조정을 위한 시론: 미국과 일본이 주는 교훈과 시사점. 「행정논총」, 46(2): 225-253.

전훈. 2016. 프랑스 지방자치의 새로운 변화. 「법제」, 2016년 3월호: 5-25.

정용덕. 1995. 한국의 정부조직 개편.「한국정책학회보」, 4(1): 58-84.

정우열. 2016. 한국지방자치제도의 발달과정에 관한 연구.「한국행정사학지」, 38: 192-214.

정원칠·김선혁. 2007. 선진국 분권과 개헌사례 분석: 프랑스의 성공, 이탈리아의 실패, 독일의 고민. 최병선·김선혁(공편),「분권헌법: 선진화로 가는 길」, 서울: EAI.

정재호. 1999.「중국의 중앙-지방 관계론: 분권화 개혁의 정치경제」, 서울: 나남출판.

정정길·김성수·김재훈·김찬동·하정봉. 2007.「작은 정부론」, 서울: 부키.

정하윤. 2006. 지방정치의 역사: 해외 사례. 강원택(편),「지방정치의 이해 1」, 서울: 박영사, pp. 59-86.

조철민. 2015. 비정부단체(NGOs)의 활동공간으로서 서울 지역 시민사회의 지형.「공간과 사회」, 25(1): 179-211.

_____. 2017. 2017년 시민사회의 과제와 전망.「KDF Report: Issue & Review on Democracy」, 서울: 민주화운동기념사업회.

주창범·임승빈. 2010. 정치와 시민사회와의 새로운 소통. 한국정책과학학회 특별 세미나 발제논문(2011년 11월 7일, 서울 프레스센터).

진덕규. 2000.「현대정치사 서설」, 서울: 지식산업사.

최병호·정종필. 2001. 재정분권화와 지역경제성장간의 관계에 관한 연구.「한국지방재정논집」, 6(2): 177-201.

최연혁. 2012.「우리가 만나야 할 미래」, 파주: 쌤앤파커스.

최은봉. 2000. 일본정치의 개혁논리: 구조적 역학과 딜레마. 최장집·소네 야스노리(공편),「변동기의 한일정치 비교」, 서울: 고려대학교 아연출판부, pp. 120-163.

최장집. 1997.「한국의 노동운동과 국가」, 서울: 나남.

_____. 2001. 지역정치와 분권화의 문제.「지역사회연구」, 9(1): 1-8.

_____. 2009.「민주화 이후의 민주주의: 한국 민주주의의 보수적 기원과 위기」, 서울: 후마니타스.

_____. 2013. 민주주의에 대한 이해와 오해. 최장집·박찬표·박상훈(공편),「어떤 민주주의인가: 한국 민주주의를 보는 하나의 시각」, 서울: 후마니타스,

pp. 123-142.
최창호. 2006. 「지방자치학」(제5판), 서울: 삼영사.
하연섭. 2003. 「제도분석: 이론과 쟁점」, 서울: 다산출판사.
_____. 2006. 정책아이디어와 제도변화: 우리나라에서 신자유주의의 해석과 적용을 중심으로. 「행정논총」, 44(4): 1-27.
하혜수. 2007. 지방분권정책의 경로의존성 연구. 서울행정학회 학술대회 발표 논문, 2007년 2월.
한국역사연구회. 2003. 「조선은 지방을 어떻게 지배했는가」, 서울: 아카넷.
한홍구. 2006. 「대한민국사」, 서울: 한겨레출판.
함재봉. 2017. 「한국 사람 만들기 I」, 서울: 아산서원.
호소카와 모리히로·이와쿠니 데쓴도(김재환 역). 1991. 「지방의 논리」, 서울: 도서출판 삶과 꿈.
홍성익·김유찬. 2016. 지방자치단체의 자주재정 실현을 위한 지방재정구조의 문제점과 개선방안에 관한 연구. 「조세연구」, 16(1): 159-184.
홍순권. 1995. 일제시기의 지방통치와 조선인 관리에 관한 일고찰: 일제시기의 군 행정과 조선인 군수를 중심으로. 「국사관논총」, 64: 37-64.

국외문헌

Abers, R. and M. Keck. 2013. *Practical Authority: Agency and Institutional Change in Brazilian Water Politics*. Oxford: Oxford University Press.
Akizuki, K. 2001. Partnership in Controlled Decentralization: Local Governments and the Ministry of Home Affairs. In M. Muramatsu, F. Iqbal and I. Kume(eds.), *Local Government Development in Post-war Japan*. Oxford: Oxford University Press, pp. 63-84.
Almond, G. and S. Verba. 1963. *The Civic Culture: Political Attitudes and Democracy in Five Nations*. Princeton: Princeton University Press.
Amsden, A. 1989. *Asia's Next Giant: South Korea and Late Industrialization*. Oxford: Oxford University Press.

Bae, Y. 2018. South Korea, in A. Ogawa(ed.), *Routledge Handbook of Civil Society in Asia*. London: Routledge, pp. 33-48.

Bae, Y. and Y. Joo. 2016. Pathways to Meet Critical Success Factors for Local PPPs: The Cases of Urban Transport Infrastructure in Korean Cities. *Cities* 53: 35-42.

Bae, Y. and S. Kim. 2013. Civil Society and Local Activism in South Korea's Local Democratization, *Democratization* 20(2): 260-286.

Bae, Y., D.-A. Shin and Y. W. Lee. 2011. Making and Unmaking of Transnational Environmental Cooperation: The Case of Reclamation Projects in Japan and Korea. *The Pacific Review* 24(2): 201-223.

Bahl, R. W. and S. Nath. 1986. Public Expenditure in Developing Countries. *Environment and Planning C: Government and Policy* 4(4): 405-418.

Baiocchi, G., Heller, P. and M. Silva. 2008. Making Space for Civil Society: Institutional Reforms and Local Democracy in Brazil. *Social Forces* 86(3): 911-936.

Bardhan, P. 2002. Decentralization of Governance and Development. *Journal of Economic Perspectives* 16(4): 185-205.

Baumgartner, F. R. and B. D. Jones. 1993. *Agendas and Instability in American Politics*. Chicago: Chicago University Press.

Bel, G., Fageda, X. and M. Mur. 2013. Why Do Municipalities Cooperate to Provide Local Public Services? An Empirical Analysis. *Local Government Studies* 39(3): 435-454.

Béland, D. 2009. Ideas, Institutions and Policy Change. *Journal of European Public Policy* 16(5): 701-718.

Béland, D. and R. H. Cox. 2011. Introduction: Ideas and Politics, in D. Béland and R. H. Cox(eds.), *Ideas and Politics in Social Science Research*. Oxford: Oxford University Press, pp. 3-22.

Berman, S. 2001. Review: Ideas, Norms, and Culture in Political Analysis. *Comparative Politics* 33(2): 235-250.

Bleich, E. 2002. Integrating Ideas into Policy-Making Analysis: Frames and

Race Policies in Britain and France. *Comparative Political Studies* 35(9): 1054-1076.

Blyth, M. 2002. *Great Transformations: Economic Ideas and Institutional Change in the Twentieth Century*. New York: Cambridge University Press.

Boone, C. 2003. *Political Topographies of the African State: Territorial Authority and Institutional Choice*. New York: Cambridge University Press.

Brady, H. E. and D. Collier. 2004. *Rethinking Social Inquiry: Diverse Tools, Shared Standards*. New York: Rowman & Littlefield.

Brenner, N. 2004. *New State Spaces: Urban Governance and the Rescaling of Statehood*. Oxford: Oxford University Press.

Campbell, J. 1998. Institutional Analysis and the Role of Ideas on Political Economy. *Theory and Society* 27: 377-409.

_____. 2004. *Institutional Change and Globalization*. Princeton: Princeton University Press.

Campbell, J. and O. K. Pedersen. 2015. *The National Origins of Policy Ideas: Knowledge Regimes in the United States, France, Germany, and Denmark*. Princeton: Princeton University Press.

Carstensen, M. B. 2010. The Nature of an Idea and Why Political Scientists Should Care: An Ideational Analysis of the Danish Jobcentre Reform. *Political Studies* 58(5): 847-865.

_____. 2011. Ideas are Not as Stable as Political Scientists Want Them to Be: A Theory of Incremental Ideational Change. *Political Studies* 59(3): 596-615.

_____. 2013. Projecting from a Fiction: the Case of Denmark and the Financial Crisis. *New Political Economy* 18(4): 555-578.

Checkel, J. 1997. *Ideas and International Political Change: Soviet/Russian Behaviour and the End of the Cold War*. New Haven: Yale University Press.

Cheema, G. and D. Rondinelli. 2007. 'From Government Decentralization to Decentralized Governance', in G. Cheema and D. Rondinelli(eds.), *Decentralizing Governance: Emerging Concepts and Practice*. Washington D.C.:

Brookings, pp. 1-20.

Cho, H.-Y. 2000. Democratic Transition and Changes in Korean NGOs. *Korea Journal* 40(2): 275-304.

Choi, Y.-S. and D. S. Wright. 2004. Intergovernment Relations(IGR) in Korea and Japan: Phases, Patterns, and Progress toward Decentralization(Local Autonomy) in a Trans-Pacific Context. *International Review of Public Administration* 9(1): 1-22.

Coase, R. H. 1960. The Problem of Social Cost. *Journal of Law and Economics* 3(1): 1-44.

Craiutu, A. and J. Jennings. 2004. The Third "Democracy": Tocqueville's View of American after 1840. *American Political Science Review* 98(3): 391-404.

Cumings, B. 2005. Korea's Place in the Sun: A Modern History. New York: Norton.

Curtis, G. L. 2002. Politicians and Bureaucrats: What's Wrong and What's to be Done, in Gerald L. Curtis(ed.), *Policymaking in Japan: Defining the Role of Politicians*. Tokyo: Japan Center for International Exchange, pp. 1-18.

Dahl, R. A. 1967. The City in the Future of Democracy. *American Political Science Review* 61(4): 954-970.

Dalton, R. 2014. *Citizen Politics: Public Opinion and Political Parties in Advanced Industrial Democracies* (6th Edition), Washington D.C.: CQ Press.

Diamond, L. 1999. *Developing Democracy: Toward Consolidation*. Baltimore: Johns Hopkins University Press.

Diamond, L. J. and D.-C. Shin. 2000. *Institutional Reform and Democratic Consolidation in Korea*. Stanford: Hoover Institution Press Stanford University.

Diamond, L. and S. Tsalik. 1999. Size and Democracy: The Case for Decentralization, in Larry J. Diamond(ed.), *Developing Democracy. Toward Consolidation*. Baltimore: Johns Hopkins University Press, pp. 117-160.

Dillinger, W. 1994. *Decentralization and Its Implications for Service Deliv-*

ery. Washington D.C.: World Bank.

DiMaggio, P. and W. Powell. 1991. Introduction, in W. Powell and P. DiMaggio(eds.), *The New Institutionalism in Organizational Analysis*. Chicago: University of Chicago Press, pp. 1-40.

Donahue, J. D. 1997. *Disunited States*. New York: HarperCollins Publishers Inc.

Duncan, J. B. 2000. *The Origin of Chosun Dynasty*. Seattle: University of Washington Press.

Eaton, K. 2001. Political Obstacles to Decentralization: Evidences from Argentina and the Philippines. *Development and Change* 32(1): 101-127.

Esping-Andersen, G. 1990. *The Three Worlds of Welfare Capitalism*. Princeton: Princeton University Press.

Evans, P. 1995. *Embedded Autonomy: State and Industrial Transformation*. Princeton: Princeton University Press.

Faguet, J. 2012. *Decentralization and Popular Democracy: Governance from Below in Bolivia*. Ann Arbor: University of Michigan Press.

_____. 2014. Decentralization and Governance. *World Development* 53(1): 2-13.

Faguet, J. and C. Pöschl. 2015. *Is Decentralization Good for Development? Perspectives from Academics and Policy Makers*. Oxford: Oxford University Press.

Falleti, T. G. 2005. A Sequential Theory of Decentralization: Latin American Cases in Comparative Perspective. *American Political Science Review* 99(3): 327-346.

_____. 2010. *Decentralization and Subnational Politics in Latin America*. Cambridge: Cambridge University Press.

Fioramonti, L. and A. Fiori. 2010. The Changing Role of Civil Society in Democratization: Evidence from South Africa (1990-2009) and South Korea (1987-2009). *African and Asian Studies* 9: 83-104.

Fischer, F. 2003. *Reframing Public Policy: Discursive Politics and Delibera-*

tive Practices. Oxford: Oxford University Press.

Florini, A. N. 1996. The Evolution of International Norms. *International Studies Quarterly* 40(3): 363-389.

Fukuyama, F. 2004. The Imperative of State-Building. *Journal of Democracy* 15(2): 17-31.

Furukawa, S. 2002. Decentralization in Japan, in D. S. Furukawa and T. Menju(eds.), *Japan's Road to Pluralism: Transforming Local Communities in the Global Era*. Tokyo: JCIE, pp. 21-47.

Garon, S. 2003. From Meiji to Heisei: The State and Civil Society in Japan, in F. J. Schwartz and S. J. Pharr(eds.), *The State of Civil Society in Japan*. Cambridge: Cambridge University Press, pp. 42-62.

Garud, R. and P. Kamoe. 2001. *Path Dependence and Creation*. New York: Lawrence Erlbaum Associates Inc.

George, A. L. and T. J. McKeown. 1985. Case Studies and Theories of Organizational Decision Making. *Advances in Information Processing Organizations* 2: 21-58.

German, C., Haggard, S. and E. Willis. 2001. 'Fiscal Decentralisation: A Political Theory with Latin American Cases.' *World Politics* 53(2): 205-236.

Goldsmith, M. J. 1995. Autonomy and City Limites, in D. Judge, G. Stoker and H. Wolman(eds.), *Theories of Urban Politics*. London: Sage Publications, pp. 223-252.

Goldstein, J. 1993. *Ideas, Interests, and American Trade Policy*. Ithaca: Cornell University Press.

Gould, F. and F. Zarkish. 1986. Local Government Expenditure and Revenues in Western Democracies. *Local Government Studies* 12(1): 33-41.

Gourevitch, P. A. 1980. *Paris and the Provinces: The Politics of Local Government Reform in France*. Berkeley: University of California Press.

Grindle, M. 2007. *Going Local: Decentralization, Democratization, and the Promise of Good Governance*. Princeton: Princeton University Press.

Habermas, J. 1989. *The Structural Transformation of the Public Sphere: In-*

quiry into a Category of Bourgeois Society. Cambridge: MIT Press.

Haggard, S. and J. Mo. 2000. The Political Economy of the Korean Financial Crisis. *Review of International Political Economy* 7(2): 197-218.

Hajer, M. 2005. Coalitions, Practices, and Meaning in European Politics: From Acid Rain to BSE, in D. Howarth and J. Torfing(eds.), *Discourse Theory in European Politics*. Basingstoke: Palgrave Macmillan, pp. 297-315.

Hall, P. A. 1986. *Governing the Economy: The Politics of State Intervention in Britain and France*. New York: Oxford University Press.

_____. 1989. Conclusion: The politics of Keynesian ideas, in P. Hall(ed.), *The Political power of economic ideas: Keynesianism across nations*. Princeton: Princeton University Press, pp. 361-392.

Hall, P. A. and D. Soskice. 2001. *Varieties of Capitalism: The Institutional Foundations of Comparative Advantage*. Oxford: Oxford University Press.

Hass, P. 1992. Introduction: Epistemic Communities and International Policy Coordination. *International Organization* 46(1): 1-36.

Hay, C. 2011. Ideas and the Construction of Interests, in D. Béland and R. H. Cox(eds.), *Ideas and Politics in Social Science Research*. Oxford: Oxford University Press, pp. 65-82.

Heclo, H. 1977. *The Government of Strangers: Executive Politics in Washington*. Washington D.C.: Brookings.

Henderson, G. 1968. *Korea, the Politics of Vortex*. Cambridge, M.A.: Harvard University Press.

Heo, U. and T. Roehrig. 2010. *South Korea Since 1980*. Cambridge: Cambridge University Press.

Herman, E. S. and N. Chomsky. 1988. *Manufacturing Consent: The Political Economy of the Mass Media*. New York: Pantheon Books.

Herrigel, G. 1996. Crisis in German Decentralized Production: Unexpected Rigidity and the Challenge of an Alternative Form of Flexible Organization in Baden Württemberg. *European Urban and Regional Studies* 3(1): 33-52.

Hill, R. C. and K. Fujita. 2000. State Restructuring and Local Power in Japan.

Urban Studies 37(4): 673-690.

Hood, C. 1991. 'A Public Management for All Seasons?' *Public Administration* 69(1): 3-19.

Hooghe, L., G. Marks, G. and A. H. Schakel. 2010. *The Rise of Regional Authority: A Comparative Study of 42 Democracies*. London: Routledge.

Hooghe, L., G. Marks, G., Schakel, A. H., Niedzwiecki, S., Osterkatz, S. C. and S. Shair-Rosenfield. 2016. *Measuring regional authority*. Oxford: Oxford University Press.

Horie, F. 1996. Intergovernmental Relations in Japan: Historical and Legal Patterns of Power Distribution between Central and Local Governments, in J. S. Jun and D. S. Wright(eds.), *Globalization and Decentralization: Institutional Contexts, Policy Issues, and Intergovernmental Relations in Japan and the United States*. Washington D.C.: Georgetown University Press.

Hundt, D. 2015. Neoliberalism, the Developmental State and Civil Society in Korea. *Asian Studies Review* 39(3): 466-482.

Hwang, K. M. 2017. *A History of Korea* (2nd Edition). London: Palgrave Macmillan.

Johnson, C. 1982. *MITI and the Japanese Miracle: The Growth of Industrial Policy: 1925-1975*. Stanford: Stanford University Press.

Jun, J. and D. Wright. 1996. *Globalization and Decentralization: Institutional Contexts, Policy Issues, and Intergovernmental Relations in Japan and the United States*. Washington D.C.: Georgetown University Press.

Kaiser, A. and S. Vogel. 2017. Dynamic De/Centralization in Germany, 1949-2010. Publius: *The Journal of Federalism*, pjx054, https://doi.org/10.1093/publius/pjx054.

Kamarck, E. 2000. Globalization and Public Administration Reform, in J. Nye and J. Dohahue(eds.), *Governance in a Globalizing World*. Washington D.C.: Brookings, pp. 229-252.

Kang, D. C. 2002. *Crony Capitalism: Corruption and Development in South Korea and the Philippines*. New York: Cambridge University Press.

Keane, J. 1988. *Civil Society and the State: New European Perspectives*. New York: Verso.

Kettl, D. F. 2005. *The Global Public Management Revolution* (2nd Edition). Washington D.C.: Brookings.

Kihl, Y. 2005. *Transforming Korean Politics: Democracy, Reform, and Culture*. New York: M. E. Sharpe.

Kim, H.-R. 2013. *State-Centric to Contested Social Governance in Korea: Shifting Power*. New York: Routledge.

Kim, P. 2000. Administrative Reform in the Korean Central Government: A Case Study of the Dae Jung Kim Administration. *Public Performance and Management Review* 24(2): 145-160.

Kim, S. 2000. *The Politics of Democratization in Korea: The Role of Civil Society*. Pittsburgh: University of Pittsburgh Press.

_____. 2006. Civil Society and Local Democracy. *Korea Journal* 4(4): 62-86.

_____. 2012. "Contentious Democracy" in South Korea: An Active Civil Society and Ineffectual Political Parties. *Taiwan Journal of Democracy* 8(2): 51-61.

Kingdon, J. and J. A. Thurber. 1984. *Agendas, alternatives, and public policies*. Boston: Little, Brown.

Kitayama, T. 2001. *Local Government Policy Initiatives in Japan*. Washington D.C.: World Bank Institute.

Koo, H. 1993. Strong State and Contentious Society, in H. Koo(ed.), *State and Society in Contemporary Korea*. Ithaca: Cornell University Press, pp. 231-249.

Krauss, E. S. and R. Pekkanen. 2010. *The Rise and Fall of Japan's LDP: Political Party Organizations as Historical Institutions*. Ithaca: Cornell University Press.

Kresl, P. K. and D. Ietri. 2010. *The Aging Population and the Competitiveness of Cities: Benefits to the Urban Economy*. Northampton: Edward Elgar Publishing.

Kwon, K. 2000. Regionalism in South Korea: its Origins and Role in Her Democratization. *Politics and Society* 32(4): 545-574.

Lam, P. E. 2005. Local Governance: The Role of Referenda and the Rise of Independent Governors, in G. D. Hook(ed.), *Contested Governance in Japan: Sites and Issues*. New York: Routledgecurzon, pp. 71-89.

Lander, A., Keuffer, N. and H. Baldersheim. 2016. Measuring Local Autonomy in 39 Countries (1990-2014). *Regional and Federal Studies* 26(3): 321-357.

Lee, J. 1996. The Politics of Decentralisation in Korea. *Local Government Studies* 22(3): 60-71.

Lee, S.-C. 2007. Recent Decentralization Challenges in Korea: Repertoire, Reality and Reshaping. *International Review of Public Administration* 11(2): 1-13.

Lee, Y. 2000. The Rise and Fall of Kim Young Sam's Embedded Reformism, in L. Diamond and D. Shin(eds.), *Institutional Reform and Democratic Consolidation in Korea*. Stanford: Hoover Institute, pp. 97-126.

______. 2009. Democracies without Parties? Political Parties and Social Movements for Democratic Representation in Korea. *Korea Observer* 40(1): 27-52.

Lee, S.-J. and C. Arrington. 2008. The Politics of NGOs and Democratic Governance in South Korea and Japan. *Pacific Focus* 23(1): 75-96.

Le Galès, P. 1999. Is Political Economy Still Relevant to Study the Culturalization of Cities? *European Urban and Regional Studies* 6(2): 293-302.

Levy, J. D. 1999. *Tocqueville's Revenge: State, Society, and Economy in Contemporary France*. Cambridge, M.A.: Harvard University Press.

Lipset, S. M. 1959. Some Social Requisites of Democracy: Economic Development and Political Legitimacy. *American Political Science Review* 53(1): 69-105.

Lipset, S. M. and S. Rokkan. 1967. *Party Systems and Voter Alignments: Cross-national Perspectives*. New York: Free Press.

Logan, J. and H. Molotch. 1987. *Urban Fortunes: The Political Economy of Place*. Berkeley: University of California Press.

Loughlin, J. 2001. Introduction: The Transformation of the Democratic State in Western Europe, in J. Loughlin(ed.), *Subnational Democracy in the European Union: Challenges and Opportunities*. Oxford: Oxford University Press, pp. 1-36.

Loughlin, J. and D.-L. Seiler. 2001. France: Between Centralization and Fragmentation, in J. Loughlin(ed.), *Subnational Democracy in the European Union: Challenges and Opportunities*. Oxford: Oxford University Press, pp. 185-210.

Lucas, J. 1998. The Tension between Despotic and Infrastructural Power: The Military and the Political Class in Nigeria, 1985-1993. *Studies in Comparative International Development* 33(3): 90-113.

Lukes, S. 2005. *Power: A Radical View* (2nd Edition). London: Palgrave Macmillan.

Mahoney, J. 2000. Path Dependence in Historical Sociology. *Theory and Society* 29: 507-548.

Mahoney, J. and K. Thelen. 2010. A Theory of Gradual Institutional Change, in J. Mahoney and K. Thelen(eds.), *Explaining Institutional Change: Ambiguity, Agency, and Power*. Cambridge: Cambridge University Press, pp. 1-62.

Mann, M. 1984. The Autonomous Power of the State: Its Origins, Mechanisms and Results. *European Journal of Sociology* 25(2): 185-213.

Manor, J. 1999. *The Political Economy of Democratic Decentralization, Directions in Development*. Washington, D.C.: World Bank.

Marks, G., Hooghe, L. and A. Schakel. 2008. 'Measuring Regional Authority.' *Regional and Federal Studies* 18(2-3): 111-121.

Minns, J. 2010. 'Of Miracles and Models: The Rise and Decline of the Developmental State in South Korea.' *Third World Quarterly* 22(6): 1025-1043.

Mo, J. 2001. 'Political Culture and Legislative Gridlock Politics of Economic

Reform in Precrisis Korea.' *Comparative Political Studies* 34(5): 467-492.

Moore, B. 1966. *Social Origins of Dictatorship and Democracy: Lord and Peasant in the Making of Modern World*. Boston: Beacon Press.

Mouritzen, P. E. and J. H. Svara. 2002. *Leadership at the Apex: Politicians and Administrators in Western Local Governments*. Pittsburgh: University of Pittsburgh Press.

Muramatsu, M. 1997. *Local Power in the Japanese State*. Berkeley: University of California Press.

Nakano, K. 2010. *Party Politics and Decentralization in Japan and France: When the Opposition Governs*. London: Routledge.

Niskenen, W. A. 1971. *Bureaucracy and Representative Government*. New Brunswick: Aldine Transaction.

Norman. E. H. 2000. *Japan's Emergence as a Modern State: Politics and Economic Problems of the Meiji Period*. Vancouver: University of British Columbia Press.

Norris, D. F. 2016. *Metropolitan Governance in America*. New York: Routledge.

Oates, W. 1972. *Fiscal Decentralization*. New York: Harcourt Brace Jovanovich.

Oh, J. S. 2012. Strong State and Strong Civil Society in Contemporary South Korea. *Asian Survey* 52(3): 528-449.

Oliver, E. J. 2012. *Local Elections and the Politics of Small-Scale Democracy*. Princeton: Princeton University Press.

O'Neill, K. 2003. Decentralization as an Electoral Strategy. *Comparative Political Studies* 36(9): 1068-1091.

Organization for Economic Co-operation and Development. 2001. *OECD Territorial Reviews: Korea*. Paris: OECD.

Orr, K. and S. Skowronek. 2017. *The Policy State: An American Predicament*. Cambridge, M.A.: Harvard University Press.

Ostrom, E. 1990. *Governing the Commons*. Cambridge: Cambridge University Press.

Page, E. C. 1982. The Value of Local Autonomy. *Local Government Studies* 8(1): 21-42.

Page, E. C. and M. J. Goldsmith. 1987. Centre and Locality: Explaining Cross-national Variation, in E. C. Page and M. J. Goldsmith(eds.), *Central and Local Government Relations: A Comparative Analysis of West European Unitary States*. London: Sage Publications, pp. 156-168.

Palais, J. 1975. *Politics and Policy in Traditional Korea*. Cambridge, M.A.: Harvard University Press.

______. 1998. *Views on Korean Social History*. Seoul: Institute for Modern Korean Studies, Yonsei University.

Park, B.-G. 2008. Uneven Development, Inter-scalar Tensions, and the Politics of Decentralization in South Korea. *International Journal of Urban and Regional Research* 32(1): 40-59.

Pekkanen, R. 2006. *Japan's Dual Civil Society: Members without Advocates*. Stanford: Stanford University Press.

Peters, B. G. and J. Pierre. 1998. Governance without Government? Rethinking Public Administration. *Journal of Public Administration Research and Theory* 8(2): 223-243.

Pempel, T. J. 1999. *Regime Shift: Comparative Dynamics of the Japanese Political Economy*. Ithaca: Cornell University Press.

Pickvance, C. and E. Preteceille. 1991. *State Restructuring and Local Power: A Comparative Perspective*. New York: Pinter Publishers.

Pierson, P. 2004. *Politics in Time: History, Institutions, and Social Analysis*. Princeton: Princeton University Press.

Pinson, G. and P. Le Galès. 2005. *State Restructuring and Decentralization Dynamics in France: Politics is the Driving Force*. Cahier Européen Numéro, 7/05.

Prud'homme, R. 1995. *On the Dangers of Decentralization*. Washington D.C.: World Bank.

Putnam, R. D. 1993. *Making Democracy Work: Civic Traditions in Modern Italy*. Princeton: Princeton University Press.

_____. 2000. *Bowling Alone: The Collapse and Revival of American Community*. London: Simon & Schuster Ltd.

Rhodes, R. A. W. 1992. Changing intergovernmental relations. in P. J. Cloke(ed.), *Policy and Change in Thatcher's Britain*. Oxford: Pergamon, pp. 55-76.

_____. 1996. The New Governance: Governing without Government. *Political Studies* 44(4): 652-667.

Richardson, B. 1997. *Japanese Democracy: Power, Coordination, and Performance*. New Haven: Yale University Press.

Riedl, R. and T. Dickovick. 2013. Party Systems and Decentralisation in Africa. *Studies in Comparative International Development* 49(3): 321-342.

Rodden, J. 2004. Comparative Federalism and Decentralisation: On Meaning and Measurement. *Comparative Politics* 36(4): 481-500.

Rodriguez-Pose, A. and R. Ezcurra. 2010. 'Does Decentralization Matter for Regional Disparities? A Cross-Country Analysis.' *Journal of Economic Geography* 10(5): 619-644.

Rodriguez-Pose, A. and R. Sandall. 2008. 'From identity to the economy: analysing the evolution of the decentralisation discourse.' *Environment and Planning C: Government and Policy* 26(1): 54-72.

Rondinelli, D., Johnson, J. and D. Kasarda. 1998. 'The Changing Forces of Urban Economic Development: Globalization and City Competitiveness.' *Cityscape: The Journal of Policy Development and Research* 3(3): 71-105.

Rozman, G. 2002. 'Decentralization in East Asia: A Reassessment of its Background and Potential.' *Development and Society* 32(1): 1-22.

Scheiner, E. 2006. *Democracy without Competition in Japan: Opposition Failure in a One-Party Dominant State*. Cambridge University Press.

Schmidt, V. 2001. 'The Politics of Economic Adjustment in France and Britain: When does Discourse Matter?' *Journal of European Public Policy* 8(2):

247-264.

Schneider, A. 2003. 'Decentralization: Conceptualization and Measurement.' *Studies in Comparative International Development* 38(3): 32-56.

Schwartz, F. J. 2003. What is Civil Society? in F. J. Schwartz and S. J. Pharr(eds.), *The State of Civil Society in Japan*. Cambridge: Cambridge University Press, pp. 23-41.

Selee, A. and J. Tulchin. 2004. Decentralization and Democratic Governance: Lessons and Challenges. in P. Oxhorn, J. Tulchin and A. Selee(eds.), *Decentralization, Democratic Governance, and Civil Society in Comparative Perspective*. Washington D.C.: Johns Hopkins Press, pp. 295-320.

Sellers, J. M. 2002. *Governing from Below: Urban Regions and the Global Economy*. Cambridge: Cambridge University Press.

______. 2005. Re-placing the Nation: An Agenda for Comparative Urban Politics. *Urban Affairs Review* 40(4): 419-445.

Sellers, J., A. Lidström, A. and Y. Bae. 2019. *Topographies of Multilevel Democracy: How Local Institutions and Civil Society Shape the Modern State*. Cambridge: Cambridge University Press.

Sharpe, L. 1988. The Growth and the Decentralisation of the Modern Democratic State. *European Journal of Political Research* 16(4): 365-380.

Shin, G.-W. 1996. *Peasant Protest and Social Change in Cologinal Korea*. Seattle: University of Washington Press.

Shin, J.-W. 2013. Individualisation of Civil Society in the Context of the Information Age: the Case of South Korea. *International Social Science Journal* 64: 249-261.

Sikkink, K. 1991. *Ideas and Institutions: Developmentalism in Argentina and Brazil*. Ithaca: Cornell University Press.

Simmons, B., Dobbin, F. and G. Garrett. 2006. 'Introduction: The International Diffusion of Liberalism. *International Organization* 60(4): 781-810.

Skocpol, T. 2002. From Membership to Advocacy, in R. D. Putnam(ed.), *Democracies in Flux: The Evolution of Social Capital in Contemporary So-*

ciety. Oxford: Oxford University Press, pp. 103-136.

Slater, D. 2010. *Ordering Power: Contentious Politics and Authoritarian Leviathans in Southeast Asia*. Cambridge University Press.

Smoke, P. 2007. Fiscal Decentralization and Intergovernmental Fiscal Relations: Navigating a Viable Path, in G. S. Cheema and D. Rondinelli(eds.) *Decentralized Governance: Emerging Concepts and Practice*. Washington, D.C.: Brookings, pp. 131-154.

Soifer, H. 2008. State Infrastructural Power: Approaches to Conceptualization and Measurement. *Studies in Comparative International Development* 43(3-4): 231-251.

Sonn, J.-W. 2010. Contesting State Rescaling: An Analysis of the South Korean State's Discursive Strategy against Devolution. *Antipode* 42(5): 1200-1224.

Stein, E. 1999. Fiscal Decentralization and Government Size in Latin America. *Journal of Applied Economics* 2(2): 357-391.

Stone, C. N. 1989. *Regime Politics: Governing Atlanta, 1946-1988*. Lawrence: University of Kansas Press.

Tarrow, S. 1977. *Between Center and Periphery: Grassroots and Politicians in Italy and France*. New Haven: Yale University Press.

Thelen, K. 2004. *How Institutions Evolve: The Political Economy of Skills in Germany, Britain, the United States and Japan*. Cambridge: Cambridge University Press.

_____. 2014. *Varieties of Liberalization and the New Politics of Social Solidarity*. New York: Cambridge University Press.

Tiebout, C. 1956. A Pure Theory of Local Expenditures. *Journal of Political Economy* 64(5): 416-24.

Tocqueville, A. de. 1969. *Democracy in America*. Garden City, N.Y.: Doubleday.

Treisman, D. 2007. *The Architecture of Government*. New York: Cambridge University Press.

Turner, M. 1999. Central-Local Relations: Themes and Issues, in M. Turner(ed.), *Central-Local Relations in Asia-Pacific: Convergence or Divergence?* New York: St. Martin's Press, pp. 1-19.

United Cities and Local Governments. 2008. *Decentralization and Local Democracy in the World*. Washington D.C.: World Bank.

Vetter, A. 2007. *Local Politics: a Resource for Democracy in Western Europe?: Local Autonomy, Local Integrative Capacity, and Citizens' Attitudes toward Politics*. New York: Lexington Books.

Vogel, E. 1979. *Japan as Number One: Lessons for America*. Cambridge, M.A.: Harvard University Press.

Vogel, S. K. 1996. *Freer Markets, More Rules: Regulatory Reform in Advanced Industrial Countries*. Ithaca: Cornell University Press.

Wade, R. 1990. *Governing the Market: Economic Theory and the Role of Government in East Asian Industrialisation*. Princeton: Princeton University Press.

Wade, L. and B. Kim. 1978. *Economic development of South Korea: the political economy of success*. New York/London: Praeger.

Walsh, J. 2000. When Do Ideas Matter? Explaining the Success and Failure of Thatcherite Ideas. *Comparative Political Studies* 33(4): 483-516.

Weber, M. 1946. *Essays in Sociology: Politics as a Vocation*. New York: Oxford University(translated by H. H. Gerth and C. W. Mills).

Weingast, B. R. 1995. The Economic Role of Political Institutions: Market-Preserving Federalism and Economic Development. *Journal of Law, Economics and Organization* 11(1): 1-31.

Weir, M. 1989. Ideas and Politics: The Acceptance of Keynesianism in Britain and the United States, in P. Hall(ed.), *The Political Power of Economic Ideas: Keynesianism across Nations*. Princeton: Princeton University Press, pp. 53-87.

White, L. 2002. Ideas and the Welfare State: Explaining Child Care Policy Development in Canada and the United States. *Comparative Political Studies* 35(6): 713-743.

Wildavsky, A. 1987. Choosing Preferences by Constructing Institutions: A Cultural Theory of Preference Formation. *American Political Science Review* 81(1): 3-21.

World Bank. 1997. *The World Development Report 1996-1997*. Washington D.C: World Bank.

_____. 2000. *The World Development Report 1999-2000*. Washington D.C.: World Bank.

_____. 2005. *East Asia Decentralizes: Making Local Government Work*. Washington D.C.: World Bank.

Wright, D. S. 1988. *Understanding Intergovernmental Relations*. Pacific Grove, California: Brooks/Cole Publishing Company.

Yee, A. 1996. The Causal Effects of Ideas on Policies. *International Organization* 50(1): 69-108.

Yeo, A. 2013. South Korean Civil Society: Implication for the U.S.-ROK Alliance. http://www.cfr.org/south-korea/south-korean-civil-society-implications-us-rok-alliance/p31091.

Yoon, J.-S. 2016. *Advocacy and Policymaking in South Korea: How the Legacy of State and Society Relationships Shapes Contemporary Public Policy*. Albany: SUNY Press.

정부 보고서 및 웹사이트

국회입법조사처. 2017.「지방분권 인식연구」. 정책연구용역보고서.

금융감독원 전자공시. http://dart.fss.or.kr/.

김낙년. 2018.「한국의 장기통계」. 낙성대 경제연구소.
http://www.naksung.re.kr/work/work4/pro ject1.

부산분권혁신운동본부. 2013. 박근혜 대통령 당선인 공약집.
http://bsautonomy.or.kr/board/index. php?no_board=4&mode=read&page=3&search_field=&search_value=&no_writing=1846.

산업연구원. 2013. 지역산업의 고용구조 변화와 일자리 창출전략.
http://www.kiet.re.kr/kiet_web /main.jsp?sub_num=8&ord=0&pageNo=2&state=view&idx=42287.

인사혁신처. 2017.「인사혁신통계연보」.

일본인사원(日本人事院). 2016.
http://www.jinji.go.jp/en/recomme/wp.html.

지방분권촉진위원회. 2010.「제1기 지방분권촉진위원회 지방분권백서」. 서울: 대통령소속 지방분권촉진위원회.

청와대 홈페이지. https://www1.president.go.kr/articles/2684.

통계청 e-나라지표. http://www.index.go.kr.

______.「한국사회조사」 1999-2015년 자료.

한국사회과학자료원.「한국종합사회조사」 2003-2014년 자료.

한국지방행정연구원. 1999.「지방자치·행정 50년사」. 서울: 한국지방행정연구원.

한국행정연구원. 2002.「2002년 정부간관계에 관한 공무원 인식조사」. 서울: 한국행정연구원.

______. 2008.「2008년 정부간관계에 관한 공무원 인식조사」. 서울: 한국행정연구원.

행정안전부 보도자료. 2017. 지방자치분권 5년 밑그림 나왔다.
http://www.mois.go.kr/frt/bbs/type 010/commonSelectBoardArticle.do?bbsId=BBSMSTR_000000000008&nttId=60158.

행정안전부. 2015.「한반도 지방행정의 역사」. 서울: 행정안전부.

______. 2018. 2018년도 지방자치단체 통합재정 개요.
http://www.mois.go.kr/frt/bbs/type001/ commonSelectBoardArticle.do?bbsId=BBSMSTR_000000000012&nttId=63543.

행정자치부·정부혁신지방분권위원회·한국지방행정연구원. 2005.「민선 지방자치 10년 평가: 1995-2005」.

Ministry of the Presidency. 2010.
https://ec.europa.eu/eurostat/statistics-explained/index.php/A rchive:Civil_servants_in_the_EU_member_states.

Organization for Economic Cooperation and Development. Subnational Governments in OECD Countries.
http://www.oecd.org/regional/regional-policy/sngs-around-the-world.htm.
______. Regional Development Country Profile.
https://www.oecd.org/regional/regional-policy/pr ofile-France.pdf.
United Kingdom Office for National Statistics. https://www.ons.gov.uk/.

찾아보기

ㄹ

ㅁ

ㅂ

ㅅ

ㅇ

ㅈ

ㅊ

ㅋ

ㅌ

ㅍ

지은이 소개

現 Fulbright University Vietnam 정책대학원 교수
前 Singapore Management University 사회과학대 정치학과 교수
前 National University of Singapore 리콴유공공정책대학원 박사후연구원
前 인천발전연구원 해외자문교수
한국행정학회, 한국정책학회, 한국국정관리학회 등 국제화위원회 위원
인하대학교 행정학사
고려대학교 행정학석사
University of Southern California 정치학박사

한국의 이중적 지방 민주주의 아이디어와 제도, 그리고 다양한 지방분권

초판 인쇄 2018년 12월 4일
초판 발행 2018년 12월 11일

지은이 배유일
펴낸이 김영훈
기 획 전영완
편집인 김병성
펴낸곳 도서출판 문우사
주소 경기도 고양시 일산동구 정발산로 24, T2-814호(장항동, 웨스턴돔타워)
전화 031) 901-6542, 070) 4200-6542 **팩스** 031) 906-6542
홈페이지 www.munu.co.kr **대표메일** moonwoosa@hanmail.net
출판신고번호 제396-2013-000113호

ISBN 979-11-85994-58-1 93350

값 20,000원